CDSV Chinesisch-Deutscher
       Strafrechtslehrerverband
       中德刑法学者联合会

刑法体系与客观归责

EIN DIALOG ZWISCHEN
CHINESISCHER UND DEUTSCHER
STRAFRECHTSLEHRE

中德刑法学者的对话(二)

梁根林 〔德〕埃里克·希尔根多夫/主编

图书在版编目(CIP)数据

刑法体系与客观归责:中德刑法学者的对话(二)./梁根林,(德)希尔根多夫(Hilgendorf,E.)主编.—北京:北京大学出版社,2015.12
ISBN 978-7-301-26434-8

Ⅰ.①刑…　Ⅱ.①梁…②希…　Ⅲ.①刑法—研究—中国 ②刑法—研究—德国　Ⅳ.①D924.04②D951.64

中国版本图书馆 CIP 数据核字(2015)第 254040 号

书　　名	刑法体系与客观归责:中德刑法学者的对话(二) Xingfa Tixi yu Keguan Guize: Zhongde Xingfa Xuezhe de Duihua (Er)
著作责任者	梁根林　〔德〕埃里克·希尔根多夫　主编
责任编辑	孟　倩
标准书号	ISBN 978-7-301-26434-8
出版发行	北京大学出版社
地　　址	北京市海淀区成府路 205 号　100871
网　　址	http://www.pup.cn　http://www.yandayuanzhao.com
电子信箱	yandayuanzhao@163.com
新浪微博	@北京大学出版社　@北大出版社燕大元照法律图书
电　　话	邮购部 62752015　发行部 62750672　编辑部 62117788
印刷者	北京大学印刷厂
经销者	新华书店
	965 毫米×1300 毫米　16 开本　15 印张　246 千字 2015 年 12 月第 1 版　2015 年 12 月第 1 次印刷
定　　价	46.00 元

未经许可,不得以任何方式复制或抄袭本书之部分或全部内容。
版权所有,侵权必究
举报电话:010-62752024　电子信箱:fd@pup.pku.edu.cn
图书如有印装质量问题,请与出版部联系,电话:010-62756370

前言

摆在读者面前的这本《刑法体系与客观归责：中德刑法学者的对话（二）》，是《中德刑法学者的对话——罪刑法定与刑法解释》（北京大学出版社 2013 年版）的姊妹篇，也是 2013 年 9 月由中德刑法学者联合会主办、北京大学法学院承办的第二届中德刑法学术论坛中德双方刑法同行主题报告、评论的文集。

中德刑法学者联合会（CDSV）是 2011 年 9 月在缅因河畔美丽的大学城、德国维尔茨堡大学成立的、旨在促进中德两国刑事法学交流的学术组织，德方召集人为时任维尔茨堡大学法学院院长的希尔根多夫教授，中方召集人为北京大学法学院梁根林教授和中国人民大学法学院冯军教授。第一届中德刑法学术论坛的德方主题报告人和评论人为慕尼黑大学许奈曼教授、罗克辛教授、曼海姆大学库伦教授、弗莱堡大学佩龙教授、法兰克福大学约尔登教授、维尔兹堡大学舒斯特教授、马普外国刑法与国际刑法研究所埃泽尔教授等。此外，洪堡大学的普珀教授亦参加了会议。中方主题报告人和评论人分别是北京大学陈兴良教授、梁根林教授，清华大学张明楷教授、周光权教授，中国人民大学冯军教授，中国政法大学曲新久教授等。中国人民大学王莹副教授作为专业翻译亦参加了会议。时隔两年之后在北京大学举行的第二届中德刑法学术论坛，德方出场的主题报告人和评论人分别是维尔兹堡大学希尔根多夫教授、科隆大学魏根特教授、曼海姆大学库伦教授、法兰克福大学约尔登教授、维尔兹堡大学舒斯特教授以及拜罗伊特大学瓦利留斯教授。中方派出的主题报告人和评论人则是北京大学梁根林教授、陈兴良教授，清华大学周光权教授、张明楷教授，中国政法大学曲新久教授，中国人民大学冯军教授，台湾高雄大学张丽卿教授。此外，北京各高校的数十名刑法同行和研究生也参加了第二届中德刑法学术论坛的交流与讨论，分享了他们对会议主题的智慧与见解。

在为期两天的学术研讨中，来自中德两国的刑法同行在刑法理论体系即犯罪论体系的会议主题之下，围绕"刑法体系""客观归责"与"缺陷产品的过失责任"三个单元展开了研讨和交流。会议（文集）的第一单元以"刑法体系"为主题，由中国人民大学刘明祥教授主持。希尔根多夫教授和梁根林教授分别就"刑法的体系构成"与"中国犯罪论体系建构：叙事与评说"进行了主题报告。约尔登教授和陈兴良教授对上述主题报告进行了评论。会议（文集）第二单元以"客观归责"为主题，由中国人民大学谢望原教授主持。魏根特教授和周光权教授分别作了"客观归责——不只是口号？"与"客观归责论的中国实践"的主题报告，瓦利留斯教授和张明楷教授进行了点评。会议（文集）第三单元以"缺陷产品的过失责任"为主题，由清华大学黎宏教授主持。围绕中这一主题，库伦教授、曲新久教授和张丽卿教授先后作了名为"公司产品生产中的注意义务违反责任""论缺陷产品过失责任"以及"台湾缺陷食品刑事责任之探讨"的主题发言，舒斯特教授和冯军教授对三位教授的发言进行了点评。在此基础上，包括上述报告人、评论人在内的所有与会者围绕本次会议的主题进行了有效、充分而富有针对性的专业交流。本文集忠实地记录了会议主题报告与评论的内容，并以会议新闻稿的方式勾画了会议研讨和交流的盛况。

在第二届中德刑法学术论坛结束后，上述主题报告人与评论人又根据会议研讨与交流的情况，对各自的主题报告与书面评论进行了修改、润色，形成了最终的主题报告和评论稿。中德刑法学者联合会中方秘书江溯副教授与德方秘书黄笑岩博士通力协作，约请包括王莹副教授、陈璇博士、黄笑岩博士、林信铭博士、王静博士、徐凌波博士、于讷曼、梅森贝格在内的中德双方专业翻译团队，对文稿进行了翻译、审译与校对，最终形成了文集的中文版与德文版定稿，分别交付北京大学出版社与德国摩尔·齐贝克出版社出版。译事非易事，对于江溯副教授、黄笑岩博士领衔的翻译团队为推动中德刑法学术交流付出的艰辛努力和无私奉献，我代表中德刑法学者联合会全体同仁致以由衷的感谢！

在本文集付印之际，两年一度的中德刑法学术论坛第三次会议又将回到它的发源地德国维尔兹堡大学举行，本次会议将在罪刑法定与刑法解释、刑法体系与客观归责的基础上，推进到对违法性判断与违法阻却事由的学术对话，我期待着第三届中德刑法学术论坛的圆满成功，并愿在中德刑法学同仁的支持与参与下，为进一步推动中德刑法学术交流贡献绵薄之力。

梁根林

2015 年季夏于北京圆明园花园寓所

目 录

第一单元
刑 法 体 系

[单元报告]

梁根林：
中国犯罪论体系建构：叙事与评说 …………………………………… 003

[德]埃里克·希尔根多夫：
刑法的体系构成　黄笑岩/译 …………………………………………… 030

[单元评议]

陈兴良：
转型中的中国犯罪论体系 ……………………………………………… 044

[德]扬·C.约尔登：
对人因其行为所为之批判
——对于梁根林教授报告之评论　林信铭/译 ………………………… 059

第二单元
客 观 归 责

[单元报告]

周光权：
客观归责论的中国实践 ………………………………………………… 069

[德]托马斯·魏根特：
客观归责——不只是口号？　王静/译 ………………………………… 095

[单元评议]

张明楷：
客观归责——响亮口号 108

[德]布莱恩·瓦利留斯：
因果关系与客观归责
——对中方报告的评论　黄笑岩/译 126

第三单元
缺陷产品的过失责任

[单元报告]

曲新久：
论缺陷产品过失责任 135

[德]洛塔尔·库伦：
公司产品生产中的注意义务违反责任　徐凌波/译 152

张丽卿：
台湾地区缺陷食品刑事责任之探讨 174

[单元评议]

冯　军：
刑事产品责任理论述评 206

[德]弗兰克·舒斯特：
瑕疵产品情形中由过失违反注意义务而生的刑事责任
——对于中方主报告之德方评论 215

李　波：
中德刑法学者的对话
——第二届中德刑法学术论坛侧记 222

第一单元

刑法体系

[单元报告]

梁根林
北京大学法学院教授

中国犯罪论体系建构：叙事与评说

一、犯罪论体系建构——中国刑法学研究一道亮丽的风景线

刑法学是研究犯罪及其法律后果的规范科学。"作为实用性很强的科学,为了适应刑事司法的需要,并从司法实践中汲取更多的营养,刑法学必须自成体系,因为,只有将体系中的知识系统化,才能保证有一个站住脚的统一学说,否则,法律的运用只能停留在半瓶醋的水平上,它总是由偶然因素和专断所左右。"[1]由于刑法学的核心任务是整序实定刑法规定的决定犯罪成立与否的各项条件,将其按照一定的逻辑构造与功能要求予以体系性定位,构建一个逻辑自洽、功能自足的知识系统,因而刑法学体系往往又被直接指称为犯罪论体系。德国刑法学大师、古典犯罪论体系的代表人物之一李斯特对刑法学的这一体系性任务的经典定义就是:"从纯法学技术的角度,依靠刑事立法,给犯罪和刑罚下一个定义,把刑法的具体规定,乃至刑法的每一个基本概念和基本原则发展成完整的体系。"[2]自李斯特以来,甚至前溯自费尔巴哈以来,一代又一代德国刑法学者对犯罪论体系进行了精心的建构与严谨的论证,发展出了以贝林—李斯特为代表的古典犯罪论体系、以迈耶—迈兹格为代表的新古典犯罪论体系、以威尔泽尔为代表的新古典暨目的论的犯罪论体系、以罗克辛为代表的目的理性的犯罪论体系、以雅各布斯为代表的规范主义、机能主义的犯罪论体系等诸多各具特色的犯

---

[1] [德]李斯特:《德国刑法教科书》,徐久生译,法律出版社2006年版,第3页。
[2] 转引自[德]克劳斯·罗克辛:《刑事政策与刑法体系》,蔡桂生译,中国人民大学出版社2011年版,第5页。

罪论体系。犯罪论体系作为德国刑法学皇冠上的一颗明珠,成为"德国刑法学引以为傲的学术资产",赢得了世界性的声誉与尊重。[3]

中国自20世纪50年代起移植苏俄的四要件犯罪构成理论,经过20世纪80年代至90年代中国刑法学者的不断发展、充实与完善,奠定了其在中国刑法学术研究与司法实务中的绝对统治地位。与此同时,中国犯罪构成理论研究亦出现了曾经师从耶塞克教授研习刑法的李海东博士所言的"刚刚起步就已经达到了理论终点"的困惑[4],以至于中国刑法学者曾经哀叹,四要件犯罪构成理论的学术研究似乎已经走到尽头,该研究的问题几乎都已经被人研究过了。[5] 但是,进入21世纪以来,随着本土刑法知识、经验的持续积累与外来刑法知识的不断输入,根据什么样的方法与逻辑、出于什么样的功能追求,重新整序决定犯罪成立的各种条件及其相互关系,以构建逻辑自洽、功能自足的犯罪论体系,为司法人员正确定罪提供具有操作指导意义的定罪思维模型,重新唤起了中国刑法学者的研究热情。在这股研究热潮中,基于不同的知识背景、价值判断,中国刑法学者对犯罪论体系的完善或者建构采取了截然不同的路径:有的力求在既定体系框架内寻找新的知识增长点,实现新的知识增量和体系完善;有的则主张在研究范式、方法、逻辑、体系上进行彻底转型,或者干脆回到现代刑法学研究的原点即贝林奠基的构成要件(Tatbestand)理论重新建构刑法体系。[6] 大体上,传统刑法理论体系的支持者基本上选择了在四要件犯罪构成理论原有的框架和体系内,针对其存在的缺陷与不足,设法寻求改善、改良乃至改造之策。而接受了德日阶层犯罪论体系的刑法学者则主张回到现代刑法学的原点重新

---

[3] 转引自许玉秀:《当代刑法思潮》,中国民主法制出版社2005年版,第57页。
[4] 参见李海东:《刑法原理(犯罪论基础)》,法律出版社1998年版,第2页。
[5] 参见梁根林、何慧新:《20世纪的中国刑法学》(上),载《中外法学》1999年第2期。
[6] 尽管背景与语境完全不同,中德刑法学在各自发展的不同阶段似乎出现过类似的困惑。20世纪70年代,德国刑法学界有人认为刑法教义学已经"没有发展的可能性"。面对这一困惑和无奈,罗克辛教授从刑事政策与刑法体系的融通视角出发,主张德国刑法教义学完全"可以在它的基本原理上不断地进行全新的彻底思考,使得我们必须改变总论的体系以适应它们的变化,如果总论之体系的功效还值得维护的话。只有这样,我们才能在这个领域中不断地走到全新的起点上。"——[德]克劳斯·罗克辛:《刑事政策与刑法体系》,蔡桂生译,中国人民大学出版社2011年版,第52页。事实上,正是因为罗克辛超越了存在论和法律实证自由主义的羁绊,从规范论的立场出发,根据刑事政策的目标设定,构建并展开了目的理性的犯罪论体系,将被认为已经"没有发展的可能性"的德国刑法学推向了一个新的巅峰。

出发,建构无论是结构、功能还是术语、逻辑与方法均与四要件犯罪构成理论迥然不同,甚至针锋相对的犯罪论体系。

正是在中国刑法学学术共同体执著的学术努力与辛勤的学术耕耘下,当下中国的犯罪论体系呈现出了前所未有的百家争鸣、百花齐放的崭新格局。各种不同的犯罪论体系的建构论证与争鸣,不仅使得中国刑法学研究特别是犯罪论研究的成果数量呈现出前所未有的井喷式增长,而且极大地推动了中国刑法学理论的科学化与规范化,中国刑法学研究的整体格局与学术生态较之20世纪八九十年代,发生了脱胎换骨的变化。学术共同体学习域外一切先进刑法理论的开放心态、自由包容的学术环境、严肃坦诚的学术争鸣、科学严谨的学术规范,塑造了中国当代刑法学真正的学术品格,同时也使得中国刑法学与包括德国、日本刑法学在内的各国刑法学的学术对话成为可能。

二、师从苏俄——四要件犯罪构成理论的基本点

四要件犯罪构成理论在1949年中华人民共和国成立后不久的50年代自苏俄移植到中国。20世纪80年代以后,随着中国结束无法无天的"文革"十年动乱、颁布实施第一部《中国人民共和国刑法》,国家走上了依法治国、建设社会主义法治国家的道路。中国刑法学者结合中国刑法的实定规定与改革开放背景下惩罚犯罪、保障人权的实际需要,进一步充实与发展了四要件犯罪构成理论,奠定了四要件犯罪构成理论在中国刑法学术界与司法实务界的统治地位。一般认为,1982年,由中国老一辈著名刑法学家高铭暄教授主编、多位重量级刑法学者分工执笔的司法部统编、高等学校试用教材《刑法学》的正式出版,标志着四要件犯罪构成理论奠定了其在中国刑法理论与实务的统治地位。[7]

按照这部司法部统编教材以及此后多部包括司法部、教育部统编教材在内的权威学者论著的权威定义,所谓"犯罪构成就是我国《刑法》所规定的,决定某一具体行为的社会危害性及其程度而为该行为构成犯罪所必需的一切客观和主观要件的总和"。[8] 一般认为,犯罪构成应当包括以下四个方面的要件.(1)犯罪客体,即我国刑法所保护而为犯罪行为所侵犯的社

---

[7] 参见高铭暄主编:《刑法学》,法律出版社1984年版。
[8] 同上书,第96页。

会主义社会关系;(2)犯罪客观方面,即行为人所实施的危害社会的行为、结果以及行为的时间、地点和方法;(3)犯罪主体,即达到刑事责任年龄、具有刑事责任能力实施危害社会行为的人;(4)犯罪主观方面,即行为人主观上具有的罪过(即犯罪故意、犯罪过失)以及特定犯罪目的。[9] 犯罪构成,被认为既是认定被告人的行为构成犯罪的法定规格,也是对犯罪人追究刑事责任的唯一根据。

根据高铭暄教授的权威界定,四要件犯罪构成理论在构造上,呈现出"两大块四要件耦合式的结构"的基本特征。"两大块就是根据主客观相统一原则,将犯罪构成整体上划分为客观要件和主观要件两个板块。四要件就是对两大块进行二次析分之后,形成犯罪构成的四大基本元素即四大构成要件,依次包括:犯罪客体—犯罪客观方面—犯罪主体—犯罪主观方面。一个行为如欲认定其成立犯罪,必须同时具备上述犯罪构成的四大要件,缺失其中任何一个要件,都不可能成立犯罪。"[10] 四要件犯罪构成理论在功能上,则发挥着"犯罪构成乃是整个刑法学体系的基石"的作用。"因为:其一,犯罪构成是犯罪概念的延伸:犯罪构成以犯罪成立要素系统的形态对犯罪概念进行了实证解读,因而犯罪构成成为犯罪概念的延伸;其二,犯罪构成是犯罪本质的构成:犯罪构成要件从主客观不同侧面对犯罪的社会危害性进行全方位多侧面的诊释,因而犯罪构成与实施犯罪相互表里也就成为犯罪本质的构成;其三,犯罪构成是刑事责任的根据:启动刑事追究的前提和基础是行为符合犯罪构成,因而犯罪构成也成为刑事责任的根据。可见,犯罪构成上接犯罪概念问题,下引刑事责任问题。如是,以犯罪构成理论为基石,就形成了以'罪—责—刑'一条龙为基本秩序的具有中国特色的刑法学体系。中国刑法学体系的逻辑运动秩序也就是:首先,犯罪论研究'罪'的问题,以认定犯罪为核心任务;其次,刑事责任论研究'责'的问题,以确定刑事责任为核心任务;最后,刑罚论研究'刑'的问题,以决定刑罚为核心任务。一言以蔽之,'罪—责—刑'乃是中国刑法学的研究逻辑,'认定犯罪—确定责任—决定刑罚',乃是中国刑事司法的作业逻辑。"[11]

高铭暄教授作为中国老一辈刑法学家和中国四要件犯罪构成理论主要奠基者的上述论述,简明扼要、言简意赅地阐述了四要件犯罪构成理论的

---

[9] 参见高铭暄、马克昌主编:《刑法学》,中国法制出版社2007年版,第68页以下。
[10] 高铭暄:《关于中国刑法学犯罪构成理论的思考》,载《法学》2010年第2期。
[11] 同上注。

基本构造与功能,是我们认识和评价四要件犯罪构成理论的权威依据。

三、效法德日——阶层犯罪论体系的引入与"推倒重构论"

自21世纪以来,随着德日刑法知识特别是犯罪论体系的全面引入,中国刑法学特别是犯罪论体系开始了一场结构性与功能性的知识转型,即在反思与批判四要件犯罪构成理论的结构性与功能性缺陷的基础上,效仿德日的阶层犯罪论体系,建构中国的阶层犯罪论体系。推动中国刑法知识和犯罪论体系这一转型的主将,非陈兴良教授与张明楷教授莫属,并且陈兴良教授与张明楷教授也可以分别被认为是倡导与建构中国三阶层犯罪论体系和二阶层犯罪论体系的领军人物。当然,积极参与并推动这一体系和知识转型的并非仅限于陈、张二人,事实上,众多中国刑法学者特别是中青年刑法学者均参与了这一转型进程,并作出了重要的学术贡献。这里仅以陈兴良和张明楷教授倡导和建构阶层犯罪论体系的路径及其轨迹为样本,集中展示阶层犯罪论体系在当代中国生根发芽、迅速生长的基本生态。

(一)陈兴良三阶层犯罪论体系的建构

陈兴良教授在一系列的论著中,着重从结构与功能的视角,系统地清理了四要件犯罪构成理论存在的根本性缺陷,认为四要件犯罪构成是"没有构成要件(Tatbestand)的犯罪构成""没有出罪事由的犯罪构成""没有归责的犯罪构成""没有阶层的犯罪构成",这些结构与功能缺陷,足以成为中国刑法学彻底摒弃四要件犯罪构成理论的充足理由。[12] 在批判四要件犯罪构成理论结构性与功能性缺陷的基础上,陈兴良教授大力倡导中国刑法知识的去苏俄化。[13] 根据事实判断先于价值判断、客观判断先于主观判断、形式判断先于实质判断、定型判断先于个别判断的阶层思维,效仿德、日,建构由构成要件该当性、违法性和有责任构成的三阶层犯罪论体系。[14] 在四

---

[12] 参见陈兴良:《犯罪构成论:从四要件到三阶层》,载《中外法学》2010年第1期。
[13] 参见陈兴良:《刑法知识的去苏俄化》,载《政法论坛》2006年第5期。2011年9月26日,在陈兴良教授与本人的共同倡议下,北京大学法学院主办的"当代刑法思潮特别论坛"又以"刑法知识转型与犯罪论体系的去苏俄化"为主题进行了专题讨论。除陈兴良教授的主题演讲外,许乃曼教授亦应本人的邀请,专程到北京参加了此次会议,并进行了主题演讲。
[14] 参见陈兴良:《犯罪构成论:从四要件到三阶层》,载《中外法学》2010年第1期。事实上,陈兴良教授早在2003年即尝试用三阶层犯罪论体系编写中国刑法教科书,参见陈兴良主编、周光权副主编《刑法学》(复旦大学出版社2003年版)。

要件犯罪构成理论与阶层犯罪论体系的大论战中,陈兴良教授因此被公认为"推倒重构论"(推倒四要件犯罪构成理论,重新建构三阶层犯罪论体系)的领军人物。

但是,陈兴良教授在犯罪论体系和刑法方法论上的转型并非一蹴而就。作为受教于老一辈刑法学家、系统地接受四要件犯罪构成理论训练的刑法学者,陈兴良教授接受的刑法体系教育是四要件犯罪构成理论,早年的著述亦是在四要件犯罪构成理论的语境和框架下展开的。进入21世纪以后,随着日本、德国刑法知识对中国的不断输入,陈兴良教授与四要件犯罪构成理论才渐行渐远,并最终彻底分道扬镳。

在2001年出版的《本体刑法学》一书中,陈兴良比较了大陆法系国家由构成要件该当性、违法性和有责性组成的阶层递进式的犯罪构成体系、英美法系国家由犯罪本体要件(犯罪行为和犯罪心态)、责任充足条件(排除合法辩护)的双层犯罪构成模式,以及苏俄和中国通行的四要件犯罪构成理论的要素、构造与功能,认为三大犯罪构成体系"各具特色,其体系性特征都十分明显",在研究了"犯罪发生的逻辑结构与犯罪构成的逻辑结构的关系""犯罪客观要件和犯罪主观要件的关系"以及"犯罪构成的积极要件与消极要件的关系"后,陈兴良主张"犯罪构成应当采取二分体系,即罪体和罪责,罪体是犯罪构成的客观要件,罪责是犯罪构成的主观要件,两者是客观与主观的统一"。[15] 在该书的体系展开中,陈兴良将"罪体"具体界定为"刑法分则条文规定的、表现为客观外在事实的构成要件"[16],相当于大陆法系刑法犯罪构成理论中的构成要件该当性,"罪责意味着行为人主观上的罪过,是在具备罪体的情况下行为的可归责性,因此,罪责是一种责任"。[17]

在2003年出版的《规范刑法学》一书中,陈兴良教授一方面认为,三大犯罪构成体系之间的差别,反映了不同国家不同的法律文化传统,各具其现实合理性,三者之间不存在你死我活的对立关系,应当倡导犯罪构成体系的多元化;另一方面则进一步发展了其犯罪论体系构想,在罪体与罪责二分犯罪论体系的基础上,构建了"罪体—罪责—罪量三位一体的犯罪构成体系",其中,"罪体相当于犯罪构成的客观要件,罪责相当于犯罪构成的主观

---

[15] 陈兴良:《本体刑法学》,商务印书馆2001年版,第220—221页。
[16] 同上书,第226页。
[17] 同上书,第296页。

要件,两者是犯罪的本体要件。罪量是在罪体与罪责的基础上,表明犯罪的量的规定性的犯罪成立条件"。[18] 按照陈兴良教授的体系性安排,罪体包括行为、客体、结果、因果关系、客观的附随情状等要素,罪责则具有责任能力、责任形式(故意、过失)与主观的附随情状(动机、目的等)。而罪量则是,在具备犯罪构成本体要件的前提下,表明行为对法益侵害程度的数量要件,包括数额与情节等表现形式。[19]

很有意思的是,就在陈兴良教授出版《规范刑法学》的同时,其主编的另外一本刑法教科书《刑法学》亦在复旦大学出版社正式出版了。该书鉴于中国四要件犯罪构成理论存在的缺陷,基于不同的刑法体系结构发挥不同体系功能的判断,首次尝试根据构成要件该当性、违法性与有责性的三阶层犯罪论体系编写中国刑法教科书,解释中国实定刑法。陈兴良教授在该书中解释采纳三阶层犯罪成立理论时明确指出:"在犯罪的认定上必须采取排除法,构成要件的该当性、违法性和有责性之间,应环环相扣、层层递进,各要件之间的逻辑关系必须明确。根据这种递进式结构,在将某一行为认定为犯罪时,须进行三次评价:构成要件该当性是事实评价,为犯罪提供行为事实的基础;违法性是法律评价,排除正当防卫等违法阻却事由;有责性是主观评价,为追究刑事责任提供主观根据。以上三个要件,形成一个过滤机制,各构成要件之间具有递进关系,形成独特的定罪模式。"[20] 该书的正式出版,标志着陈兴良教授开始与四要件犯罪构成理论决裂,在得到学界特别是中青年刑法学者的呼应后,陈兴良从此便在彻底批判四要件犯罪构成理论[21]、倡导刑法方法的教义学化[22]、推动刑法知识的去苏俄化[23]、建

---

[18] 陈兴良:《规范刑法学》,中国政法大学出版社2003年版,第58页。
[19] 同上书,第61—62页、第76—77页、第95—96页。
[20] 陈兴良:《刑法学》,复旦大学出版社2003年版,第50页。
[21] 参见陈兴良:《犯罪论体系:比较、阐述与讨论》,载陈兴良主编:《刑事法评论》第14卷,中国政法大学出版社2004年版。
[22] 参见陈兴良:《刑法学教义学方法论》,载《法学研究》2005年第2期。
[23] 参见陈兴良:《刑法知识的去苏俄化》,载《政法论坛》2006年第5期。2011年9月26日,在陈兴良教授与本人的共同倡议下,北京大学法学院主办的"当代刑法思潮特别论坛",又以"刑法知识转型与犯罪论体系的去苏俄化"为主题进行了专题讨论。除陈兴良教授的主题演讲外,许乃曼教授亦应邀专程到北京参加了此次会议,并进行了主题演讲。

构三阶层犯罪论体系[24]的道路上扬鞭策马、义无反顾了。

如果说 2003 年主编的《刑法学》采纳三阶层犯罪论体系编写刑法教科书、解释中国实定刑法只是陈兴良小试牛刀,或者说是在中国引入三阶层犯罪论体系的初步尝试,其 2010 年独著的《教义刑法学》一书,则标志着陈兴良对三阶层犯罪论体系与法教义学方法论的全面皈依。

陈兴良教授对德国一百多年来的犯罪论体系的演进路径,即由贝林—李斯特的古典犯罪论体系、迈耶—迈兹格的新古典犯罪论体系,到威尔泽尔的新古典暨目的主义的犯罪论体系、罗克辛的目的理性的犯罪论体系,进行了系统的考察,得出了尽管德国犯罪论体系经历了上述四个发展阶段,但三阶层——构成要件该当性、违法性与有责性成为基本的逻辑框架,具有逻辑性与实用性,可以为我们考察犯罪提供了一个基本的分析工具的结论。[25] 陈兴良教授认为,"犯罪成立理论就是将法律规定的犯罪成立条件加以体系化,使之具有内在的逻辑关系。因此,评价一个犯罪成立条件理论是否科学,关键是要看其是否具有逻辑性"。[26] 在他看来,犯罪成立条件的逻辑性主要体现为事实判断先于价值判断、客观判断先于主观判断、形式判断先于实质判断、定型判断先于个别判断。[27]

通过对四要件犯罪构成理论的结构与功能缺陷的批判、对三阶层犯罪论体系演进轨迹的分析,以及科学的犯罪论体系逻辑构造与功能诉求的论证,陈兴良教授在《教义刑法学》中全面采纳了构成要件该当性、违法性和有责性的三阶层犯罪论体系,并根据这一体系方案对犯罪论体系中的基本问题包括构成要件论、实行行为论、不作为论、客观归责论、违法性论、违法阻却论、有责性论、故意论、过失论、违法性认识论、期待可能性论、未遂犯论、共犯论、竞合论等,结合中国的实定刑法,进行了具有重要学术推进的专题阐述与论证。

陈兴良教授强调构成要件的客观性,认为构成要件是违法行为类型,具有违法推定机能,这与他对贝林古典的构成要件理论情有独钟有着直接的关系。陈兴良教授认为,"在贝林之前构成要件论的历史都只不过是前史

---

[24] 参见陈兴良:《犯罪构成论:从四要件到三阶层》,载《中外法学》2010 年第 1 期;陈兴良:《犯罪论体系的位阶性研究》,载《法学研究》2010 年第 4 期;陈兴良:《构成要件:犯罪论体系的核心概念的反拨与再造》,载《法学研究》2011 年第 2 期。
[25] 参见陈兴良:《教义刑法学》,中国人民大学出版社 2010 年版,第 116 页。
[26] 同上书,第 135 页。
[27] 同上书,第 135 页以下。

而已,构成要件论的真正历史始于贝林。可以说,正是贝林为构成要件论奠定了基调"。[28] "贝林的构成要件是事实的而非价值的、客观的而非主观的、形式的而非实质的,而这一点恰恰是贝林的构成要件论饱受非议之处。但在这种观点背后仍然体现了贝林意图通过构成要件限制司法权从而实现罪刑法定主义的价值诉求。"[29] 陈兴良教授承认:"贝林的构成要件论具有明显的存在论、形式主义的特征,在当下规范论、实质主义流行之际,贝林的构成要件论似乎不合时宜。"[30] 尽管"贝林的构成要件论是古典的,今天已经不再被采用。但同时我们还必须看到,贝林的构成要件又是经典的,经典的含义往往是永恒、常用常新。……如欲超越贝林,我们首先必须回到贝林,理解贝林,否则就没有超越而只有误解。即使今日贝林的构成要件论如西原春夫教授所言,已经成为'悲哀的玩具',我们也必须经历这需要玩具的犯罪论的童年时代。这就是说,我们必须从犯罪构成的歧路返回构成要件的原点,然后从问题的原点重装上阵。在这个意义上说,我国刑法学需要贝林构成要件论的启蒙"。[31]

在构成要件要素问题上,陈兴良认为,罗克辛客观归责理论的主要学术贡献在于超越了存在的因果关系,从规范论的方法论出发,以事实的因果关系为基础,进一步规范性地评价危害结果是否可以归责于行为主体,即区分了归因与归责,这是一种构成要件的实质化努力。陈兴良教授肯定了罗克辛教授的学术贡献,但对于客观归责的体系性地位的态度则显现出某种暧昧性。一方面,他指出:"如果将客观归责放在构成要件该当性里研究,即使像耶塞克那样将因果关系和客观归责并列,也并不能使客观归责理论真正脱离因果关系理论的局囿。若将归责理论贯彻到底,就应当将客观归责纳入有责性中加以研究。这就涉及对大陆法系递进式犯罪论体系的改造。"[32] 另一方面,他又认为,既然客观归责是构成要件的实质判断标准,既然"制造风险是对构成要件该当行为的实质审查,没有制造风险可以否定构成要件该当行为的成立;实现风险是对构成要件结果的实质审查,没有实现风险可以否定构成要件该当结果的成立。超出构成要件的效力范围是对

---

[28] 陈兴良:《构成要件论:从贝林到特拉伊宁》,载《比较法研究》2011年第4期。
[29] 同上注。
[30] 同上注。
[31] 同上注。
[32] 陈兴良:《教义刑法学》,中国人民大学出版社2010年版,第278页。

构成要件的否定,是对前述两个事由的补充"[33],"制造风险、实现风险和构成要件效力范围就成为消极的构成要件。在具备构成要件该当行为、结果与因果关系的基础上,再进行是否存在消极构成要件的实质判断。如果存在客观归责阻却事由,则构成要件该当性被否认。"[34]

在肯定构成要件是违法行为类型,具有违法推定机能的基础上,陈兴良教授坚持客观违法论,尽管亦应当承认例外的主观违法要素。关于违法(不法)的本质,陈兴良持结果无价值论,从限制国家刑罚权、保障公民个人权利与自由的法治理念出发,主张违法(不法)的本质在于法益侵害。故意与过失不是违法要素,而是责任要素。关于违法阻却事由,陈兴良主张以优越利益说作为违法阻却事由的一般根据,以违法阻却事由是否在刑法中有明文规定,将违法阻却事由分为法定的违法阻却事由与超法规的违法阻却事由。针对具有《中华人民共和国刑法》(以下简称《刑法》)分则条文规定的独具中国特色的决定犯罪成立的数额与情节,陈兴良教授认为数额和情节不是构成要件的类型性要素,并不确定行为的违法性质,并不要求行为人行为时对其有认识才能构成故意。如果行为人行为时对数额与情节等存在认识错误,可以作为可罚的违法性认识错误,在认识错误不可避免的情况下,可以成为责任阻却事由。[35]

细心的读者会发现,陈兴良教授在中国刑法中数额、情节的体系定位问题上的立场,至此已经发生了重大变化,在《规范刑法学》一书中他还明确主张"罪量"属于构成要件要素,基于构成要件的故意规制机能,罪量要素应当被行为人所认识。但是,在《教义刑法学》一书中,随着犯罪论体系的彻底转向,他则将数额和情节等罪量要素剔除出了构成要件范围,在新近的论文中,陈兴良教授进一步将数额和情节等罪量要素定位为三阶层犯罪论体系中的不受故意规制的客观处罚条件。[36] 这是我难以理解与不能认同的。在我看来,中国刑法中的数额、后果与结果,是与刑法上的不法及其程度相关的构成要件要素,为了贯彻责任主义原则,认定故意犯罪时,理当要求行为人对罪量要素有所认识。[37]

---

[33] 许永安:《客观归责理论研究》,中国人民公安大学出版社 2008 年版,第 80 页。
[34] 陈兴良:《教义刑法学》,中国人民大学出版社 2010 年版,第 297 页。
[35] 同上书,第 344 页。
[36] 参见陈兴良:《刑法的明确性问题:以刑法第 225 条第 4 项为例的分析》,载《中国法学》2011 年第 4 期。
[37] 参见梁根林:《但书、罪量与扒窃入罪》,载《法学研究》2013 年第 2 期。

告别了四要件犯罪构成理论,特别是否定了四要件犯罪构成理论的刑事责任理论、确认了三阶层犯罪论体系的责任主义原则之后[38],陈兴良教授认为,作为三阶层犯罪论体系第三阶层的有责性即责任要件,应当包括责任能力、责任要素(故意与过失)和责任阻却事由。责任的主要功能在于归责,使刑事责任追究进一步合理化,责任是一个主观的问题,应当在不法之后予以判断,由此形成不法与责任之间的位阶关系。[39] 关于责任的根据,理论上存在着分别由意志自由论导出的道义责任论与决定论导出的社会责任论的理论对立。陈兴良教授认为,意志自由是主观归责的根据,因而主张道义责任论。[40] 关于责任的基础即责任评价的客体是行为、性格还是人格,存在着行为责任论、性格责任论和人格责任论的分歧。陈兴良教授从行为刑法的立场出发,强调责任评价的客体是具体行为,主张行为责任论,反对将行为人的性格作为责任评价客体,但他并不反对人格责任论,因为人格责任论也以行为责任论为逻辑前提,是在行为责任为第一次责任判断的基础上的第二次责任判断,只具有补充作用。[41] 关于责任的构造,在德国责任理论的知识谱系中存在着由心理责任论转向规范责任论,并进一步趋向实质责任论的理论嬗变。虽然陈兴良教授亦认识到"从形式的责任概念到实质的责任概念是一个责任理论不断深化的过程,也是责任不断从心理向价值转变的过程",但和德、日通行的责任理论一样,陈兴良教授基本上采纳的仍然是规范责任论,而规范责任论往往区分构成要件故意与责任故意,但陈兴良教授从结果无价值的违法论立场与构成要件的违法行为类型说出发,反对构成要件故意与责任故意的区分,故意即心理故意只是作为责任要素存在于有责性范畴之中。[42] 这也是陈兴良教授的三阶层犯罪论体系经常受到质疑之处。关于责任故意的内容,陈兴良教授从《刑法》第14条关于犯罪故意的规定(即法条所规定的"明知自己的行为可能发生危害社会的结果"时)推导出违法性认识必要说,主张犯罪故意的成立以行为人具有违法性认识为必要,违法性认识错误即禁止错误阻却犯罪故意。[43] 关于期待可能性,陈兴良肯定其为主观归责要素,作为一种免责事由,期待可能

---

[38] 参见陈兴良:《从刑事责任理论到责任主义》,载《清华法学》2009年第2期。
[39] 参见陈兴良:《教义刑法学》,中国人民大学出版社2010年版,第395—396页。
[40] 同上书,第407页。
[41] 同上书,第411—412页。
[42] 同上书,第425页。
[43] 同上书,第548—549页。

性并且具有开放性。他还进一步采用"原则与例外"的二元思维方式,将故意、过失等心理事实作为罪责构造中的积极的罪责构成要素,责任能力、违法性认识和期待可能性则作为消极的罪责排除事由。责任无能力、违法性认识错误和期待不可能就是罪责排除事由的具体表述,具备罪责构成要素即故意、过失的,可以推定罪责成立,但若存在无责任能力、违法性认识错误和期待不可能等事由的,则否定罪责的成立。[44]

（二）张明楷二阶层犯罪论体系的确立

除陈兴良教授外,张明楷教授在推动中国刑法知识的转型和阶层犯罪论体系的建构方面,同样作出了巨大的学术努力。所不同的是,如果说陈兴良教授在推动知识转型与体系重构方面采取的学术策略,是推倒重来、一步到位,因而更为激进、遭遇的阻力必然相对更大的"阵痛疗法",张明楷教授采取的学术策略则显然是步步为营、逐步蚕食、摸着石头过河,因而相对阻力较小的"渐进疗法"。张明楷教授的犯罪论体系由四要件犯罪构成理论到违法与有责的二阶层犯罪构成体系的演进路径,完整地反映在他所著的具有广泛影响力与很高学术声誉的"黄色教科书"《刑法学》第 1 版至第 4 版之中。

张明楷教授《刑法学》第 1 版完全采纳了中国通行的四要件犯罪构成理论,按照犯罪客体要件、犯罪客观要件、犯罪主体要件和犯罪主观要件论述犯罪成立条件[45],尽管张明楷教授早就撰文主张"犯罪客体不要说",认为犯罪客体不是犯罪构成要件,犯罪对象只是犯罪客观要件的一个要素而已。[46]

自其《刑法学》第 2 至第 4 版,张明楷教授的犯罪论体系,则渐次呈现为从"犯罪客观要件、犯罪主体要件、犯罪主观要件与排除犯罪的事由"的"三要件说",过渡为"客观（违法）构成要件与主观（责任）构成要件"的"二要件说",最终确定为"违法构成要件与责任"的"二阶层"说。

关于第 2 版犯罪构成体系的基本立场,张明楷教授在论证了犯罪客体不是构成要件的基础之上,明确指出:"本书认为,犯罪构成的共同要件为

---

[44] 参见陈兴良:《教义刑法学》,中国人民大学出版社 2010 年版,第 575—577 页。
[45] 关于第 1 版的犯罪构成体系的基本立场,张明楷教授解释道:"在关于犯罪构成共同要件尚存争议的情况下,作为教科书,本书采取'四要件说',即犯罪客体要件、犯罪客观要件、犯罪主体要件和犯罪主观要件。"——张明楷:《刑法学》（上）,法律出版社 1997 年版,第 109 页。
[46] 参见张明楷:《犯罪论原理》,武汉大学出版社 1991 年版,第 36 页。

犯罪客观要件、犯罪主体要件和犯罪主观要件。"[47]但张明楷教授在《刑法学》第2版之中又在犯罪客观要件、犯罪主体要件与犯罪主观要件之外,针对刑法规定的"情节严重"等犯罪成立条件,讨论了所谓"犯罪构成的综合性要件",并在犯罪构成体系外单独讨论了排除犯罪的事由。这一体系性安排表明,至少在《刑法学》第2版中,排除犯罪的事由尚未被张明楷教授纳入犯罪构成体系内予以安排。因而可以认为,张明楷的犯罪构成体系直至《刑法学》第2版,并未超越四要件犯罪构成理论的基本框架与逻辑,尽管是以"三要件说"的面目出现的。

但在《刑法学》第3版,张明楷教授的犯罪构成体系出现了重大变化,呈现出由四要件犯罪构成理论向两阶层犯罪论体系转型的基本立场和体系构造的重大变化。在关于《刑法学》第3版犯罪构成体系基本立场的说明中,张明楷教授解释道:"根据本书的观点,犯罪构成有两个共同要件:一是客观构成要件,或称犯罪客观要件,是表明行为的违法性的要件,其内容为违法性(法益侵害性)奠定基础、提供根据,因而也可以称为违法构成要件。二是主观构成要件,或者犯罪主观要件,是表明行为的有责性的要件,其内容为有责性(非难可能性)奠定基础、提供根据,因而也可以称为责任构成要件。"[48]

如果说《刑法学》第3版的"两要件说(两阶层)"基本上已经奠定了张明楷的两阶层犯罪论体系的雏形,但尚属与四要件犯罪构成理论藕断丝连,2011年《刑法学》第4版的出版,则标志着张明楷教授完成了由四要件犯罪构成理论向二阶层犯罪论体系的彻底转型。对于这一基本立场与体系构造的转型,张明楷教授在书中解释道:"本书采取两阶层体系,亦即,犯罪构成由违法构成要件与责任要件组成。违法构成要件并不等于犯罪的全部成立条件,只是成立犯罪的一个要件。违法构成要件是表明行为具有法益侵害性(违法性)的要件,其中讨论违法阻却事由;责任要件是表明行为具有非难可能性(有责性)的要件,其中讨论责任阻却事由。"[49]

在解释建构这种二阶层犯罪构成体系的理由时,张明楷教授强调了以下几点:第一,犯罪的实体是违法(法益侵害性)和有责(非难可能性),因

---

[47] 张明楷:《刑法学》(第2版),法律出版社2003年版,第135页。

[48] 张明楷:《刑法学》(第3版),法律出版社2007年版,第108页。

[49] 张明楷:《刑法学》(第4版),法律出版社2011年版,第105页。在同页注中,张明楷教授补充说明道:"如像德国刑法理论那样,将'不法'作为构成要件与违法性的上位概念,那么,本书所称的违法构成要件可谓'不法要件'。"

此，犯罪成立条件就必须有表明法益侵害性的违法构成要件和表明非难可能性的责任要件。第二，行为是否侵犯法益、是否违法，不以行为人是否具有非难可能性为前提，即采客观违法论。第三，任何犯罪构成体系都必须处理好违法要素与责任的关系。认定犯罪必须坚持从客观到主观、从违法到责任的路径。第四，犯罪构成理论必须研究成立犯罪的一般条件，同时也要考察与犯罪具有某些相似之处而又排除犯罪的事由。第五，明确区分违法阻却事由与责任阻却事由，有利于在刑法与刑事政策上得出不同结论。第六，采取两阶层体系，可以使"犯罪"概念保持相对性，从而解决许多实际问题。第七，犯罪论体系的经济性应当体现在两个方面：一方面，避免理论本身的繁杂与重复；另一方面，司法机关遵循犯罪论体系认定犯罪时，不致浪费司法资源。[50] 迄今为止，张明楷教授可被认为是中国刑法学二阶层犯罪论体系的主要代表人物。

正是在陈兴良教授、张明楷教授等领军人物的引领之下，尽管在要素安排与体系构造上尚未达成共识，但在犯罪论体系本质上是关于指导法官的定罪思维的方法论，而方法论具有超越国别刑法的普适性的思维主导下，效法德日的阶层犯罪论体系，建构中国的刑法体系特别是阶层犯罪论体系，已经成为中国刑法学界相当多数中青年刑法学者的基本共识，可以说，阶层犯罪论体系已经在中国刑法学理论研究和法学教育中生根发芽、开花结果，并开始在司法实务特别是疑难案件的裁判中提供一定的理论解释力与实务影响力。

四、四要件犯罪构成理论的反击与自我完善

面对阶层犯罪论体系的倡导与建构论者对四要件犯罪构成理论的全面批判乃至彻底否定，四要件犯罪构成理论的坚守者特别是以高铭暄教授为代表的权威刑法学者进行了有力的学术反批判。高铭暄教授一方面承认，中国刑法学体系并非尽善尽美，整体上存在静态性有余、动态性不足的缺陷，往往立足于静态描述犯罪，缺乏动态性地认定犯罪、归结责任、量定刑罚的相关理论建构，中国刑法学体系犯罪论、刑事责任论、刑罚论的三大板块中，犯罪论、刑罚论比较充实，刑事责任论相对空白，没有很好地起到犯罪论与刑罚论之间过渡、缓冲的桥梁和纽带作用，因而需要进一步完善中国刑

---

[50] 参见张明楷：《刑法学》（第4版），法律出版社2011年版，第105—108页。

法学体系[51]，另一方面，又坚定地认为，中国四要件犯罪构成理论是一种历史性的选择，具有"历史合理性"；符合中国国情，具有"现实合理性"；逻辑严密、契合认识规律、符合犯罪本质特征，具有"内在合理性"；与德日三阶层犯罪论体系相比，相对稳定、适合中国诉讼模式，具有"比较合理性"。[52]

针对"推倒重构论"主张彻底摒弃四要件犯罪构成理论、全面引入三阶层犯罪论体系，高铭暄教授从紧迫性、必要性和可行性的角度予以了有力的反驳："如果要全盘推翻现有体系，移植另外一种体系，至少需要三个方面的理由：紧迫性、必要性、可行性。所谓紧迫性，是指除非中国刑法学体系已明显落伍于时代需求与世界潮流，德、日刑法学体系或其他某种新的刑法学体系已成为大势所趋，不移植新的体系我们将受到世界各国刑法学者的一致责难，但目前显然没有出现这种局面；所谓必要性，意味着旧的体系和新的体系相比，新的体系明显优于旧的体系，旧的体系已不足以承载现有的理论成果或不足以解决现实中出现的新问题，但这点也是没有共识的；所谓可行性，是指对于移植新的体系，必须在国内已做好了充分的知识上的准备和智识上的训练，这一点目前也难以说已经具备。因此，无论从哪一方面来说，'推翻重建'的观点都是不可取的。学习他人是必要的，但切不可在学习中迷失了自我，迷失了方向。"[53]

因此，高铭暄教授旗帜鲜明地主张"继续坚持现行的四要件犯罪构成理论和罪—责—刑的中国刑法学体系"，同时亦主张正视四要件犯罪构成理论存在的不足，改变静态的研究方法，加强刑事责任理论的探索，注重具体问题的解决，平衡体系性思考与问题性思考，进一步促进中国刑法学体系的完善。[54] 高铭暄教授的观点，可以说是四要件犯罪构成理论的"维持完善论"者的集中代表，这一观点得到了中国刑法学界许多同仁特别是中国

---

[51] 参见高铭暄：《论四要件犯罪构成理论的合理性暨对中国刑法学体系的坚持》，载《中国法学》2009年第2期。
[52] 同上注。
[53] 同上注。
[54] 同上注。

刑法实务界的呼应和支持。[55]

五、游弋于"维持完善论"与"推倒重构论"之间的"改良改造论"

中国刑法学界在采纳与建构什么样的犯罪论体系的大论战中，在上述"推倒重构论"与"维持完善论"的对立与论战之外，还存在试图调和"维持论"与"重构论"的分歧与对立，但各自体系方案与构造特征又存在林林总总、五花八门的所谓"改良改造论"。

"改良改造论"最早缘起于 20 世纪 80 年代后期对四要件犯罪构成理论体系内的自我完善，在 20 世纪 90 年代一度出现了对四要件犯罪构成理论予以改良改造的高潮。正如高铭暄教授所言，20 世纪八九十年代的四要件犯罪构成理论"改良改造论"，"其基本诉求是在维护中国刑法学犯罪构成理论传统框架和格局的基础上，进行技术性的修正改造，其基本方法大多是对犯罪构成要件体系进行拆解重组或者置换位移。作为'改造论'的成果，刑法学界提出了五花八门的所谓'两要件说''三要件说'和'五要件说'甚至'新四要件说'，令人目不暇接，但终成过眼烟云"。[56] 车浩博士也认为，这些"改良改造论"的"理论框架基本上属于对'四要件'的修正、补充或者泛泛的、单纯的批评，缺乏能够从根本上颠覆并代替'四要件'的，更为

---

[55] 在 2009 年 9 月由北京师范大学刑事法律科学研究院与武汉大学刑事法研究中心共同主办的"新中国犯罪构成理论 60 周年学术座谈会"上，与会的中国刑法学界泰斗级和重量级学者纷纷发言，称中国四要件犯罪构成理论言简意赅、通俗易懂、方便实用，适合国情，虽有缺陷，可以完善，但不应全盘否定、推倒重构。推倒重构论主张引进移植完全没有任何生存土壤的德、日犯罪论体系，是舍本逐末。——参见艾见，荣功：《历史的选择　实践的结晶——新中国犯罪构成理论 60 周年学术座谈会纪要》，载 2010 年 9 月 9 日《法制日报》。

[56] 高铭暄：《关于中国刑法学犯罪构成理论的思考》，载《法学》2010 年第 2 期。根据高铭暄教授主编《新中国刑法科学简史》的归纳，这里所谓"二要件说"包括两种说法，一是将犯罪构成要件分为行为要件与行为主体要件，另一是将犯罪构成要件分为主观要件与客观要件；所谓"三要件说"也有两种说法，一是将犯罪构成要件分为主体、危害社会的行为与客体，另一是将犯罪构成要件分为犯罪客观方面、犯罪主体与犯罪主观方面，犯罪客体不是犯罪构成要件。所谓"五要件说"，则认为犯罪构成应当包括犯罪行为、犯罪客体、犯罪客观方面即犯罪的危害结果以及因果关系、犯罪主体与犯罪主观方面等五个方面的要件。——参见高铭暄主编：《新中国刑法科学简史》，中国人民公安大学出版社 1993 年版，第 85 页以下。

厚实的理论源头和历史根基,因而也就未能从整体上跳出'四要件'的思维模式和立论起点"。[57] 车浩对林林总总的四要件犯罪构成理论的"改良改造论"未成气候、终成过眼烟云的原因分析,可谓一针见血,颇具见地。

进入 21 世纪以后,在德、日刑法知识与阶层犯罪论体系的引入和冲击下,中国刑法学者开始尝试将四要件犯罪构成理论与三阶层犯罪论体系进行调和,在四要件犯罪构成理论的基本框架内,引入阶层犯罪论体系的概念、逻辑与方法,对四要件犯罪构成理论进行形式上不改变其基本框架与构造,但不同程度地改变其逻辑与功能的实质性改造。其中,代表性的推动者无疑是"清华三剑客"张明楷教授、黎宏教授与周光权教授。

如前所述,张明楷教授的《刑法学》教科书第 1 至第 3 版基本上沿袭的就是特洛伊木马式、植入性的对四要件犯罪构成理论予以实质性改良改造的学术路径,但在其《刑法学》教科书第 4 版,张明楷教授终于"图穷匕首见",彻底地暴露了其本质上采取的不是"改良改造论",而是"推倒重构论"的学术立场。可见,其前期采取的"改良改造论",不过是其最终建构二阶层犯罪论体系的学术策略。

基于对四要件犯罪构成理论结构简单、方便实用的肯定判断以及对三阶层犯罪论体系割裂形式判断与实质判断、容易导致犯罪认定混乱的否定判断,黎宏教授主张,既不必引入德国、日本的三阶层犯罪论体系,也没有必要将中国四要件的犯罪构成理论体系推倒重构,而只须根据客观优先、主观在后的逻辑顺位对四要件犯罪构成理论进行改良,通过改良将四要件犯罪构成理论改造成"两层次的递进式的犯罪构成体系"。[58] 黎宏教授的具体改良方案大致如下:首先,将传统犯罪构成体系中的四要件区分为客观要件和主观要件两大部分。其次,将传统学说中的犯罪主体的内容拆分为行为主体和责任能力两方面的内容,前者归入客观构成要件,后者归入主观构成要件。再次,将正当防卫、紧急避险等排除社会危害性的事由归入犯罪构成的客观要件,将期待可能性归入犯罪构成的主观要件。因而,在黎宏教授的教科书所持"两层次的递进式的犯罪构成体系"中,犯罪构成的客观要件就包括客体、实行行为、危害结果、行为人的身份、因果关系、时间和地点等;而

---

[57] 车浩:《未竟的循环——"犯罪论体系"在近现代中国的历史展开》,载《政法论坛》2006 年第 3 期。
[58] 黎宏:《我国犯罪构成体系不必重构》,载《法学研究》2006 年第 1 期。

主观要件则包括责任能力、故意、过失、错误、期待可能性等。[59] 黎宏教授在解释采纳这一方案的事由时认为,其改良方案既贯彻了罪刑法定原则,也保持了中国刑法学研究的连续性;将犯罪构成的内容分解为客观要件和主观要件,贯彻了犯罪构成判断所要求的分裂性思考和层次性思考的要求;在客观构成要件的判断上,将形式判断和实质判断相结合,维持了中国刑法学通说所主张的行为符合犯罪构成是构成犯罪的唯一标准的基本观念。[60]

在我看来,黎宏教授建构的"二层次的递进式的犯罪构成体系",虽然继续沿用了犯罪构成的客观要件和主观要件的传统表述,但就其实质内容而言,构成客观要件的要素其实都是与行为的不法要素相关,构成主观要件的要素则都是与责任相关的要素。黎宏教授在所谓"二层次的递进式犯罪构成体系"的体系方案下,遮遮掩掩地使用四要件犯罪构成理论约定俗成的犯罪构成的客观要件和主观要件术语,而回避使用更为准确地传文达意的不法和责任的概念,此种名为"改良"实为"重构"的体系建构策略,如果不是其在四要件犯罪构成理论享有"话语霸权"的中国语境下,为其最终建构阶层犯罪论体系而阶段性地采取的妥协性的学术策略,则难免给人以一种在四要件犯罪构成理论与阶层犯罪论体系之间,企图两头讨好、事实上两头不讨好因而十分暧昧的感觉。

与黎宏教授不同,周光权教授对四要件犯罪构成理论的缺陷有着全面而深刻的体察和批判,他曾经分别从理论剖析和实务考察两个视角,揭示了四要件犯罪构成理论存在的根本缺陷:从理论剖析的视角出发,四要件犯罪构成理论存在诸如难以兼顾形式判断和实质判断、重视控诉轻视辩护、主观判断可能优于客观判断、经验判断和规范判断纠缠不清、强调静止性否认过程性等多重缺陷;从实务考察的视角出发,四要件犯罪构成理论存在诸如可能丧失从不同侧面检验行为的机会、容易根据形式判断得出结论、形式地解释刑法、不重视法益保护的观念、过于重视行为人的意思、难以正确处理正当化事由、不能妥善处理共犯论的问题、难以实现一般预防等诸多不足。[61] 与此同时,周光权教授对阶层犯罪论体系方法论上的优点也有着充分的理解与高度的认同。在他看来,犯罪论体系应当是"将成立犯罪的各种构成要素加以组织化、有序化排列,并对犯罪成立与否进行合理化、功能性判断

---

[59] 参见黎宏:《刑法学》,法律出版社2012年版,第66—67页。
[60] 同上注。
[61] 参见周光权:《犯罪论体系的改造》,中国法制出版社2009年版,第41—78页。

的知识系统"。[62] 而阶层犯罪论体系的方法论的主要优点则在于,能够充分展示犯罪的认定过程,协调定罪过程与定罪结论之间的关系,依次检验构成要件该当性、违法性和责任三个阶层,即可以提高效率,避免遗漏应该检验的要件,避免错误的判决,防止法官恣意,实现裁判结果的可预测性,注重体系性思考等。因此,周光权教授在一系列论著中主张彻底告别苏俄刑法理论体系,借鉴阶层犯罪论体系的方法论,建构中国刑法学的阶层犯罪论体系。

但是,遗憾的是,周光权教授的刑法教科书未能实现与四要件犯罪构成理论的彻底决裂,而是基本上套用了四要件犯罪构成理论的框架,将犯罪成立条件分为犯罪客观要件、犯罪主观要件、犯罪排除要件三个阶层。[63] 其中,犯罪客观要件包括实行行为、危害结果、因果关系、行为的时间、地点、方式等反映犯罪客观方面的构成要素;犯罪主观要件则讨论犯罪的故意、过失、认识错误、无罪过事件以及犯罪的动机、目的等构成要件要素;犯罪排除要件则包括违法性阻却事由与责任阻却事由。[64] 周光权教授在解释这一体系性方案的理由时强调:"犯罪客观要件、犯罪主观要件、犯罪排除要件三阶层理论体系虽然与构成要件符合性、违法性、责任的构造在形式上不同,但仍然满足了对犯罪成立与否的判断必须从客观到主观、从原则到例外的'阶层式'思考问题的方法,对于刑事司法实践的需要给予了积极的回应。"[65] 他自我辩解道:"客观要件、主观要件的用语与四要件理论在精髓上貌合神离,有很大的不同。仅仅从形式上看,可以说我是'温和'的改良派。但是,如果从实质上看,我对四要件的改造应该说是有相当力度的。"[66] 周光权并进一步论证了其体系的合理性,认为"犯罪客观要件、主观要件、排除要件"的体系方案,具有以下诸多合理性:充分考虑了刑事裁判中犯罪事实的认定过程,维持层层推进的递进式思维,可以最大限度地防止司法实务上出错。符合刑法客观主义的立场;有助于凸显犯罪论研究的问题意识;改革成本相对较小;在犯罪论体系内部讨论排除犯罪的事由;与英美法系犯罪论体系的实质不同得到彰显,等等。[67]

---

[62] 周光权:《犯罪论体系的改造》,中国法制出版社2009年版,第1页。
[63] 参见周光权:《刑法总论》,中国人民大学出版社2007年版,第104页。
[64] 同上注。
[65] 周光权:《犯罪论体系的改造》,中国法制出版社2009年版,第281页。
[66] 同上书,第281—282页。
[67] 同上书,第284—293页。

在中国犯罪构成理论"改良改造论"者中,周光权教授无疑是屈指可数的能够深刻洞察四要件构成要件理论弊端,真切地认识三阶层犯罪论体系在方法、构造与功能方面的优势,并且为推动中国刑法知识转型与犯罪论体系的改造作出了重要贡献的实力派刑法学者。在我看来,纯就犯罪论体系建构自身的理论逻辑而言,周光权教授本应并且本可像乃师陈兴良教授与他尊敬的同事张明楷教授那样,或者像他在许多闪烁着智慧光芒的学术论文中所倡导的那样,彻底告别四要件犯罪构成理论,全面采纳德国、日本阶层犯罪论体系的话语系统,结合中国实定刑法的规定,建构自己的阶层犯罪论体系。但遗憾的是,周光权教授出于"对国内人士可能存在观念转换、接受程度上的困难的观照"的绥靖主义态度,以及"兼顾体系的精巧化与体系的实用性"的实用主义考虑,还是在集中反映其犯罪论体系方案的刑法学教科书中,作出了与黎宏教授如出一辙的对四要件犯罪构成理论不必要的妥协和退让。在我看来,其基于妥协和退让的策略而建构的所谓"犯罪客观要件、主观要件和排除要件"的三阶层体系性方案,无论是结构与功能均存在可议与可疑之处。较之于构成要件该当性、违法性和有责性的三阶层犯罪论体系或者不法与责任的二阶层犯罪论体系,周光权体系方案的动态性与过滤性以及在此基础上的阶层性与递进性,显然弱化了许多,而且他一方面认为"客观要件可以直接推导出违法性、主观要件可以直接推导出有责性",另一方面又在客观要件和主观要件之外另行安排所谓犯罪排除要件,以统摄违法阻却事由与责任阻却事由,在逻辑上亦难以自洽。较之于三阶层体系下视构成要件为违法类型或者违法有责的行为类型,该当构成要件的行为类型地具有违法性甚至不仅具有违法性而且具有有责性,只是在存在违法阻却事由或者责任阻却事由的情况下,才例外地不具有违法性或有责性的体系安排,周光权教授的体系方案难言更胜一筹。因此,窃以为,与其别别扭扭地在四要件犯罪构成理论与阶层犯罪论体系之间进行取其所长、避其所短的讨巧式的改良改造,不如像周光权教授自己曾经大声疾呼的那样,彻底告别四要件犯罪构成理论,完全按照阶层犯罪论体系的概念、术语、逻辑、范畴,建构符合中国刑法实定规定的阶层犯罪论体系。毕竟无论是四要件犯罪构成理论的"维持完善论者",还是"推倒重构论者",抑或"改良改造论者",中国刑法学者都有一个基本共识,即犯罪论体系只是整序和规训法官定罪活动、过程与结论的一种思维模型和思维方法,本质上是工具性和普适性的。阶层犯罪论体系虽然原产于具体国情、思维方式与法治语境与中国殊异的德国,但是其工具性和普适性的方法论属性决定,出于精确地界定国家刑罚权行使范围、有效地保护法益与保障人权的法治国家原则的要求,阶层犯罪论体系完全可以引入中国为我所用。中国刑法学者似乎没有必要另起炉灶,各自建构一个构造、功能与体系方案迥然相异的体系方案。我们所需警惕的只是,引入阶层犯罪论体系的定罪思维模型与刑法方法论解释、适用中国刑法的实定规定时,切忌不顾具体国情、语境、时代条件与实定刑法的差异而生搬硬套、以至于食洋不化。

除四要件犯罪构成理论与阶层犯罪论体系的建构及其学术争鸣之外,中国老一辈刑法学家储槐植教授亦关注和研究了英美刑法理论思维与实践逻辑的独特性,并将其定罪思维模式概括为由犯罪本体要件与责任充足条件构成的双层次犯罪构成模式。所谓犯罪本体要件,具体是指犯罪行为(actus reus)和犯罪心态(mens rea),是种种具体罪行的抽象,形成行为样态,体现国家意志和权力,发挥规范行为和保护公共利益的刑法功能。所谓责任充足条件,则是指排除合法辩护(justification or excuse),是诉讼活动中各种辩护理由的总结,上升为实体范畴,体现国家权力自我约束机制和保障公民权利的刑法功能。英美犯罪构成双层模式是司法运作"定罪过程"的模拟,体现了定罪过程的动态性和过滤性,平衡了刑法保卫社会和保障人权的功能。[68] 迄今为止,虽然中国刑法学尚未出现效法英美以犯罪本体要件与排除合法辩护为核心的双层次犯罪构成模式建构中国犯罪论体系的系统论述,但是,不容置疑的是,英美刑法思维与逻辑的实用性、简洁性、阶层性与对抗性,对于四要件犯罪构成理论与阶层犯罪论体系之争各方的立场论证与体系建构,事实上亦产生了重要影响。

在中国刑法学犯罪论体系建构的学术论战中,还有一种虽属另类却无法忽视的论调是,迄今为止的所有犯罪构成理论均存在基本逻辑、基本立场与基本前提的错误,因而统统应予摒弃,中国学者应当立足本土,从常识、常情、常理出发,独立建构完全不同于苏俄、德国、日本以及英美既定的犯罪构成理论,独具中国特色的全新犯罪论体系。例如,陈忠林教授对包括中国四要件犯罪构成理论和德、日阶层犯罪论体系在内的现行主要犯罪构成理论,在肯定其在理论层面能很好地从逻辑上说明犯罪成立的理由,实践中能指导司法人员正确理解实定刑法、认定案件性质的同时,又语出惊人地指出,无论是"四要件"还是"三阶层"的犯罪构成理论都存在许多根本的缺陷,特别是都存在基本逻辑错误、基本立场错误、基本前提错误。[69] 按照陈忠林

---

[68] 参见储槐植:《美国刑法》,北京大学出版社2006年版,第5—6页。
[69] 参见陈忠林:《现行犯罪构成理论共性比较》,载《现代法学》2010年第1期。

教授的判断与逻辑，如果四要件犯罪构成理论与阶层犯罪论体系确实存在基本逻辑、基本立场、基本前提错误等根本缺陷，自当统统予以摒弃，而另行建构一套用以指导法官理解刑法、认定犯罪又非法官认定犯罪标准的独具中国特色的全新犯罪构成理论。对于陈忠林教授的雄心壮志，笔者满怀敬佩，亦高度期待，如果陈忠林教授果真跳出四要件犯罪构成理论或阶层犯罪论体系的窠臼，独具匠心地构建出这样一套与众不同的犯罪论体系，或许是中国刑法学者真正的学术贡献。

六、中国犯罪论体系建构之评价

以上，笔者简要回顾、勾勒与描述了近年来中国刑法学者围绕中国犯罪论体系的建构与完善进行的学术探索与学术争鸣。从中可见，经过中国刑法学者的学术探索与学术批判，四要件犯罪构成理论虽然尚占据主导地位，但其一统格局已被打破，阶层犯罪论体系悄然登堂入室，两大犯罪论体系的论战此起彼伏，盛况空前，构成了当下中国刑法学学术研究的一道亮丽的风景线！但是，中国犯罪论体系之争这一独特景象，确实亦令一些中国刑法学者感到非常纠结，在四要件犯罪构成理论与阶层犯罪论体系两套话语系统之间无所适从。出于某些非学术的原因，中国刑法学界甚至出现了根据四要件犯罪构成理论与阶层犯罪论体系进行选边站队的门派而非学派对立。

其实，归根结底，犯罪论体系只是指导司法者适用刑法决定是否定罪以及如何定罪的理论思维模型。诚如犯罪论体系之争展开初期陈兴良教授所坦承的，不同的犯罪论体系反映着不同的法律文化传统和法律价值追求，各有其现实合理性，本非你死我活、水火不容的关系。不同的理论体系之间完全可以取长补短，相互借鉴，共生共存，在相互借鉴和批判中不断发展完善。同一部实定刑法，也完全可以在不同的犯罪论体系指引下得到合理而有效的适用。[70] 所不同者，只是采纳哪一种犯罪论体系指导司法官解释与适用

---

[70] 持不同观点的冯亚东教授则认为，刑法典对犯罪论体系具有制约关系。中国和德国的犯罪论之构造差异，根源于两国刑法典对犯罪的不同规制方式。《德国刑法典》中规定的两重样态的危害行为，已注定了其犯罪论体系在基本结构上只能形成"客观不法／主观归责"的阶层式构造，进而在方法论上呈现一种从客观到主观的分析路径。《中华人民共和国刑法》中单一样态主客观相统一的犯罪，决定了犯罪论体系毋须采阶层式构造，而只须在既定的四要件体系的基础上，切实理解并诚心接受德国理论分析犯罪"从客观到主观"的路径模式。参见冯亚东：《刑法典对犯罪论的制约关系》，载《中外法学》2012年第3期。

刑法,相对更为科学、合理与有效,因而更好地实现逻辑自洽与功能自足。作为阶层犯罪论体系的追随者,笔者坚信,中国刑法学学术共同体完全可以就中国犯罪论体系的完善或建构,进行平等而充分的学术批评与争鸣,并应当有兄弟上山、各自努力的志气与兼容并蓄、海纳百川的胸怀,努力打造既能实现逻辑自洽、功能自足而又各具特色、精彩纷呈的犯罪论体系方案,使之成为法律职业教育与司法实务市场可以自由选择的优质学术产品。

出于对犯罪论体系逻辑自洽和功能自足的追求,本人认同并追随阶层犯罪论体系特别是构成要件该当性、违法性和有责性的三阶层犯罪论体系。但是本人毫不讳言,虽然经过以陈兴良教授与张明楷教授为代表的一大批中青年中国刑法学者的学术推动,阶层犯罪论体系作为一个外来的知识谱系已经在中国刑法学术研究中登堂入室,但是,阶层犯罪论体系在中国的引进和建构仍然任重而道远,不仅刑法学界还存在着相当有力的反对观点,而且司法实务界基本上也不认同阶层体系的思维方法,阶层犯罪论体系在当下中国面临着理论建构轰轰烈烈、司法实务应者寥寥、理论脱离实践、实践反对理论、理论和实践两张皮的尴尬境地。究其原因,除去非学术的时间、体制、环境、沟通等外部客观因素外,窃以为,也需要认真检讨、深刻反思我等阶层犯罪论体系的倡导与追随者在引进德、日阶层犯罪论知识与方法、建构中国阶层犯罪论体系过程中存在的种种问题与不足,以利阶层犯罪论体系在中国真正生根发芽,并最终修成正果。[71]

(一)阶层犯罪论体系参考模型的失焦

20世纪90年代以来,中国刑法学对阶层犯罪论体系的引进与借鉴首先和主要是效法近邻日本,近年来,才越来越多地将目光转向现代刑法学的故乡德国。日本与德国的犯罪论体系尽管同属阶层犯罪论体系,但是,两者无论在理论构造还是基本立场方面,均存在重大差异。即使在日本或德国阶层犯罪论体系内部,同样存在重大差异。日本的犯罪论体系内部至少有行为无价值论的理论体系与结果无价值的理论体系之分野。德国刑法学在不法论上虽然超越了行为无价值与结果无价值之争,二元的不法论取得统治地位,但是在二元不法论内部,仍然存在着以行为无价值为基准的二元不法论与以结果无价值为基准的二元不法论,由此形成不同的犯罪论体系方案。在构成要件与违法性的关系问题上,有的出于对构成要件的罪刑法定机能的重视,而强调构成要件该当性与违法性的阶层区分,有的基于构成要

---

[71] 以下内容参见梁根林:《犯罪论体系与刑法学科建构》,载《法学研究》2013年第1期。

件作为违法性存在根据的立场,而将构成要件与违法性予以整合,用不法的上位概念统摄构成要件该当性与违法性,因而在犯罪论体系构造上形成不法与责任二阶层说、构成要件该当、违法与有责的三阶层说等不同学说。如果再考虑到行为作为犯罪基底的独立地位以及客观处罚条件的特殊意义,还有行为、不法与责任的三阶层说,行为、构成要件该当、违法与责任的四阶层说,以及不法、有责与客观处罚条件的二加一阶层说,构成要件该当、违法、有责与客观处罚条件的三加一阶层说,行为、不法、有责与客观处罚条件的三加一阶层说,行为、构成要件该当、违法、有责与客观处罚条件的四加一阶层说。每种不同的体系性建构中,认定犯罪必须考虑的构成要件要素、违法要素、责任要素以及客观处罚条件等,又具有不同的体系定位与功能,彼此之间的逻辑关系错综复杂,令人目不暇接、眼花缭乱甚至无所适从。中国阶层犯罪论体系的追随者虽然就引进阶层犯罪论体系以替代四要件犯罪构成理论达成了一致,但面对如此纷繁复杂的阶层犯罪论体系方案,到底以哪一种方案为引进、借鉴的模型,显然尚未达成基本共识。这不仅妨害了阶层犯罪论体系在中国刑法学中的确立,而且亦在相当程度上造成了阶层犯罪论体系的内部交流与沟通的障碍。

（二）学者的学习、教育与知识背景制约下的选择性借鉴

阶层犯罪论体系虽然发端于德国,但中国刑法学对阶层犯罪论体系的引进则源自日本。由于近邻的关系,中国学者较早地接触了日本刑法学的阶层犯罪论体系,我们对阶层犯罪论体系的理解与建构因而较多地受到了日本理论的影响。近年来,这一状况有所改变,随着中德刑法学交流的展开,越来越多的德国刑法教科书、专著、论文被翻译成中文,年轻的中国刑法学者如过江之鲫源源不断地奔赴现代刑法学的故乡,学习博大精深的德国刑法学,将德国刑法理论引介到中国。德国、日本不同立场、不同风格的阶层犯罪论体系,为中国阶层犯罪论体系的建构提供了丰富的可资汲取的理论资源。但是,在建构阶层犯罪论体系的过程中,中国学者显然没有对德、日浩如烟海、纷繁复杂的刑法理论进行充分的鉴别、批判、过滤、消化,存在着拿来主义或者照抄照搬的倾向,并且拘泥于学者各自的学习、教育与知识背景,还存在着严重的选择性借鉴的现象。因此,我们看到,留日的学者往往倾向于引介或借鉴日本的犯罪论体系,留德的则倾向于引介或借鉴德国的犯罪论体系,师从日本或德国某个刑法学者的则倾向于引介或借鉴该日本或德国刑法学者的学说。就弟子对先生的学说传承的角度而言,留学日本、德国的中国学者对日本、德国刑法理论的选择性借鉴本属自然,但客观

上却制约了中国阶层犯罪论体系最大公约数的确立。

（三）学者个人的价值选择与治学理念制约下的个性化建构

学者个人的价值选择与治学理念不同,虽然是自由而个性化的学术研究得以展开、不同的研究风格、学术立场乃至于刑法学派得以形成的必要前提,但在客观上也会影响相对统一、形成合力的阶层犯罪论体系的建构。例如,陈兴良教授与张明楷教授虽然同为积极推动中国阶层犯罪论体系建构的两大主将,却具有完全不同的价值选择与治学理念。陈兴良教授基于形式法治与形式理性优先的法治理念,更为青睐形式解释论与形式的、事实的、客观的古典三阶层犯罪论。[72] 而其矫枉必须过正、追求深刻的片面的治学态度[73],则决定了其犯罪论体系建构方案对逻辑自洽性的追求远胜于功能自足性的考量,因而陈兴良教授虽曾一度立足于中国刑法的规定,建构了由"罪体—罪责—罪量"组成的犯罪论体系,但是很快就全面倒向了更具体系性与逻辑性的构成要件该当、违法与有责的三阶层体系。张明楷教授基于实质法治与实质理性的法治理念,更为青睐能够实现实质正义的实质解释论与犯罪论体系。张明楷教授的为人为学风格,则驱使他回避了一步到位建构阶层犯罪论体系的方案,而是采取步步为营、逐步蚕食的阶层犯罪论体系建构策略,因而张明楷教授的犯罪论体系建构,经历了由"四要件说"到"三要件说""二要件说",再到"二阶层说"的缓慢演进。而其之所以采纳违法与责任的二阶层体系而非构成要件该当、违法与有责的三阶层体系,又显然与他坚持实质解释论、构成要件该当是违法性的存在根据、不存在该当构成要件而又没有违法性的情况[74],有着直接的关系。

（四）对德国、日本刑法理论缺乏全面透彻的把握

阶层犯罪论体系强调定罪要素的科学组合、结构功能、体系性秩序,这是其优势所在。在一百多年的学术推进过程中,德国阶层犯罪论体系自古典的犯罪论体系、新古典的犯罪论体系、新古典暨目的论的犯罪论体系,到当下机能主义的犯罪论体系,经历了历史性、结构性、体系性、功能性和方法论的巨大变迁,不仅实现了刑法思维的体系化、逻辑化与规范化,而且实现了刑法知识的精细化、精致化与精确化,德国刑法学作为"最精确的法律科学"获得了世界性的声誉。平心而论,中国刑法学虽然相对较早并比较系

---

[72] 参见陈兴良:《形式解释论的再宣示》,载《中国法学》2010 年第 4 期。
[73] 参见陈兴良:《刑法的启蒙》,法律出版社 1998 年,第 259 页。
[74] 参见张明楷:《实质解释论的再提倡》,载《中国法学》2010 年第 4 期。

统地引介了日本的三阶层犯罪论体系,但对更为复杂、精深、晦涩、更具哲学思辨性、文化差异性和历史脉动性的德国刑法理论的学习,其实才刚刚起步,对德国犯罪论体系内部诸要素及其相互关系、内部结构及其走向以及犯罪论体系建构的历史、文化、哲学与现实制约性的理解尚显肤浅,甚至在相当程度上还处在盲人摸象的阶段,存在着许多主观想象、任意猜测、妄加判断甚至刻意误读的现象。没有对德国、日本的以阶层犯罪论体系为核心的全部刑法理论及其历史演进进程的全面透彻的把握,就难言中国阶层犯罪论体系的科学建构。

(五)阶层犯罪论体系的本土化关照不够

阶层犯罪论体系作为反映刑事追诉规律、指导定罪思维过程、避免司法裁判偶然与专断、满足法益保护与人权保障双重机能、实现法治原则要求的刑法方法论,既非特定国情或特定刑法的产物,也非只能宿命地适用特定国情或特定刑法,而是具有不拘泥于具体国别与特定刑法的普适性。[75] 但是,阶层犯罪论的具体构造、立场,则不免带有文化差异性、历史脉动性与语境制约性,阶层犯罪论体系下展开具体刑法问题的结论未必具有普适性,不宜简单照抄照搬。因此,在建构中国阶层犯罪论体系的过程中,在保持阶层犯罪论概念、体系与功能的一致性与逻辑性的前提下,如果不能结合中国刑法的具体规定以及中国当下特定语境下解决问题妥当性的需要,进行必要的本土化适应、中国化改造,就可能出现消化不良、水土不服甚至上吐下泻的后果。

在我看来,阶层犯罪论体系的本土化与中国化,首先不能不考虑引介的域外犯罪论体系与中国当下语境的适应性。在 21 世纪的转型中国这样一个特殊语境中,如果仍然拘泥于 100 年前的德国刑法学古典主义立场建构阶层犯罪论体系,无视 100 年来德国、日本刑法理论对定罪要素及其相互关系理解的不断深化与超越,无视当代中国传统挑战与新型风险并存的双重威胁,所建构的阶层犯罪论体系逻辑上再自洽、体系上再完美、表述上再精致,充其量也只能是一个自我把玩、自我欣赏的益智游戏,无助于中国法治的提升与当下正义的实现。其次,阶层犯罪论体系的本土化与中国化,既要重视从认识论与方法论的一般规律以及法治原则的一般要求中寻找其正当性支持,更要善于从中国刑法的规定中寻找其合法性根据。如同德、日三阶层犯罪论体系往往立足于罪刑法定主义、法益保护主义以及责任主义三

---

[75] 参见樊文:《没有国别的刑法学》,载《法学研究》2010 年第 1 期。

大刑法基本原则论证其正当性,建构中国的三阶层犯罪论体系同样必须立足于中国刑法现有的规定,寻找其合法性资源。其实,中国现行《刑法》第1条关于刑法目的、《刑法》第2条关于刑法任务、《刑法》第3条关于罪刑法定、《刑法》第5条关于罪责刑相适应的规定,已经蕴含了定罪必须满足构成要件该当性、违法性与责任的阶层体系要求。只是我等阶层犯罪论体系的追随者对中国现行刑法与阶层犯罪论体系的相容性,特别是阶层犯罪论体系作为我国刑法的内生性要求显然还未给予充分的论证,存在着脱离中国现行刑法抽象地建构阶层犯罪论体系的倾向,这在相当的程度上亦削弱了中国阶层犯罪论体系建构的合法性。最后,阶层犯罪论体系既是刑法方法论,又是关于本国刑法的知识体系。因此,它既是世界的,也是民族的。阶层犯罪论体系的具体建构,不能脱离本国刑法,更不能本末倒置,因为本国刑法规定不合舶来的阶层犯罪论逻辑就否定本国刑法的规定。例如,中国《刑法》总则规定了作为犯罪定义必要组成部分的"但书",《刑法》分则构成要件中存在许多诸如"数额较大""后果严重""情节恶劣"等决定犯罪成立的罪量要素,这是中国《刑法》区别于德国、日本《刑法》的中国特色。中国学者建构中国的阶层犯罪论体系时,必须正视这一中国特色,正确认识其出入罪功能,适当安排其体系性位置,而不能借口"但书"与罪量不适合阶层犯罪论体系就轻言予以废止,或者简单地将其归入与不法和责任无关的客观处罚条件。在我看来,正确认识罪量要素的功能,适当安排其体系位置,是阶层犯罪论体系本土化、中国化必须回答和解决的重大问题。[76]

---

[76] 关于阶层犯罪论体系语境中的相关研究,参见王莹:《情节犯之情节的犯罪论体系定位》,载《法学研究》2012年第3期;王强:《罪量因素:构成要素抑或处罚条件?》,载《法学家》2012年第5期;梁根林:《但书、罪量与扒窃入罪》,载《法学研究》2013年第2期。

〔德〕埃里克·希尔根多夫
维尔茨堡大学法学院刑法学、刑事诉讼法学、法学理论、信息法学暨法律信息学教授

刑法的体系构成[*]

译者:黄笑岩 (德国维尔茨堡大学刑法教研所教研助理、博士研究生)

一、引　言

　　法学体系构成的相关问题近年来已不再是德国法学讨论的焦点。在刑法领域也是一样。然而这并不意味着教义学体系以及体系性的论证丧失了其意义。情况恰恰相反,只要仔细检索德国刑法学的文献,就会注意到,几乎所有作者都力求遵循一定的教义暨论证结构。法学教育不仅在课堂传授而且在解决实践案例中都非常重视系统性方法;秉持分析案例的结构常常是通过一门刑法学科闭卷考试或者一项假期作业的必要条件。

　　刑法教义结构还是一如既往的重要,只是学界不再对结构问题予以过多讨论。今日刑法学暨刑事司法实践普遍是以鲍曼/韦伯/米奇(Baumann/Weber/Mitsch)、耶舍克/魏根特(Jescheck/Weigend)以及罗克辛(Roxin)在各自教科书中所阐述的一个"标准体系"为导向,只不过在细节上略有分

---

[*]　本文是在报告的基础上补充注释而成。

歧。[1] 然而这样的分歧并不会对司法实践产生影响。[2]

然而在其他一些国家，其刑法秩序处于变革或者仍在构建中。这首先就涉及构建一个刑法体系。在此背景下，那些国家的刑法学者自然时常将目光投向其刑法体系暨刑法教义学已向外输出一百多年的德国。而中国的刑法学者近年来已就德国刑法模式的优缺点展开了热烈的讨论。

我将在接下来的论述中阐述一下自己的意见。为此我将广泛地展开自己的观点：我首先将探讨法学体系论的一些基础问题。接下来将简单介绍德国刑法体系思维的发展过程并对此进行评论。再次则将以美国刑法与苏联刑法为例，简要阐述与德国刑法并存竞争的模式。第四部分将从整体上总结刑法学体系构成的成果暨功能。在第五部分我将比较德国刑法体系与竞争模式，论述其优缺点。

二、法学体系论

德语"体系"（System）一词源自希腊语"Systema"，其含义等同于德语单词"Zusammenstellung"（动词"zusammenstellen"的名词化，意即把……组装、合成在一起）。然而人们所冀望的科学体系通常并不仅仅是简单的拼接：一个科学体系最好应将现有知识整合为一个具备逻辑结构的统一整体。体系作为一个"依照原则归整出的知识整体"[3]，是当今各种科学理论的鲜

---

[1] 最重要的区别依然在于故意的地位，Weber, in: Baumann/Weber/Mitsch, Strafrecht Allgemeiner Teil, 11. Aufl. 2003, § 12 Rn. 16, § 13 Rn. 68 ff. 认为其应在责任中审核；而 Jescheck/Weigend, Lehrbuch des Strafrechts Allgemeiner Teil, 5. Aufl. 1996, § 30 I und Roxin, Strafrecht Allgemeiner Teil, Bd. 1, 4. Aufl. 2006, § 10 Rn. 61 ff. 将其作为主观构成要件来审核。

[2] 但这并不意味着不需要研究刑法学的体系问题。因此，在多数大型教科书和有关专著中都能找到对德国标准体系历史形成过程的详细阐述。此外，并不是所有的德国刑法学者都无保留地接受了标准体系；最近揭出各种替代模式也颇具独创性，并对体系进行了深入全面的思考。参见 Kindhäuser, Zur Logik des Verbrechensaufbaus, in: Herausforderungen an das Recht: alte Antworten auf neue Fragen? Rostocker Antrittsvorlesungen 1993—1997, hrsg. von Koch, S. 77 ff; Lesch, Der Verbrechensbegriff. Grundlinien einer funktionalen Revision, 1999; Walter, Der Kern des Strafrechts: die allgemeine Lehre vom Verbrechen und die Lehre vom Irrtum, 2006 und Pawlik, Das Unrecht des Bürgers. Grundlinien der allgemeinen Verbrechenslehre, 2012.

[3] Kant, Metaphysische Anfangsgründe der Naturwissenschaft (1786), Vorrede (Akademieausgabe Bd. 4, S. 467).

明特征。[4]

  法学体系构成的历史可以追溯到古希腊罗马时期。用以建构法学体系的早期方法主要是罗马法学对古希腊哲学暨其科学理论成果的吸纳。[5] 西塞罗(Cicero)的失传著作《将市民法重铸为一门科学》(拉丁语表达:de Jure civili in artem redigendo)论述的就是罗马法在古希腊科学理论精神要求下的结构化。然而古罗马法学家是以个案为导向的并且局限于一种"打包式的材料编排"。[6] 最著名的例外是盖尤斯(Gaius)的制度体系,虽然它当时仅以教学为目的。直到19世纪初期,它都被欧洲民法学视为导向标。尽管如此,在同时期还是一再地尝试设计出更好的体系。[7] 这段时期也被视为启蒙理性法学以及概念法学科学实证主义特别重要的阶段。[8]

  德国法学界已经习惯于对不同种类的体系进行区分。第一个非常重要的区分是外部体系与内部体系。一个外部体系主要用于演示目的并且停留在"表层",而一个内部体系是以一个对象范围的实质结构为基础。[9] 然而外部体系常常以内部体系为导向,就像刑法分论是按照相关法益安排的那样。第二种区分是开放体系与封闭体系。在开放体系中其所包含的元素是可变更以及可补充的,而一个封闭体系正好相反。[10] 对于法学而言,由于其认知领域始终处于不断变化之中,所以基本上只会考虑开放体系。[11]

---

[4] 鉴于大量的文献,仅参见 von der Stein, System als Wissenschaftskriterium, in: Diemer (Hrsg.), Der Wissenschaftsbegriff. Historische und systematische Untersuchungen, 1970, S. 99 ff; für die Jurisprudenz Engisch, Sinn und Tragweite juristischer Systematik, in: ders., Beiträge zur Rechtstheorie, hrsg. von Bockelmann, Art. Kaufmann und Klug, 1984, S. 88 ff.; eingehend Canaris, Systemdenken und Systembegriff in der Jurisprudenz, entwickelt am Beispiel des deutschen Privatrechts, 1969.

[5] Hilgendorf, Juristische Argumentation und Dialektik. Ein Streifzug durch die Geschichte der juristischen Argumentationsmetho"den, in: Strafgerechtigkeit. Festschrift für Arthur Kauf"mann zum 70. Geburtstag, hrsg. von Haft. u. a., 1993, S. 93 ff. (zusammen mit Fritjof Haft).

[6] Mayer-Maly, Rechtswissenschaft, 5. Aufl. 1993, S. 69.

[7] 对此参见 Troje, Wissenschaftlichkeit und System in der Jurisprudenz des 16. Jahrhunderts, in: ders., Humanistische Jurisprudenz. Studien zur europäischen Rechtswissenschaft unter dem Einfluß des Humanismus, 1993, S. 19 ff.

[8] 对体系思维进行有理有据的学术批判最早始于20世纪初的自然法学派,并在20世纪中期成为主题,参见 Mayer-Maly, Rechtswissenschaft(注释6), S. 69.

[9] Heck, Begriffsbildung und Interessenjurisprudenz, 1932.

[10] Mayer-Maly, Rechtswissenschaft(注释6), S. 71 f.

[11] Mayer-Maly, Rechtswissenschaft(注释6), S. 71.

第三个区分是僵化体系与灵活体系。[12] 其背后凸显的观念是:在一个灵活体系中,若干体系元素的缺乏可通过其他体系元素(比如在请求权基础的框架内)得以补强。刑法由于本身高度形式化,因此很少考虑概述中所谓的"灵活"体系。[13]

三、刑法的两极:体系构成与恣意

法学体系构成的历史在刑法中几乎无迹可寻。[14] 虽然在古希腊罗马时期以及近代,人们对法学体系构成的方法已经有所认识,但是似乎缺乏连续的传统沿革。要衡量一个带有功能科学性以及法律实践性的体系论,对于一个像刑法这样的法律领域具有何种意义,就要把目光转回到不存在体系监督刑法适用的年代。那时的刑法与宗教观念紧密结合,产生了急剧影响,犯罪被认为是对上帝及其所制定之律法的违逆。17世纪末至18世纪初是欧洲刑事司法的黑暗时期。一篇年代久远的论文这样写道:

> 法官偏执于耽于感官地残暴折磨被判处刑罚的犯罪人,并将其解释为上帝惩罚以及威慑的意志……司法实践基于威慑倾向还得出了以下结论:公开处决原则,尽可能地在犯罪地点处决罪犯并且让公众亲眼目睹行刑;快速执行原则,刑罚执行常常紧接着犯罪行为的实施。这种严厉、残酷的刑法体系,毫无人性可言,并与法官的恣意紧密相关,量刑标准极其混乱以及无视刑事司法原则。[15]

> "法官极端野蛮的状况"[16]在法国尤其严重;关于处决刺杀亨利四世(Heinrich IV)的凶手拉瓦耶克(Ravaillac)的报告,直到今日仍令人触目惊心。[17]

---

[12] Walter Wilburg, Entwicklung eines beweglichen Systems im bürgerlichen Recht, 1950.
[13] 很难认为,在特定的行为与特定的损害结果之间的因果关系存在疑问时,可以通过损失的特别严重性来对此种疑问进行补强。
[14] 重要的教科书如 Joecheck/Weigend(注释1)或者 Roxin(注释1)对体系发展史的介绍通常是从19世纪开始的。这是符合事实的,因为直到19世纪最后30年才开始形成今日所谓的"古典犯罪概念"。
[15] Fischl, Der Einfluss der Aufklärungsphilosophie auf die Entwicklung des Strafrechts, 1913, ND. 1983, S. 8 f.
[16] Fischl, Aufklärungsphilosophie(注释15), S. 9.
[17] 参见 Schmidhäuser 的叙述, Vom Sinn der Strafe, 2. Aufl. 1971. Herausgegeben und mit einer neuen Einleitung versehen von Hilgendorf, 2. Aufl. 2007, S. 6 ff.

越来越多的启蒙派学者开始批判这些弊端。批判从18世纪中期开始主要在法国达到了白热化,当时法国的社会以及政治形势极度紧张。伏尔泰(Voltaire)作为法国乃至之后整个欧洲启蒙运动的代言人也反复参与到当时的刑事诉讼中,并动员欧洲民众反抗封建贵族制度下极其残忍、带有宗教消极影响以及恣意的刑法。在此期间最著名的刑事案件是1761年新教徒图卢兹商人让·卡拉被误判死刑。伏尔泰虽然未能阻止这场悲剧的发生,但他通过发起一场欧洲范围内史无前例的运动,恢复了让·卡拉(Jean Calas)及其家庭的名誉。通过这场运动,人道以及公平的刑事诉讼,也就是我们今天所说的法治国刑事诉讼的核心思想被提升到新生的欧洲舆论意识当中。其他意识包括宗教中立、施刑适宜,即刑罚不过于残酷以及对我们而言最为重要的:一个受原则与规则引导的、体系的、排除恣意的、可审核的法律适用。[18]

年轻的米兰法学家西萨尔·贝卡利亚(Cesare Beccaria)研究了伏尔泰的要求,并在其1764年出版的著作《论犯罪与刑罚》(Von den Verbrechen und von den Strafen)中进行了总结。[19] 贝卡利亚一方面将法哲学讨论与法律政策讨论相互衔接,另一方面将狭义的法学与其改革联系起来。"卡拉案件"(Der Fall Calas)掀起了欧洲18世纪最后30年的刑法改革浪潮。

费尔巴哈(Feuerbach)在18世纪末对这些改革要求进行了思考,并将其汇总于他在1798—1799年出版的著作《对实证主义刑法的原理以及基本概念的修正》(Revision)以及1801年出版的著作《刑法教科书》(Lehrbuch des peinlichen Strafrechts)中。他于青年时代就读耶拿大学时受到康德(Kant)以及康德主义(Kantianismus)的影响,同时也受到法国启蒙哲学的影响。费尔巴哈在其转向实践法学后摆脱了康德的影响,而政治启蒙运动则影响了其一生。[20]

费尔巴哈被视为德国刑法学的鼻祖。他虽然生前没有完成今日意义之"刑法体系",但是他强调了科学体系论对于法学的普遍意义:"通过经验积

---

[18] 参见 Hilgendorf, Gesetzlichkeit als Instrument der Freiheitssicherung. Zur Grundlegung des Gesetzlichkeitsprinzips in der französischen Aufklärungsphilosophie und bei Beccaria, in: Kudlich/Montiel/Schuhr (Hrsg.), Gesetzlichkeit und Strafrecht, 2012, S. 18 ff.

[19] Beccaria, Von den Verbrechen und von den Strafen, 1764. Aus dem Italienischen von Thomas Vormbaum. Mit einer Einführung von Wolfgang Naucke, 2004.

[20] Hilgendorf, Paul Johann Anselm von Feuerbach und die Rechtsphilosophie der Aufklärung, in: Koch u. a. (Hrsg.), Feuerbachs Bayerisches Strafgesetzbuch, 2014, S. 149 ff.

累以及加工的内容并不是科学本身;它们必须以科学形态表现出来。"[21]费尔巴哈认为这种符合科学要求的表现必须满足以下三个条件:"第一个条件是法律概念的正确性、明确性、准确性以及直白性;第二个条件是法规的内部关联;第三个条件是法学理论的体系关联。"[22]他继续阐述道:"一种科学所包含的概念是该科学的基础,概念之于科学就如同骨骼之于身体一样,骨骼赋予身体坚固性以及体态。通过概念将认知客体,即科学传授知识所要借助的对象定位绑定,从而对其思考理解。"[23]

费尔巴哈认为法规也必须相互依存于一个体系关联中:

> 仅靠概念并不能构成科学,就如同建筑的框架并不等同于建筑本身一样。法学知识本身蕴含于法规之中。然而无根据即无知识,无原理即无科学!科学中的单一原理通过内部因果关联互相衔接起来,特殊性必须通过普遍性予以证实,普遍性必须通过最普遍性予以证实,特殊性寓于普遍性之中以及普遍性寓于最普遍性之中是作为从普遍性推导出特殊性,从最普遍性推导出普遍性的必要真理。只有这样法学才能上升到科学的高度;若非如此,法学不过是记忆的累赘,一堆悲哀蹩脚的垃圾,粗糙破碎的、对于国家毫无用处的、践踏理性的材料。[24]

费尔巴哈在他对于法学理论必要体系关联的论述中,极为清晰地阐明了刑法学体系论的教义:

> 当一个内在相互关联的现有知识整体具有外部的或者体系性的关联时,该知识整体便具备了科学的完备形态。任何混乱以及不协调都是对理性的侮辱,理性的最高使命是协调与统一。这适用于万物,自然也适用于认知以及行为。秩序呈现思考方法,或者更为准确地说作为一盏明灯,使思考对象变得明确。过去的诗人将混乱的世界描述为一个被黑暗笼罩、正在发酵的整体。我们也可以以此来形容科学的混乱状态。科学的黑暗意味着对内容不予区分、对不同种类不予分离、对

---

[21] Über Philosophie und Empirie in ihrem Verhältnis zur positiven Rechtswissenschaft. Eine Antrittsrede (1804), in: Paul Johann Anselm Feuerbach, Carl Joseph Anton Mittermaier, Theorie der Erfahrung in der Rechtswissenschaft des 19. Jahrhunderts. Zwei methodische Schriften. Einleitung von Klaus Lüderssen, 1968, S. 59, 80. 凸显原作。
[22] Über Philosophie und Empirie (注释21), S. 80.
[23] Über Philosophie und Empirie (注释21), S. 80.
[24] Über Philosophie und Empirie (注释21), S. 87.

相同种类不予整合、对于科学的各组成部分没有按照逻辑顺序加以编排,其中一部分以另一部分为其前提、根据或通过该部分得以诠释,却没有根据这样的关系将各部分予以逐一排列。总的来说,就是不通过以上方法将一个粗糙整体变为一个有组织性的、自身与其各组成部分协调的整体。[25]

四、德国刑法体系的构成期

德国有关刑法体系建构的现代讨论[26],通常要追溯到恩斯特·贝林(Ernst Beling)。正是他在1906年将犯罪划分为构成要件符合性、违法性以及罪责。[27] 弗兰茨·冯·李斯特(Franz von Liszt)已经在他1881年出版的第一版《德国刑法教科书》中采用了这种古典的犯罪构成。冯·李斯特与贝林时常被称为"自然主义者"。因为他们具有以下的观念:一定的法律范畴,比如因果性在一定程度上已经被自然预先给定,因此法学不能对其进行修正。[28] 这个"古典"的犯罪概念之后则有"新古典学派"。新古典学派对于犯罪构成的理解是以其对法学概念构成的"规范性"理解而著称的。

目的行为论(也称为"目的主义")最初可追溯到20世纪30年代,它的核心内容在于接纳了同时代哲学思想对"行为"的全新理解。据此,行为不再被认为是"因果性的",而是以"目的为导向的"或者说是"目的论的"。因此,主观要素也必须包含在行为概念之中。

目的主义对于理解犯罪行为的影响在故意全新定位于主观构成要件这一点上尤为明显。尽管人们在20世纪60年代开始对目的行为论的哲学"基础",特别对行为的理解本身产生过怀疑,但在构成要件中区分客观以

---

[25] Über Philosophie und Empirie(注释21), S. 93 f.
[26] 不同的介绍参见 Jescheck/Weigend, AT(注释1)§ 22; Roxin, AT Bd. 1(注释1), § 7, und Schünemann, Einführung in das strafrechtliche Systemdenken, in: ders. (Hrsg.), Grundfragen des modernen Strafrechtssystems, 1984, S. 1 ff. .
[27] Beling, Die Lehre vom Verbrechen, 1906, S. 7: "犯罪是符合构成要件的、违法的、有责的、可使其面临刑事处罚的以及满足刑事处罚条件的行为。"
[28] "自然主义"的概念在现代科学用语中有着另外的意义,并且体现了以下科学理论的立场: 自然法则不容破坏,即所有现象基本上都可以从自然科学的角度加以解释。在这个意义上,参见 Vollmer, Auf der Suche nach der Ordnung. Beiträge zu einem naturalistischen Welt—und Menschenbild, 1995(特别是 Kapitel 2: "Was ist Naturalismus?")。

及主观部分的做法仍被保留了下来。[29] 人们日益相信,法学概念的构成并不具有主观想象的、"存在的"或者"本体的"预先给定性,而是要依据科学目的来进行。克劳斯·罗克辛(Claus Roxin)在20世纪60年代就提出了这种被称为"目的论"或者"目的理性"的观点,并且令人信服地说明了理由。[30] 罗克辛以及其他学者主张刑法概念构成以及刑法体系构建应当以刑罚目的以及刑事政策为导向。这使得刑法学得以重新接纳同时期的哲学思想以及其他科学理论,并使其在刑法学中发挥作用。

20世纪60年代以及70年代初期所进行的关于方法论的大量讨论,在今日已成过往云烟。总的来看,不再有学者明确主张"行为"具有一个特定的前法学结构而刑法对于"行为"的理解也受到这一结构的约束。然而,对于行为的目的主义式理解所带来的刑法体系成果,即故意定位于(主观)构成要件却获得了承认。这主要是因为这个结构所具有的实践优越性。今日现行的标准体系在某些方面兼具古典主义元素,新古典主义元素以及目的主义元素。这一标准体系目前鲜有有力的竞争者。

体系设计的这种历史发展,常常有其内在逻辑,它以特别的方式突出之后的体系优越于之前的体系。然而这无疑低估了体系以及构造设计中所存在的重大的历史偶然性。除了之前所阐述的刑法体系抑或体系设计之外,18世纪以来理论上还提了许多完全不同的划分以及体系提议。尽管其中存在诸多的细节差异,但从中还是可推导出一个普遍的发展趋势。而许多构造提议的内容基本上都是相同的,至于它们是否获得认可,似乎常常更多地取决于科学史的偶然,而不是它们的逻辑优越性。[31]

20世纪在德国进行的关于刑法体系论的讨论还是得出了以下重要结果:刑法概念(就如同所有科学概念一样)并不是先天给定的,而是随着时间的流逝而变化。而且可以通过适当的定义有针对性地对其加以明确。因此刑法的理性就在于它的概念构成以及体系论都以刑罚目的为导向。

理论上目前普遍认为,刑法的目的在于防止特别重要的法益遭受侵害。

---

[29] 反对目的行为(die finale Handlungslehre)参见 Weber, in: Baumann/Weber/Mitsch, AT (Fn. 1), § 13 III;详见 Roxin, Zur Kritik der finalen Handlungslehre, in: ders., Strafrechtliche Grundlagenprobleme, 1973, S. 73 ff.

[30] 参见〔德〕罗克辛:"Kriminalpolitik und Strafrechtssystem", 2., um ein Nachwort vermehrte Aufl. 1973, 在当时被奉为经典。

[31] F.-C. Schroeder, Die Entwicklung der Gliederung der Straftat in Deutschland, in: Hokkaigakuen Law Journal 24 (1988), S. 175 ff.

这在刑法中就涉及对侵害法益进而危害社会的行为进行预防。因此许多学者主张将行为理解为受人类意志控制的人类行为方式。究竟是以积极的行为还是以不作为来实施并没有差异。然而也只有一定的行为方式受到禁止,即那些符合立法者所定义之不法类型的行为,在"构成要件符合性"的框架内检验是否属于这样的情况。自欧洲启蒙运动以来备受赞誉的"罪刑法定原则"对于构成要件的界定而言是十分重要的:构成要件中所包含的可罚的不法内涵必须以法定的方式足够准确地加以说明,以便使受法律约束的公民能够清楚地辨认违法行为与合法行为。

一般来说,每个符合构成要件的行为都是违法的,原因在于这样的行为实现了一种法定的不法类型。但是一个符合构成要件的行为在例外情况下可以基于一个特殊的阻却违法事由而被正当化,并且不违反法秩序。与此相关的问题将在第二阶层,即违法性中探讨。违法性的排除意味着一个行为不再被理解为对法秩序的违反,警察对这种行为的干涉是不允许的。

行为虽然符合构成要件且违法,但却是可免责的或者行为人出于其他理由而无罪责地实施了该行为时,情况则有不同。因为这样的行为是违法的,警察可以并且应该对其进行干涉。出于一定的理由,比如行为人由于酗酒而无能力控制自己,预防目的就会落空。在这样的情况下,如果行为人无罪责地实施了行为,他将不会受到刑罚处罚。相对于涉及一个特定行为与法秩序整体符合性的违法性阶层,罪责阶层则是用于确定是否可以就行为人的(违法)行为对其个人进行非难。

通过这种方式,可从刑法的预防目的以及罪刑法定原则推导出德国的三阶层刑法体系。在德国刑法学说中,也有关于体系分类的其他主张。过失犯、未遂以及不作为犯罪则具有其他的体系,其中若干体系元素与所谓故意既遂犯的若干体系元素相同,若干体系元素则超越了故意既遂犯的范畴。虽然许多细节都有待商榷,但是这种描述性的"标准体系"已经获得了普遍承认,在可预见的未来是不会对其作本质改变的。[32]

五、刑法体系构成的其他方式:特别以美国与苏联为例

几乎不能想象存在一个完全不具有体系的法律。如果不想仅限于对个案纯粹的死记硬背,在知识传授时无论如何都需要一定的体系论。因此,判

---

[32] 也可参见 Jescheck/Weigend, AT(注释1), § 22 Ⅵ. 5.

例法体系的刑法教科书中也存在明确的体系论。受到《美国模范刑法典》影响的美国刑法教科书自然首当其冲。[33] 得到普遍肯定的是区分犯罪行为与犯罪意图,其大致相当于德国对构成要件符合性、故意与罪责阶层的区分。此外还有"辩护事由",讲究的美国刑法教科文献又将其分为正当理由(相当于德国的排除违法性事由)以及宽免事由(相当于德国的免责事由)。然而在大部分情况下并没有对两者进行详细区分。一种"从案例到案例"的风格在美国司法实践以及大学解决案例的讨论中占支配地位:不遵循一个固定体系模式而直接阐述重要的认知观点。一个欧洲意义的"刑法学"在美国是不存在的,一个依照德国模式的刑法体系在美国自然也是不存在的。[34]

而苏联的《刑法》则明确体现了一个更强烈的体系特性。它的《刑法》从20世纪20年代开始对许多国家都产生了重大影响,从波罗的海诸国、高加索地区、中亚再到中国。因此1979年《中华人民共和国刑法》就明显受到了当时苏联的影响。

这也反映在了犯罪构成上:可罚性前提被划分为四要件:犯罪主体、犯罪主观方面、犯罪客体以及犯罪客观方面。在"犯罪主体"范畴要讨论的是在德国称为归责能力的问题。"犯罪主观方面"包含了故意以及过失的问题。在"犯罪客体"中探讨的问题是犯罪行为所侵害的的利益。而"犯罪客观方面"则涉及犯罪实施的方式、因果关系以及正当事由如正当防卫、紧急避险以及同意。对于我们而言,这些要件几乎不能相互联系,以至于它们的顺序排列完全无关紧要。此外还要特别审核行为的"社会危害性"。[35]

引人注目的是,许多前东欧国家现在都避开了这种四要件模式。值得注意的是爱沙尼亚的发展,它在19世纪就已经受到了德国《刑法》以及沙皇俄国《刑法》的强烈影响,在十月革命以后接受了苏联《刑法》的四要件模

---

[33] 参见 Dressler, Understanding Criminal Law, 6th ed., 2012; Robinson, 2nd ed. Criminal Law, 2011; 专门针对犯罪概念 见 ders., Structure and Function in Criminal Law, 1997.

[34] 然而德国法学可以从与美国法学更密切的交流中获益。对此参见(主要是公法)Lepsius, Was kann die deutsche Staatsrechtslehre von der amerikanischen Rechtswissenschaft lernen?, in: Schulze-Fielitz (Hrsg.), Staatsrechtslehre als Wissenschaft, 2007, S. 319 ff. (Die Verwaltung, Beiheft 7).

[35] 先前的"民主德国"采用的也是四要件模式,对此参见 Lyon, Der Verbrechensbegriff in der Strafrechtswissenschaft der DDR, 1960, S. 87 ff. m. w. N. 苏联刑法学对于中国的影响参见 Chen, Die Wiedergeburt der chinesischen Strafrechtswissenschaft, in: ZStW 2012, S. 807, 809 ff.

式。现在爱沙尼亚又回归到德国的三阶层模式。[36] 在格鲁吉亚也是如此。[37]

六、刑法体系论的功能

下面我将试图从抽象角度阐述（刑事）法学体系论的功能。[38] 一个法学体系论不是只具备一种，而是具备多种功能。

（1）每一种体系论都会产生一种相应的制度。一个采纳体系以及以一个体系呈现或者至少能以一个体系呈现的法律体系显示了固定的结构元素，而这些元素的作用在于引导。因此，可以轻易将新问题在体系中定位。这就是法学体系论的制度功能。

（2）一种法学体系将其中所包含的相关元素联结成了一个整体，就会产生所谓的综合影响。这种体系是否依据逻辑规则或者其他观点组成并不重要。这就是法学体系论的综合功能。

（3）体系化是科学理论得以形成的重要前提。法学理论中所包含的结构元素相互间具有一定的关联。一种（实践性的）与理论无关的，由相互间并无关联的单一判决组成的法学知识积累，至多是一种"胚胎阶段"的科学。这就涉及体系构成的"科学构造"功能。

（4）体系对于法学家而言是一种重要的协助。他们在体系内不仅可以对新的问题进行定位并对它们之间的体系关联加以说明，而且法学体系也会在找寻解决问题的方法时提供帮助。虽然依照克里斯蒂安·沃尔夫蓝本所构建的演绎体系或者带有德国唯心主义哲学风格的绝对"类演绎"体系

---

[36] 尤其是 Jan Sootak 撰写了大量文章介绍关于爱沙尼亚刑法改革细节，即从苏联的四要件体系转变为德国的三阶层体系，对此参见 ders., Grundelemente der subjektiven Verantwortlichkeit im estnischen Strafrecht, in: Eser u. a. (Hrsg.), Strafrechtsentwicklung in Osteuropa. Zwischen Bewältigung und neuen Herausforderungen, 2003, S. 224 ff.

[37] Turawa, Straftatsysteme in rechtsvergleichender Sicht unter besonderer Berücksichtigung des Schuldbegriffs. Ein Beitrag zur Entwicklung eines rechtsstaatlichen Strafrechts in Georgien, 1998, insbes. § 2.

[38] 下面的内容也可参见 Roxin, AT Bd. 1 (Fn. 1), § 7 Rn. 38 ff., Roxin 将功能分为"方便审核案件""体系秩序作为均匀性以及区分性法律适用的前提""简化和更好地使用法律"，以及"引导法律的进一步发展"。他同时也列举了风险以便与上述优点进行对比："忽视个案公平""减少解决问题的可能性""体系的推导并不具有刑事政策上的正当性"，以及"使用过于抽象的概念"。

结构的观念,从方法论来看是十分幼稚的,并且迄今已几乎无人主张。但是通过将刑法上的疑难问题在标准体系中的准确定位,则能够发现特定的解决路径。这些解决方案的有效性已经在该体系中其他问题的解决上得到了证明。因此,所应用的法学体系有助于找寻解决法学问题的方法。这就是刑法体系构成的"启发功能"。

(5) 相比于一个缺少固定体系元素的法律部门,一个在体系中呈现的法律部门是非常容易讲授的。如果没有体系,就必须熟记单一结论或者法庭判决,而体系恰恰赋予这样的知识一种体系关联。这就体现了体系化在教学上的重大意义。可将这点称为法学体系论的"讲授功能"。

(6) 在一个受到法治国原则约束的大陆法系的法律体系中,法律适用者受到特定体系的约束,并且必须将其判决进行体系性解释,也就是说,依照作为各自依据,预先设定的体系进行解释。这种对于法律适用者的体系约束虽然限制了他们的行为能力,但是却使得法律适用更加容易。因为这个体系或者至少其若干构成元素可用来作为法律适用的审核模式。法学体系论这样一种"法律适用指导"功能,对于解决法律案例而言意义重大。

(7) 通过一个法学体系对法律适用者的约束可以排除恣意(或者让恣意变得不那么容易);法律适用者,比如一个行政官员的决定或者一个法官的判决是直观的,可预测的以及可审核的。可将这点称为法学体系论的法治国透明化功能。

(8) 一个法律判决受到一个特定体系的约束,并且因此变得直观以及可审核,就可以轻易对其进行批判。因为固定的若干体系元素至少已经预先确定了这个判决的结构(法学体系论的批判功能)。

(9) 一个犯罪论体系最终体现了特定的社会以及政治价值,而这些价值则通过犯罪论体系适用于一切领域。这体现在比如苏联刑法体系的"社会危害性"特征。德国的犯罪论体系力求实现在社会道德以及政治上的特殊中立性,而这种内容中立性的确定,自然也是一种特定(面向法治国)评价的表现。

一个外国法律文化的所属成员,不仅可以极其快速地理解一个以体系呈现的法律,而且通过体系可以轻松地进行突出相似性与区别的比较。因此,相比于大量无序的法规以及法律观点,一个以体系编排的法律或者法律部门,更容易为其他法律文化所继受。

七、对于一个刑法体系比较的思考

法学体系的转换以及犯罪构成体系的转换是可行的。然而盎格鲁-撒克逊模式几乎是无法输出的。原因在于,这种模式几乎不能脱离英美的法律文化而单独存在。就像盎格鲁-萨克逊法系这样一种丰富而古老的法律文化几乎无法被全盘接受,或许这就是为什么美国刑法在美国以外的国家几乎不被接纳的原因。[39]

相反,苏联模式就被一系列国家所接受,当然有些国家也不是完全自愿地接受这种模式。在我看来,这种模式也具有上述一系列的功能。然而这种模式鉴于它的政治前提在今日被许多国家所批判。这种四要件模式缺乏逻辑严谨性,而这恰恰是德国三阶层模式:构成要件符合性、违法性、罪责值得称道的地方。此外,通过"社会危害性"标准为主观评价提供了进一步的空间,以至于这些功能都大大打了折扣。

德国体系的优点在于对在标准体系中呈现的教义问题存在大量的解决方法。一代又一代的德国刑法学家拟定出解决方法,并对这些方法进行理论审核以及在实践案例中予以检验。因此,德国体系就包含了丰富的问题分析以及问题解决方法的建议,这在国际比较中也是无与伦比的。

德国体系通过将刑法问题的精密结构化以卓越的方式赋予检察官决定以及法官判决适宜的结构。以此来达到法的安定性以及保障国家权力,即立法权、行政权以及司法权的分立。

在我看来,德国体系的另一个优点在于它的远离政治性,也可将其称为政治中立性。当然,没有一种科学体系能保持完全的价值中立,即不让特定评价渗入体系之中。德国犯罪论体系是以法治国为目的而设定的。这就意味着预先设定审核结构并且法庭判决也要符合这种结构。以此尽可能地排除法律适用的恣意性。

当然,在刑法体系论转换时,也不能忽视旧有体系元素的效用。相比像"文化大革命"那样的毫无法规性,苏联的体系论已经意味着一个巨大的进步,它使得法律适用者受到一个特定结构的约束并且限制法官的恣意。因

---

[39] 此外还有大量的刑事追诉、刑事判决以及判决执行的漏洞。对此参见 die materialreiche Studie von Struntz, The Collapse of American Criminal Justice, 2011.

为德国刑法既影响了十月革命前的俄国刑法,也继续影响了苏联刑法,因此,对于三阶层犯罪构成体系的接纳,应被理解成体系自身的进一步发展而不是一种突然的转换。[40]

---

[40] 可参见 Ida, Die heutige japanische Diskussion über das Straftatsystem. Eine kritische Untersuchung unter besonderer Berücksichtigung der Entwicklung der deutschen Strafrechtswissenschaft, 1990, insbes. S. 48 ff.

[单元评议]

陈兴良

北京大学法学院兴发岩梅讲席教授

转型中的中国犯罪论体系

一、中德犯罪论体系的比较视角

犯罪论体系，在德国也往往称为刑法体系，是我们这次中德刑法学者联合会学术研讨会的主题之一。这个主题之设，主要还是考虑到中国目前正处在从苏俄的四要件到德、日的三阶层的犯罪论体系的转型过程之中，因此对此的讨论是具有现实意义的。而在德国，正如希尔根多夫教授在其论文中所指出的那样，刑法体系问题已经不是学界讨论的焦点问题。对于犯罪论体系在中、德两国刑法学界的重要程度的这种差别，正好反映出中、德两国在犯罪论体系研究进展方面的差距。

在这次研讨会上，梁根林教授提交的论文《中国犯罪论体系建构：叙事与评说》，可以说是全面、客观地描述了中国刑法学在犯罪论体系上的流变过程，对于理解中国当前在犯罪论体系上的理论现状具有重要参考价值。在梁根林教授的这篇论文中，我也是其中一个角色，并对我的学术演变过程进行了叙述，基本上符合我的实际情况，对此我表示认同。而希尔根多夫教授提交的论文《刑法的体系构成》，则对德国的犯罪论体系进行了深入介绍，尤其是涉及对美国与苏俄的犯罪论体系的对比，这对我国关于犯罪论体系的思考提供了重要借鉴。可以说，这两篇论文反映了中、德之间在犯罪论体系研究上的不同状态与阶段，其中不乏引人深思的余地。在我看来，梁根林教授与希尔根多夫教授的这两篇论文，在以下三个方面形成了对比视角：

（一）叙述性与思辨性

梁根林教授的论文更多的是描述性的，其对中国当前正在进行的四要件与三阶层之争,进行了极为细致的学术描述,给人留下了深刻印象。例如,梁根林教授描述了中国刑法学界从师从苏俄到效法德、日的犯罪论体系的演变过程,这也就是从四要件的一统天下到四要件与三阶层的体系之争的转变过程。这里应当指出,从清末中国法律改革,中断了延续了数千年的中华法系传统,引入了大陆法系制度,包括刑法制度。这一重大的法律变革是以日本法律制度为借鉴对象的,也在很大程度上参考了日本学者的意见。此后,中国的刑法理论始终受到日本理论的影响。在民国时期(20世纪20年代至40年代),先后制定的两部《刑法典》(1928年《刑法典》与1935年《刑法典》)都是以日本《刑法典》为摹本而制定的。基于刑事立法对日本的倚重,在犯罪论体系上也复制了日本理论。例如,民国时期的犯罪论体系所讨论的犯罪主体、犯罪客体、犯罪行为、责任能力、责任形式等概念就来自日本。而这个时期的日本刑法理论也在很大程度上受到德国的影响,在这个意义上说,中国民国时期的犯罪论体系是间接受到德国影响的。在20世纪50年代以后,中国政权更迭,废除旧法统,开始全面采用苏俄法律理论。在刑法上亦概莫能外,在这一背景下,中国引入了苏俄刑法学的四要件的犯罪论体系,一直影响到今天。这是中国犯罪论体系的历史背景,相对于梁根林教授所描述的中国犯罪论体系自师从苏俄到效法德、日的演进过程,这是一段中国犯罪论体系发展的前史。而希尔根多夫教授的论文则对犯罪论体系进行了具有思辨性的论述,例如对犯罪论体系的功能性的强调,指出了犯罪论体系本身具有对于刑法恣意的限制功能,其刑法教义学的整合功能也同样是不可否定的。这些见解,对于我们深刻认识犯罪论体系的实践意义具有重要启迪。在构成要件产生初期,就是以罪刑法定原则为依归的,在此基础上形成的犯罪论体系对于实现罪刑法定原则来说,是不可或缺的制度保障。犯罪论体系是一整套精致的话语体系,以此为依托,将刑法中的各种概念组合在一起,由此发挥其辅助定罪的适用功能,对于法治国来说,具有十分重要的理论意义与现实意义。因此,犯罪论体系所具有的思辨性,并不是玄学式的理论,而是切合法制建设的学说。

(二) 本土性与普世性

梁根林教授的论文是以叙述中国的犯罪论体系的变革为其论文主线的,更多展示的是犯罪论体系的地方性知识。例如,梁根林教授在其论文中揭示了中国犯罪论体系之争的文化与法治的背景。当然,中国的犯罪论体系之争明显受到自20世纪90年代初引入的德日刑法学的深刻影响。因此,在中国发生的犯罪论体系之争,其意义远远超过了中国的国界,也是在世界范围内刑法教义学知识传播的一个个案。梁根林教授在论文中讨论了犯罪论体系的本土化的重要性。应该说,本土化的问题,在中国刑法学界也始终是一个存在争议的问题。自从清末中国引入大陆法系的法律制度以后,中国的法律制度已经在一定程度上与世界接轨。在犯罪论体系问题上也是如此。其实,无论是苏俄的四要件的犯罪论体系还是德、日的三阶层的犯罪论体系,对于中国刑法学界来说,都是舶来品。问题只是在于:如何在借鉴与吸收西方刑法知识的基础上,使其尽可能地切合中国的刑事立法与刑事司法的实际状况,以此满足中国刑事法制建设的客观需求。因此,只有在这个意义上理解犯罪论体系的本土化,才能推进中国犯罪论体系的演变与发展。梁根林教授也是在这个意义上理解犯罪论体系的本土化命题的,对于中国犯罪论体系的健康发展具有参考价值。目前中国刑法学界在关于犯罪论体系的本土化的讨论中,本土化是相对于苏俄化和德日化而言的。这里涉及一个问题:本土化与苏俄化和德日化之间究竟是一种什么关系?我个人认为,本土化与苏俄化和德日化并不是对立的,所谓的本土化也是指对苏俄犯罪论体系和德、日犯罪论体系的本土化。因此,去苏俄化和引入德、日三阶层的犯罪论体系之间,并不存在与本土化的矛盾关系或者对立关系。在我国刑法学界,对于犯罪论体系的本土化问题,存在着两种思想认识是值得反思的:一是坚持四要件的犯罪论体系,认为苏俄犯罪论体系已经本土化,没有必要再引入德、日犯罪论体系。因此,提出了中国犯罪构成理论不必移植德、日的命题,本土化就成为抗拒德日犯罪论体系的一个理论根据。例如有中国学者指出:"不能过于强调我国现行平面的犯罪构成体系(指四要件的犯罪论体系——引者注)的缺陷与不足,对西方国家刑法的犯罪构成体系的优点大加赞赏,乃至于照搬大陆法系或者英美法系的层次性犯罪构成体系。"[1]二是强调中国的主体性,认为苏俄的犯罪论体系与德、日的犯罪论体系都存在着缺陷,因此应当创制具有中国特色的犯罪论体系。例如有中国学者指出:"中国刑法学完全可以在借鉴和吸收域外犯罪构成理论体系和犯罪构成规格模型之后,博采众长,走自己的路,形成中国自己的犯罪构成理论体系和建构自己的犯罪构成规格模式,服务于我国的刑事

---

[1] 彭文华:《犯罪构成本原论及其本土化研究——立足于文化视角所展开的比较与诠释》,中国人民公安大学出版社2010年版,第292页以下。

司法实践。"[2]我认为,犯罪论体系具有跨越国界的性质,这只是一种对刑法规定的犯罪成立条件的分析工具,它与各个国家的文化传统、思维习惯或者生活经验虽然具有一定的关联性,但更多的是与法制建设的实际需求之间的联动性。苏俄的四要件犯罪论体系与德、日三阶层犯罪论体系对于中国来说都是外来的东西,我们当然应该借鉴与吸收。但这里涉及一个对苏俄四要件犯罪论体系与德、日三阶层犯罪论体系的优劣比较问题,我们应该择其优者而学习之。在我看来,苏俄四要件犯罪论体系在方法论上存在严重缺陷,相比较之下,德、日三阶层犯罪论体系更为精致与精细,因此应该学习与参考德、日三阶层的犯罪论体系。在此基础之上,建立中国的犯罪论体系。这一犯罪论体系是建立在德、日犯罪论体系的话语体系基础之上的,可以吸收德日刑法学的知识成果而为我所用。至于那种认为中国应当建立一种具有特殊的犯罪论体系的观点,虽然其意可嘉,但并不必要,也无可能。这一论述是对梁根林教授关于犯罪论体系本土化论述的一个补充,也可以佐证梁根林教授的观点。希尔根多夫教授的论文在较为广阔的视界中,展示了在不同法系特征之下,犯罪论体系的局限性与普世性。美国实行判例法,遵循从案例到案例的思维路径,因此不可能形成一个犯罪论的体系模式,美国的犯罪成立条件体系更具有受制于其法系的局限性。而德国建立在成文法基础之上的犯罪论体系具有明显的教义学特征,更能够超越具体法条与个案,因此具有超越国界传播的可能性。

(三) 实践性与逻辑性

犯罪论体系并不是一个纯理论问题,它在刑法所规定的犯罪成立条件的基础上进行理论归纳与抽象,形成了一个具有内在逻辑的体系。这个体系本身具有解决实际问题的功能,这就是犯罪论体系的实践性。正是这种实践性表明犯罪论体系要建立在具体法律规定的基础之上,对于这种实践性的强调也是梁根林教授的论文的特点之一。而希尔根多夫教授的论文则更强调刑法体系的逻辑性,认为这种逻辑严谨性是德国刑法体系的优点,这种逻辑严谨性在四要件那里是不存在的。逻辑性使刑法体系远离政治,也使刑法体系能够更好地发挥对于刑罚权的限制功能。例如希尔根多夫教授在论及苏俄四要件的犯罪论体系时指出:(苏俄四要件的犯罪论体系)可罚性前提被划分为四要件:犯罪主体、犯罪主观方面、犯罪客体以及犯罪客观

---

[2] 杨兴培:《反思与批判——中国刑法的理论与实践》,北京大学出版社2013年版,第117页。

方面。在"犯罪主体"范畴要讨论的问题是在德国被视为问题的归责能力。"犯罪主观方面"包含了故意以及过失的问题。在"犯罪客体"中探讨的问题是犯罪行为所侵害的利益,而"犯罪客观方面"则涉及犯罪实施的方式、因果关系以及正当事由,如正当防卫、紧急避险以及同意。对于我们而言重要的是,这些要件几乎不能相互联系,以至于它们的顺序排列完全无关紧要。至此,希尔根多夫教授对四要件的犯罪论体系进行了描述,最后这句话也许是最为要害的,因为它点出了四要件之间不具有逻辑上的位阶性。在我看来,犯罪论体系的实践性与逻辑性并不是相互对立的,而其逻辑性是实践性的基础。只有具有逻辑性的犯罪论体系才能在司法实践中充分发挥其对于定罪的引导功能。因此,对于犯罪论体系的逻辑性无论如何确定都是不过分的。

毫无疑问,以上这些视角都是在考察与判断犯罪论体系时必须具备的。当然,对于这些视角的不同侧面的优先考量,则是取决于不同国家对于犯罪论体系的不同理论需求。犯罪论体系永远都是刑法学中的一个热门话题,只是因为中国目前所处的特定历史阶段,对于犯罪论体系更为关注。我以为,通过梁根林教授和希尔根多夫教授的这两篇论文,可以引发我们对犯罪论体系的更为深入的思考。

二、中国犯罪论体系的学术个案

犯罪论体系,中国在苏俄刑法学意义上称为犯罪构成体系,是刑法学理论大厦的基石,它在相当程度上决定着一个国家的刑法学的理论品格。中国目前正处在从苏俄的四要件到德、日的三阶层的犯罪论体系的转型过程之中,面对这种转型,中国的刑法学者不得不进行站队选择。这导致中国刑法学者的阵营从一块铁板到二水分流,呈现出某种分化的趋势。在某种意义上可以说,我是中国犯罪论体系转型过程中的一个学术个案。

正如梁根林教授所言,我是在四要件的犯罪论体系的熏陶下成长起来的刑法学者,在我的大学本科阶段,在北京大学就是以四要件的犯罪论体系为刑法学入门的摹本。在硕士研究生和博士研究生阶段,我在中国人民大学师从中国刑法学界著名的高铭暄教授和王作富教授,他们是苏俄四要件的犯罪论体系在中国的传人。因此,四要件的犯罪论体系以其对称性和辩证性深深吸引了我,成为我在20世纪80年代进行刑法学研究的主要分析工具。在20世纪90年代初期,从日本传入了三阶层的犯罪论体系,这是一种完全不同的思维方法,给我留下了深刻的印象。在我初期的研究中,试图对这两者进行对比研究,在1992年出版的《刑法哲学》一书中,我将四要件的犯罪论体系称为耦合式的逻辑结构,而将三阶层称为递进式的逻辑结构。在对这两种犯罪论体系的比较研究中,我在评论三阶层的犯罪论体系时指出:"犯罪构成的递进式结构,在对犯罪的认定上采取排除法,这是比较符合人们的思维习惯的。构成要件的该当性、违法性和有责性,环环相扣、层层递进,各要件之间的逻辑关系明确,易于区分罪与非罪,具有一定的长处。尤其是将有责性作为构成要件之一,把刑事责任问题纳入犯罪构成,较好地解决了犯罪与刑事责任的关系问题。这种递进式的犯罪构成结构的缺陷在于将违法与有责区分开来,认为违法是客观的,责任是主观的,这是一种主观与客观相分离的表现。在我们看来,违法性不是犯罪构成的一个要件,而是犯罪特征之一,整个犯罪构成实际上是刑事违法的构成。因此,将违法性作为犯罪构成的一个具体要件,是降低了违法性的意义。同时,犯罪构成作为一种定罪的法律模式,主要解决什么行为构成犯罪的问题,而违法阻却事由中研究的正当防卫、紧急避险等情况,主要是解决什么行为不构成犯罪的问题。显然,什么行为构成犯罪与什么行为不构成犯罪这是两个虽有联系又有区别的问题,不可混为一谈。"[3]

  在以上评价中,我对于三阶层的这种递进式的逻辑结构是赞同的,将责任要素纳入犯罪构成也是肯定的。但也指出了三阶层的三个缺陷:一是对于违法性与有责性的分离提出质疑,认为违反了主客观相统一原则。二是对于违法性在犯罪论体系中的地位进行了否定,认为违法性不是构成要件而是犯罪特征。三是对于将正当防卫与紧急避险纳入犯罪构成表示怀疑,认为这是混淆了构成犯罪与不构成犯罪这两个问题。从这三点来看,当时我主要还是站在四要件的立场上对三阶层所进行的批判。例如,主客观相统一被认为是四要件的核心价值,并且在四要件中并无违法性的要素,违法性是犯罪特征。由此可见,我的思想观念还是受到四要件的束缚。同时,我也对四要件的犯罪论体系进行了以下评论:"犯罪构成的耦合式结构,将四大要件先分而论之,然后加以整合,其长处是简单易懂,便于司法人员掌握。从内容上说,不像递进式结构那样,把违法性作为犯罪构成的一个具体要件,而是将其作为犯罪特征加以研究,在这个意义上说是正确处理了犯罪构成与犯罪概念之间的关系。但这种耦合式结构也存在缺陷,主要是将犯罪

---

[3] 陈兴良:《刑法哲学》,中国政法大学出版社1992年版,第572—573页。

构成要件之间的关系确定为一种共存关系,即一有俱有、一无俱无。只有四要件全部具备了,才说得上是犯罪构成的要件。但在具体论述时,又分别作为犯罪构成的要件加以阐述。这样,在部分与整体的关系上存在逻辑混乱的现象。"[4]

四要件的犯罪构成一直被奉为唯一正确的犯罪论体系,但在三阶层的对比关照下,我还是发现了四要件的体系性缺陷,这就是基于耦合式的犯罪构成结构,各个犯罪构成的要件之间关系的混乱,没有正确处理犯罪构成的部分与整体的关系。在对四要件与三阶层这两种犯罪论体系进行评价的时候,我还是站在较为客观的立场上发表评论意见的。严格来说,此时我还没有对犯罪论体系的独立见解。而且,关于三阶层的犯罪论体系当时只有来自日本的资讯,尚未见到德国的资料。因此,我们对三阶层的认识本身也是较为肤浅的。但不管怎么样,随着三阶层犯罪论体系传入中国,对四要件的理性思考已经展开。

在对四要件与三阶层的犯罪论体系深入思考的基础上,我开始试图创设自己的犯罪论体系,这当然是一种狂妄的想法,但在当时的中国这是一种普遍的风气。在2001年出版的《本体刑法学》一书中,是尝试着创立罪体与罪责的对应式的犯罪论体系。其中,罪体是犯罪构成的客观要件,指刑法分则条文规定的、表现为客观外在事实的构成要件。罪体的内容包括行为、客体、因果关系等。[5] 罪责意味着行为人主观上的罪过,是在具备罪体的情况下行为人的可归责性。因此,罪责是一种责任。罪责的内容包括责任能力、责任形式之一:故意责任、责任形式之二:过失责任等。以上罪体与罪责的对应式体系,在逻辑结构上是客观要件与主观要件的二分结构。在主客观相统一这个意义上,罪体与罪责的体系受到四要件的深刻影响。但重塑了罪责要件,在很大程度上又是偏向于三阶层的。尤其是将罪体定义为刑法分则规定的客观事实,而又将罪责奠定在罪体的基础之上,使两者之间呈现出某种位阶性,因而使罪体与罪责的体系具有一定的三阶层的结构特征。

可以说,罪体与罪责的对应式体系只是一种草创,其理论的粗糙性自不待言。不过,在2003年出版的《规范刑法学》一书中,在罪体与罪责的基础上又增加了罪量要件,这是对中国刑法中罪量规定的一种理论回应。不同

---

[4] 陈兴良:《刑法哲学》,中国政法大学出版社1992年版,第573页。
[5] 参见陈兴良:《本体刑法学》,商务印书馆2001年版,第226页。

于西方国家刑法的"立法定性,司法定量"的立法模式,中国刑法是"立法既定性又定量",因此在中国刑法中存在大量的罪量要素。例如,根据《中华人民共和国刑法》(以下简称《刑法》)的规定,诈骗罪只有达到数额较大才构成犯罪。如果数额没有达到较大程度,则不能作为犯罪处理。在此,数额较大就是诈骗罪的罪量要素。在《刑法》中,绝大多数犯罪都必须具备罪量要素才能构成犯罪,只有故意杀人罪等少数严重的犯罪才无须罪量要素就能构成犯罪。一般认为,罪量要素是司法权与行政权的分界:达到罪量要素的行为构成犯罪,进入司法程序进行刑事处罚。没有达到罪量要素的行为不构成犯罪,通常作为治安违法行政违法的行为进行行政处罚。因此,犯罪与违法的区分是由中国的刑事与行政的二元处罚体制所决定的。为此,应当在犯罪论体系中安排罪量要素的特殊地位。我在论述罪量要件时指出:我国刑法中的犯罪成立要件是表明行为侵害法益的质的构成要件与表明行为侵害法益的量的构成要件的有机统一。表明行为侵害法益的质的构成要件是犯罪构成的本体要件,包括罪体与罪责。罪体是犯罪构成的客观要件,罪责是犯罪构成的主观要件,两者是客观与主观的统一。由于我国《刑法》关于犯罪的规定,存在数量因素,因而犯罪成立要件除罪体与罪责以外,还应当包括罪量,罪量是在具备犯罪构成的本体要件的前提下,表明行为对法益侵害程度的数量要件。由此,我建构了一个罪体—罪责—罪量三位一体的犯罪构成体系。在这一犯罪构成体系中,给予犯罪成立的数量因素以独立的构成要件的地位,从而使之更加切合我国《刑法》的规定。[6]

在以上论述中,我试图将罪量要素纳入犯罪论体系,赋予其独立的体系性地位。当然,对于罪量要素如何确定其在犯罪论体系中的地位,还是存在较大争议的,这种争议主要表现为构成要件说与处罚条件说之争。我对这两种观点进行了以下描述与评论:第一种观点是构成要件说,认为犯罪的数量要素是犯罪成立的条件,如果不具备犯罪的数量因素,不能构成犯罪。由此,犯罪的数量因素属于犯罪构成要件。第二种观点是处罚条件说,认为犯罪的数量因素是处罚条件。在大陆法系刑法理论中,客观的处罚条件是指那些与犯罪成立无关,但却能决定行为是否应受刑罚处罚的外部条件。客观处罚条件的特点在于:它本身不是犯罪的构成条件,缺乏客观的处罚条件,犯罪仍可成立,只是不生刑罚效果而已。就此而言,客观的处罚条件是刑罚发动的事由。在上述两种观点中,我赞同犯罪的构成要件说。处罚条

---

[6] 参见陈兴良:《规范刑法学》,中国政法大学出版社2003年版,第58页。

件说将犯罪成立与应受处罚两者相分离,认为在不具备客观的处罚条件的情况下,犯罪是可以成立的,但不应受到刑罚处罚。只有在具备客观的处罚条件的情况下,才应当受到刑罚处罚,即发生刑罚之效果。这种观点与我国刑法关于犯罪概念的规定显然是不相符合的。因为根据我国《刑法》第13条的规定,应当受刑罚处罚是犯罪的重要特征之一。这就意味着,应受惩罚性本身是犯罪成立的条件,如果缺乏应受惩罚性,就不构成犯罪。因此,在我国刑法中,不能承认构成要件之外的客观处罚条件。[7] 我在这里所说的构成要件是指犯罪成立条件,在我看来,罪量是犯罪成立条件,它决定着罪与非罪的界限,而不是对犯罪成立没有影响,只是决定如何进行处罚的要件。当然,罪量既不属于罪体要素又不属于罪责要素,作为一种独立的犯罪成立条件,需要厘清它与罪体、罪责之间的关系。而在这一点上,还有许多理论上的障碍需要克服。

从我的罪体、罪责和罪量的犯罪论体系的形成过程,可以明显地看出是受到了三阶层的犯罪论体系的逻辑性的深刻影响,这也是我国刑法学继受德日刑法学的犯罪论体系的一个例证。三阶层的犯罪论体系主要吸引我的还是其逻辑性,这种逻辑性我称之为逻辑上的位阶性。正是这种逻辑上的位阶性使各种犯罪成立条件得以整合,形成一个有机的整体。在这个意义上说,具体的犯罪成立条件只是外在的东西,是所谓形而下的"器";而犯罪条件之间的逻辑关系才是内在的东西,是所谓形而上的"道"。

三、犯罪论体系的方法论意义

希尔根多夫教授在其《刑法的体系构成》一文中,为我们展示了犯罪论体系的内在逻辑关系,对于我们深刻理解三阶层的犯罪论体系具有重要的参考价值。其中,希尔根多夫教授对于所谓刑法体系论,亦即犯罪论体系的功能的阐述,就是具有启发性的观点之一。希尔根多夫教授将犯罪论体系的功能归纳为以下九点:(1)制度功能;(2)综合功能;(3)科学构造功能;(4)启发功能;(5)讲授功能;(6)法律适用功能;(7)法治国透明功能;(8)批判功能;(9)评价功能。以上对于犯罪论体系功能的阐述当然是极为全面的,既有犯罪论体系的实质功能,例如制度功能与法治国透明功能等;亦有犯罪论体系的形式功能,例如综合功能与讲授功能等。这些功能对

---

[7] 参见陈兴良:《规范刑法学》,中国政法大学出版社2003年版,第96—97页。

于全面了解犯罪论体系具有重要的参考价值。当然,我所最为关注的还是犯罪论体系的刑法方法论功能,亦即犯罪论体系对于刑法教义学理论建构所具有的支撑功能,这一功能对于转型中的中国犯罪论体系的建构与发展也许是具有根本性意义的,因此需要加以强调。

在中国传统的刑法理论中,涉及对四要件的犯罪构成体系的性质理解,存在以下三种观点:

1. 法定说,认为犯罪构成是刑法所规定的、决定某一具体行为的社会危害性及其程度而为该行为构成犯罪所必需的一切客观和主观要件的总和。根据这一观点,犯罪构成是一个法律概念,是犯罪的规格,它是由法律加以明文规定的。

2. 理论说,认为犯罪构成是根据刑法规定并结合司法实践,对法律条文所作的学理性解释。根据这一观点,犯罪构成不是刑法条文中规定的概念,而是一个较系统、较详尽地研究刑法条文中规定的构成犯罪的各种条件的理论概念。

3. 折中说,认为犯罪构成既是由法律规定的一系列事实要件的总和,又是一种理论。根据这种观点,犯罪构成是依照刑法应受刑罚制裁的危害社会的行为的主客观条件的总和,是刑法理论的重要组成部分,是定罪量刑的基本理论依据。[8] 从传统的主流观点来看,还是把犯罪构成视为法律规定,因为基于犯罪构成的定义,犯罪构成是刑法所规定的一切犯罪成立的主客观要件的总和,其落脚在法律规定。因此,在中国刑法学界也经常将犯罪构成称为犯罪构成要件,这里的要件就是成立条件。在罪刑法定原则的语境中,犯罪的成立条件当然是《刑法》明文规定的,由此犯罪构成的法定说在中国刑法学界获得了通说地位。

犯罪构成的法定说表明,中国四要件的犯罪构成理论是从犯罪成立的实体条件的意义上界定的,因此,在很大程度上将犯罪构成与刑法规定相混淆。这里的问题是:犯罪构成与刑法规定究竟是一种什么样的关系?犯罪构成离不开刑法规定,这是没有疑问的,但犯罪构成又不能等同于法律规定。如果犯罪构成等同于法律规定,就必然会得出只要有刑法对犯罪成立条件的规定,就存在犯罪构成的结论,由此导致犯罪构成概念的泛化。例如,中国有学者在论及犯罪构成的历史沿革时,指出:"作为犯罪规格的犯罪构成,是以刑法对构成犯罪必要条件的规定为存在前提的。只要有刑法

---

[8] 参见高铭暄主编:《新中国刑法科学简史》,中国人民公安大学出版社1993年版,第84页。

（不论其表现形式如何），只要刑法规定了犯罪的必要条件（不论是否完善），使之成为构成犯罪的规格，就有犯罪构成。"[9] 在此，犯罪构成已经成为刑法规定的同义词。如此理解犯罪构成，必将在极大程度上消解犯罪构成的理论功能。其实，犯罪构成这一概念是从贝林的构成要件概念转化而来，因此，只有从构成要件的概念出发，才能真正领会犯罪构成的含义。

建立在构成要件之上的犯罪论体系，并不仅仅是或者说根本就不是一种犯罪规定，而是一种理论，对于构成要件以及犯罪论体系的理论性的充分强调，是我们所必须坚持的一个理论信念。日本学者小野清一郎在论述构成要件理论的功能时，曾经指出："犯罪构成要件理论，是指在刑法总论亦即刑法的一般理论中，重视'特殊'构成要件的概念并试图以此为契机来构筑犯罪论体系的一种理论。"[10] 在此，小野清一郎明确地把犯罪构成要件理论看做是一种理论，对于我们正确地理解犯罪构成要件理论具有重要意义。我认为，犯罪论体系的理论意义在于其方法论的引导功能。只有从刑法方法论角度认识犯罪论体系的理论意义，才能将犯罪论体系置于刑法理论的核心地位。

对于任何一门学科来说，方法论都是最为基本的。是否具有独特的方法论，成为一门学科是否成熟的标志。在法学当中，法教义学是基本的方法论。例如，中国学者提出了形式推理是法教义学的基本方法的命题，并对此进行了深入的阐述。根据论者的观点，法教义学之所以强调形式推理，是因为"从法律实践的角度看，在经历了体系化、逻辑化的立法演进及判例积累之后，在面对具体案件时，大多可以容易地找到可据以裁判的规则，因此，法律适用者在裁判时依该规则作出决定即可，而无须援引政治、伦理、宗教或其他外部的、实质主义的标准，后者作为一种推理方式，只包含'对人类或法律秩序提出宗教或者伦理要求的因素，却不包含对现有的法律秩序进行逻辑上的系统整理的因素'"。[11] 在此，论者区分了法教义学的形式判断与价值判断：法教义学的形式判断是以规则为依据的一种逻辑推理，而价值判断是不受规则约束的实质推理。当然，法教义学并不是排斥价值判断，事实上，法教义学规则本身就包含着价值内容，这是一种法内的价值判断，法

---

[9] 樊凤林主编：《犯罪构成论》，法律出版社1987年版，第335—336页。
[10] 〔日〕小野清一郎：《犯罪构成要件理论》，王泰译，中国人民公安大学出版社2004年版，第1页。
[11] 许德风：《法教义学的应用》，载《中外法学》2013年第5期。

教义学规则使这种价值判断得以规范化与确定化,减少法官的判断难度。但在法教义学之外还存在着法外的价值判断,它对法教义学起到了补充作用。中国学者认为,私法是法教义学发挥作用的代表领域,而刑法则具有其特殊性,其受到罪刑法定原则的限制。但是,正如论者所言:"尽管刑法教义学的范围被'罪刑法定'这一原则'砍掉'了一个重要的枝干,但在'罪刑法定'原则本身上却长出了极为复杂的法教义学的内容,形成一块几乎可与枝干相比的巨型'树瘤'。"[12]以上描述是极为生动的,也是十分传神的。我认为,这里所说的在罪刑法定原则机体上生长起来的法教义学的"树瘤",应该就是指犯罪论体系。犯罪论体系与其说是法律规定,不如说是刑法定罪的方法论。例如,贝林的构成要件就是建立在罪刑法定原则基础之上,为罪刑法定原则的司法化提供保障的。以构成要件为基础建立的三阶层的犯罪论体系,对于定罪来说具有直接的指导意义。犯罪论体系所具有的方法论意义,主要体现在以下三个方面:

(一)作为操作规程的犯罪论体系

犯罪论体系的方法论意义首先表现为操作规程,它是定罪的司法活动的操作规程。定罪活动是一种法律适用活动,所谓法律适用并非像司法机械主义所理解的那样,是一个简单的在自动售货机中投入货币、取得货物的操作过程,而是一个法律规定与案件事实的耦合过程。这一司法过程既要遵循刑事实体法中的罪刑法定原则,又要遵从程序法中的无罪推定原则,因此是一个极为复杂的过程。犯罪论体系为这一定罪的司法活动提供了操作规程。犯罪论所具有的三个阶层之间存在着一种递进式的逻辑关系,其实是提供了一张定罪的司法路线图。只有严格地按照三阶层的逻辑径路进行演绎,才能保证结论的准确性。例如,对于不满14周岁的人是否构成故意杀人罪的问题,不满14周岁当然是不具备刑事责任年龄,因而不可能构成犯罪。但能不能说对于指控不满15周岁的人故意杀人的案件,在庭审中发现其不满14周岁,就可以径直宣告无罪呢?按照《刑法》第17条的规定,15周岁的人对于故意杀人罪是应当负刑事责任的,但当发现其不满14周岁,根据《刑法》对故意杀人罪不负刑事责任,在这种情况下,还要查清其是否实施了故意杀人行为并是否具有违法阻却事由呢?对此,我认为,还是要先审查是否具备故意杀人罪的构成要件,其次再考察是否具有违法阻却事由。只有前两个要件都具备的情况下,才能根据不满14周岁、没有达到刑事责

---

[12] 许德风:《法教义学的应用》,载《中外法学》2013年第5期。

任年龄这一理由,宣告该人无罪。因为,一个人基于没有实施构成要件的行为而无罪、违法阻却而无罪与不满刑事责任年龄而无罪,在刑法上的含义是完全不同的。实际上,当我们对一个人因为不满14周岁宣告无罪的时候,我们是已经确认了该人实施了构成要件的行为并且不存在违法阻却事由。由此可见,三阶层的犯罪论体系提供了一种定罪的操作规程,按照三个阶层进行逻辑推演,就能够圆满地完成定罪的职责。如果没有这样一套体系完整、逻辑严密的犯罪论体系作为定罪的操作规程,定罪活动的科学性就难以保障。

(二)作为检验工具的犯罪论体系

定罪活动在较为简单的刑事案件中,不会发生差错,因此,即使没有犯罪论体系作为操作规程,也不会发生错误。但在那些较为复杂的刑事案件中,出现差错的可能性还是较大的。在这种情况下,涉及对定罪结论的检验问题。尤其是在上诉审的程序中,这种检验更是必不可少的。对于定罪结论的检验离不开犯罪论体系。在这个意义上,犯罪论体系是一种对于定罪结论是否正确的检验根据。例如,在李某放火案中,李某因为与工厂主管之间在工作上发生矛盾,遂起意报复。某日,李某潜入工厂仓库,点燃纸质包装箱,然后潜逃。大火燃烧以后,消防队前来灭火。正当火势被压制的时候,风向突然发生改变,致使大火失控,将两名消防队员烧死,并将工厂烧毁,造成财产损失6000余万元。对于本案,检察机关以放火罪对李某提起公诉。在庭审中,律师对李某烧毁工厂造成6000余万元财产损失并无异议,但对于烧死两名消防队员是否应当由被告人李某承担刑事责任进行了辩解,认为李某的放火行为与消防队员的死亡之间没有因果关系。但控方认为,李某的放火行为导致发生重大火灾,两名消防队员系在扑灭被告人李某造成的火灾时死亡,李某对于其放火行为所造成的危害后果具有放任的主观心理态度,因此被告人李某应当对两名消防队员的死亡承担刑事责任。对于本案,法院认为,消防队员救火完全按照救火规范进行操作,只是因为风势突然发生改变,将消防队员烧死。对于消防队员的死亡,消防队员本身没有过错,因此被告人李某应当对此承担刑事责任。最终,法院以放火罪判处被告人李某死刑,立即执行。根据《刑法》第114、115条的规定,放火罪属于危害公共安全罪,分为危险犯与实害犯。放火罪的实害犯的实害结果是致人重伤、死亡或者使公私财产遭受重大损失,因此,致使两名消防队员死亡属于《刑法》所规定的放火致人死亡的实害结果,据此判处李某死刑。本案对于被告人李某的量刑是否准确,关键问题是李某是否应当对两名消防队员的死亡承担刑事责任？辩护律师以消防队员的死亡与被告人的放火行为之间没有因果关系为由，否认李某应对两名消防队员的死亡承担刑事责任。但控方则以李某对于两名消防队员的死亡具有放任的主观心理态度为由，肯定了李某对此应当承担刑事责任。法院对于李某是否应当承担刑事责任，主要考虑的是消防队员在救火过程中是否存在过错。根据法院的认定，消防队员在灭火过程中完全遵守操作规程，没有过错，因此李某对于两名消防队员的死亡应当承担刑事责任。如何判断以上控辩审三方对于本案被告人李某是否应当承担两名消防队员在救火时死亡的刑事责任？我们可以看到，三方对此的切入点是不同的：辩护人是说没有因果关系，这是一个客观构成要件的问题；控方说具有放任心理，这是一个主观责任的问题；法院说消防队员没有过错，这是一个否定被害人的自我答责问题，属于客观构成要件。这三个问题，分别属于三阶层的犯罪论体系的不同环节。正确的检验方式是根据三阶层提供的逻辑径路，以此进行验证。关于辩护律师所说的没有因果关系，根据刑法因果关系判断的条件说，只要存在"若无前者，即无后者"的关系，即认为存在因果关系。因此，应该肯定本案中李某的放火行为与两名消防队员死亡之间的因果关系。至于放任心理是以存在因果关系为前提的，在没有讨论是否具有因果关系的情况下，跨越式地进入主观要素的讨论，显然是不合适的。本案的关键还是在于：在肯定李某的放火行为与两名消防队员死亡存在因果关系的基础上，考察能否将消防队员的死亡在客观上归责于被告人李某的问题。在这个意义上，法院的考察视角是正确的。但是，法院以消防队员的救火行为没有过错而肯定地将消防队员的死亡在客观上归责于李某，则是存在疑问的。在客观归责理论中，对于这个问题进行了充分的讨论。例如在罗克辛教授的刑法教科书中，这个问题被归入对他人责任范围的分配这样一个领域。罗克辛教授论及假如一名过失造成火灾的房屋主人，在采取拯救措施时，造成一名消防队员死亡，对此应当由于过失杀人而受刑事惩罚吗？罗克辛指出，主流观点认为可以，因为在这个结果中实现了一种不能允许的危险，同时，主流观点认为，没有理由在构成要件的作用范围内不包括这种结果。但是，根据罗克辛教授的客观归责理论，构成要件的保护范围并不包括那种处于他人责任范围之内加以防止的结果。罗克辛教授指出："在这类案件排除归责的道理在于，确定的职业承担者在自己的职权范围之内，以一种局外人不应干涉的方式，对消除和监督危险的渊源负责。但是，这样一种职权分配在刑事政策上富有意义的结果，应当是解除（entlasten）了第一个原因造成人对这个由职业承担者的损害性举止行为所造成的结果的责任。"[13]因此,按照罗克辛教授的客观归责理论,过失造成火灾的人对于消防队员在救火中的死亡不应当承担刑事责任。但像本案这样放火行为,是否对于消防队员的死亡结果也不承担刑事责任呢?这就是一个值得讨论的问题。只有被害人的自我答责则是另外一个理论问题。总之,犯罪论体系为这些疑难复杂案件的结论审查,提供了各种法教义学的规则,因此具有重要的方法论意义。

(三)作为思维方法的犯罪论体系

犯罪论体系在司法实践中的实际功用究竟如何,这也是一个经常争论的问题。否定者的意见是:在办案过程中,法官并不考虑三阶层的犯罪论体系。因此,犯罪论体系在法官办案过程中并没有实际功效。应该说,这种意见从表面来看,似乎有一定的道理。可以想见,一个司法经验丰富的法官在处理案件的时候,还会像一个初入本行的法官一样,严格地按照三阶层对定罪过程进行操作。能否由此而认为三阶层的犯罪论体系就没有实际功效了呢?我的意见是否定的。在此,涉及对犯罪论体系的功效的正确理解。我认为,犯罪论体系是一种定罪的思维方法,是在定罪过程中必须遵循的逻辑。虽然经验丰富的法官在定罪过程中并不考虑三阶层的犯罪论体系,但这并不能成为否定三阶层的犯罪论体系在定罪活动中具有实际功效的根据。正如形式逻辑是一般的思维方法,一种正确的思维过程都必须符合形式逻辑的各种规则。但是,人们在思维过程中并不需要熟记各种形式逻辑的推理规则,由此就可以否认形式逻辑在人类思维过程中的作用吗?显然不能。其实,犯罪论体系的实际功效也应当作如是观。

---

[13] 〔德〕克劳斯·罗克辛:《德国刑法学总论》(第1卷),王世洲译,法律出版社2005年版,第271页。

〔德〕扬·C.约尔登
德国法兰克福大学教授

对人因其行为所为之批判
——对于梁根林教授报告之评论

译者：林信铭（德国维尔茨堡大学刑法学博士研究生）

一

梁教授在其详细和令人印象深刻的报告中清楚地传达了一个信息，这有助于恰当地理解与评价人类行为之犯罪行为体系的发展可能会受到许多不同因素的影响。其中历史性的偶然因素也无法被排除。因此，再一次地以统合犯罪行为构造之所有概念的原点，亦即以对人因其行为所为之批判为出发点来思考，即显得相当有意义。虽然此一概念已经彻底地造就了一系列的前提要件，例如人的概念[1]，即属一个已被厘清的前提要件。但是，就人们能够使关于犯罪行为架构之大多数建议与此一概念协调一致的这层意义上来说，此一概念仍有其基础性的价值。

二

对人因其行为所为之批判将产生外部效应，即在刑法上将对人（也就是行为人）科以刑罚这种法律效果。其中的核心概念很明显是批判，因为批判的概念将人与他的行为以及（法律上）对于此一行为的评价连结起来。在本

---

[1] 从哲学角度可参见 Theo Kobusch, Die Entdeckung der Person. Metaphysik der Freiheit und modernes Menschenbild, 2. Aufl., Darmstadt 1997.

文的语境中,所谓批判指称的是一个行为,这个行为显然由三部分组成:第一部分是批判所针对的对象,这在刑法上即为行为人的行为(或不作为)。第二部分是因其行为而遭受到批判的人。第三部分是关于批判所被采用的标准。

如所熟知的,批判(Kritik)这个词在语言上与"标准"(Kriterium)紧密相关,可以追溯至希腊文的 krínein,意指区分、分离。为了能够进行这样的区分——在刑法中特别是被禁止与被允许的行为之间的区分——需要一个在刑法中透过刑法典的规定被形塑出来的标准。在人们在此能够运用这一系列规则之前,人们首先必须确定批判的客体,亦即究竟何者对于批判来说是可以被考虑的,必须是明确的。至少在行为刑法中,这指的是行为(与不作为),且无论如何不是指例如一个人的外形或其人格等。如果人们依行为刑法正确地将一个人的行为(或不作为)置于批判的核心,也仍然需要标准来决定一个行为(或一个不作为)究竟是什么。如所熟知的,这些标准主要是被置于刑法总则中,因为这些标准当然的应该被适用于所有在刑法分则中被列举的行为(或不作为)。通过这一形式的规定形塑了刑法上批判的客体,但是却并非同时也是批判本身的标准。从例如我们可以说这是一个杀人行为,而无需事先认识到,这是否涉及一个被禁止的杀人行为,或一个(例如由于正当防卫)被允许的杀人行为,或甚至涉及一个被要求的杀人行为(例如在一个交战行为的范畴中),即可清楚地得知此点。

换言之,批判的客体必须在对其进行批判之前被确定。依此在批判之前必须先厘清什么是行为(或不作为)。从这里可以清楚看到,刑法与行为和不作为的评价之间存在着一个较大的关联性,而刑法本身在某种程度上仅涵盖了这个更大的行为评价体系的一部分。依此,对于一个行为的批判,原则上不仅可能得出在刑法中如所熟知的以"违法"(rechtswidrig)之用语被标志的负面结论[2],而且也可能得出中性的结论"合法"(rechtsmäßig)或甚至"超义务"(überpflichtmäßig)[更为准确的说是"超理想"(supererogatorisch)][3]的结论,即行为人所为已超出刑法的要求,例如当某人在不负有义务的情形下捐赠较大数额的金钱给一个社会福利机构。相较于我们通常会对违反刑法的行为加以责难且可能科以刑罚,我们则可能通常会对例如超理想的行为加以赞扬且甚至可能为此给予行为人奖励。

---

[2] 一旦道德准则成为了批判的标准,人们就会使用"道德败坏"(Moralwidrig)的表达。
[3] 超理想的概念以及其与义务违反的关联详见 Hruschka/Joerden, ARSP 73 (1987), S. 104 ff.

三

用于形塑批判之客体的规则，如所熟知的，人们称之为归责规则。相应的，构成那些用以对被归责之行为进行批判评价之标准的规则，则可以被称为评价规则。[4] 这两种形态的规则必须被区分而不宜混淆，且完全不取决于其目前是否在刑法典中被明确载明或未被载明。刑法上的归责规则——如前所述——主要但并非仅仅被置于刑法总则中，评价规则主要但并非仅仅被置于刑法分则中。不同于评价规则，涉及行为（或不作为）之归责的归责规则对于刑法与对于超理想行为（或不作为）的掌握同样会被形塑，因为在行为的评价（＝批判）之前仍完全无法确定，行为（或不作为）是否违法、合法或超理想。

然而由于对行为（或不作为）的批判的目的在于控制最广义的（未来）行为（以对行为预先批判的方式），因此该批判将仅针对有可能被行为人避免的行为方式。这体现在"ultra posse nemo obligatur"（能力不济，谈何义务）这一刑法与道德哲学的核心思考中。因为禁止或要求一个人去做一个他根本无法避免或根本无法实现的行为是没有意义与不合理的，因此理性的批判仅会针对自由地被实施的行为或不作为。因此只有当行为人对于行为具有选择空间时，才会存在一个自由的行为（也因此才是一个行为）。[5] 当某人被他人以无法反抗的暴力推向并撞破一片窗户玻璃时，其所为并非

---

[4] 参见 Joachim Hruschka, Rechtstheorie 22 (1991), S. 449 ff. 然而他使用了"行为规则"（Verhaltensregeln）的表达，代替了"评价规则"（Bewertungsregeln）的表达，以及为了表明有可能使用这些准则；但是对于（追溯评价首要性的）刑法语境而言，那样的观点不应被过分强调。

[5] 在这点上，我必须忽略最近由现代大脑研究所提出的问题，即到底是否"存在"自由行为或者自由决定？当那些问题被否定时，对于刑法而言，可以从中得出什么结论？对于相关讨论参见文献：Christian Geyer (Hrsg.), Hirnforschung und Willensfreiheit. Zur Deutung der neu-esten Experimente, Frankfurt/Main 2004. ——使用义务以及义务违反的用语因此是一种规范用语，这样一来，至少不能以（人类）行为的自由为前提；其余的必然导致对于人类所制造危险的一个纯社会防卫机制。详见 Joerden, Strukturen des strafrechtlichen Verantwortlichkeitsbegriffs: Relationen und ihre Verkettungen, Berlin 1988, S. 30 ff.; ders., Strafrechtliche Perspektiven der Robotik. ——In: Eric Hilgendorf, Jan-Philipp Günther (Hrsg.), Robotik und Gesetzgebung, Nomos Verlagsgesellschaft, Baden-Baden 2013, S. 195. 一个使社会防卫学说与现代大脑研究的刑事政策建议相符的尝试参见 Alexander Ruske, Ohne Schuld und Sühne, Berlin 2011.

毁损行为,因为他在这个事件中完全是不自由的,他无法避免对于法益的侵害。因此人们最多只会批判将人推向窗户玻璃的那个人,但不会批判被推向窗户玻璃的人。因为后者根本并未实施任何行为。

但是对于一个(自由的)行为来说,不仅在客观上,而且在主观上也必须要有另为其他行为的可能性。一个不知道自己做了什么的人,虽然从客观上观察,可以另为其他行为,但从主观上观察,则不可能另为其他行为,因为他根本不清楚自己做了什么。例如一个人启动了一个电灯开关,但不知道且无法知道,有一颗炸弹与此电灯开关相连结,而这颗炸弹在其爆炸时造成一人死亡,启动开关的人所为并非杀人行为,至少无论如何并非故意的杀人行为。这最多只是一个启动电灯开关的行为,但无论如何不是(故意的)杀人行为(请参照《德国刑法典》第 16 条);因为对于行为的避免可能性来说,知悉(可能)发生的结果也是重要的。

只有当行为人本身应该对于对其具有重要性的不自由负责时,也就是当行为人能够预知杀人罪的行为结果可能实现时(就此处所援引的案例来说:当行为人能够知悉电灯开关与一枚炸弹相连结时),我们例外地将一个本来不自由的(亦即欠缺本来必要的行为认知)被违犯的行为当做自由行为加以观察,我们才能在特定的案例情况中说这是一个"过失的杀人行为"。如果这样的特殊情况[6]也不存在时,则无论如何不管在任何观点下都不存在一个能够被批判的杀人行为。

除了上述两点之外,一个与结果有关之行为的归责,当然还必须以行为与结果之间的因果关系为前提(唯有如此才能从一个扣板机的行为变成一个杀人行为),且此一结果的发生完全在客观上可以预见是必要的,在此如所熟知的,不同于客观的事后因果关系判断,此处乃是一个从客观的事前角度对结果发生所做成之行为(着手的时间点)危险性的判断。这个在客观

---

[6] 过失犯是以行为人鉴于其行为的相关情况所缺乏的明知性的责任结构为基础:他本可以通过更多的注意来避免刑事犯罪结果的发生。在此以一种特殊的归责方式使其对结果的发生负有责任。这种归责方式与"普通"的归责方式的不同之处在于,鉴于行为人所缺乏的行为意识不能使其对事件的发生负有责任,而是仅仅因为他必须对这个归责缺陷承担后果。这个所产生的归责缺陷并不会使行为人免予惩处,而是在偏低的过失犯量刑范围中以一种减轻刑罚的方式使其受益。一般归责与特殊归责的区分参见 Hruschka, Strafrecht AT, 2. Aufl., Berlin 1987, S. 274 ff. 然而对特殊归责概念的批判,参见 Günther Jakobs, System der strafrechtlichen Zurechnung, Frankfurt am Main 2012, S. 67 f.

归责[7]语境下也被讨论的关于行为客观危险性的观点,对于归责而言是具有首要意义的,因为,如果结果的发生在客观上是不能被预见的,它同时也是不能被避免的。[8] 在此,就细节来说,如同要将上述有关于不作为之归责的观点具体言明一般,很难再深入地加以讨论。

四

当现在在适用上述归责规则的情形下,一个(就此而言)[9]自由的行为被确定时,即应该适用行为之批判的规则,亦即评价规则。在此进一步来说,在刑法中人们仅会针对被禁止的行为,因此人们也将只会对于被禁止的行为加以归责。例如"在公园散步",依同样的规则当然也是一个可归责的自由行为,只是刑法并不针对这样的行为,因为无论如何只要散步是在被允许的步道上进行,立法者就不会对这样的行为有任何意见。刑法针对的行为是那些在刑法分则中被列举的行为,亦即杀人行为、伤害行为、毁损行为等。当人们对于这些行为加以归责时,人们至少会知道,这些行为基本上是被禁止的。这些行为属于在刑法中基本上值得被批判之行为的范畴;这是所谓行为的构成要件该当性的核心方面。在此,与构成要件该当性同时被强调的刑法典的"警示功能"其实是"无法律即无刑罚"[10]这一原则的宪法侧面,对于此一观点在此处将不再深入讨论。

---

[7] 对于客观归责的详细问题,参见周光权教授与魏根特教授的报告。结果缺乏客观归责的范例是著名的"陨石坠落"案:父亲 A 希望自己的孩子 B 被空中坠落的陨石砸死,他所希望的后来真的发生了。对于 A 而言并不是故意杀人,原因在于,被陨石击中从一个观察家的角度并不需要特殊的认识,而只是很偶然的发生,因此其在客观上并不能预见。换句话说:一个人如果只是希望结果的发生(如同上述案件的 A),是不能对该结果进行操控的。
[8] 当人们将思考向超理想行为的范围转换时,就意味着这里最终并不涉及狭义上的危险性,而是仅仅涉及结果发生的客观可预见性。对于这种预见性人们必须立刻借助结果发生的概率程度判断。因为这里并不涉及"行为人"所制造出的危险,而是至多涉及对于超理想行为的获益者的运气。这里缺少结果发生的客观可预见性是不能将相应行为予以归责的。范例:A 想通过秘密地往 B 的咖啡里加一块糖的方式来治愈 B 的重病。通过"一系列的幸福情境"使得 B 重新变得健康,但是这在客观上并不是可预见的。人们这里将不会对 A 的(超义务)无治愈行为予以归责,因为他毫无疑问是"幸运的"(为了排除安慰剂效用所产生的重合可能性,因此在上述例子里是秘密地加了一块糖)。
[9] 对于行为人缺乏自由的其他观点参见本文第五部分。
[10] 这里特别详见 Eric Hilgendorf (Hrsg.), Das Gesetzlichkeitsprinzip im Strafrecht, Tübingen 2013.

然而一个行为之构成要件该当性与接下来之违法性的确定,必须建立在在个案中没有被承认之阻却违法事由之介入的前提上。当排除此一可能性后,对于行为的批判才能够终局地被认为是违法的。至此即可确定,相关行为系属对刑法之规范秩序的违反,因此是违法的。相反,如果一个阻却违法事由介入,则对相关行为的批判将会以"不违法"的结论结束。

根据案例情况,当批判的结论是行为人做了超出法律要求而基本上值得赞扬的事情,这样一种存在阻却违法事由且不违法的行为甚至也可能会涉及一个超理想的行为。例如当某人在对于自己存在重大危险的情形下将他人从一个危难状态中拯救出来,但其对此并不负有义务,且在此就该某人而言,其行为之违法性透过正当防卫协助之阻却违法事由而被阻却。范例:A击倒了正在持刀非法攻击C的B,由此给自己带来了生命危险。一种更为温和的从B手中解救C的手段并不存在。在此对于行为的批判,与在刑法中不同,并非以"违法"的评价来结束,因为此一行为的违法性已被阻却,在此对于行为的批判毋宁是以"超理想"的评价来结束,因为此一行为甚至超出了法律的要求。此一从行为的归责到行为的批判之流程的结构,在此基本上与在刑法中所规定的结构是一样的。

五

依刑法的观点,虽然批判以将行为评价为违法而结束,但规范的违反尚无法归责于行为人。虽然行为人的行为(或不作为)被批判为违法,但仍无法确定他对规范的违反。换言之,现在仍然涉及因规范违反而对为违法行为之行为人的批判,或者说涉及行为的个人非难可能性。此一批判的观点又再度地涉及一个归责的行为,亦即在刑法中的一个对于罪责之归责的行为(与此相对地,关于超理想的行为,则是涉及一个对于应得赞扬之归责的行为)。通过这样的方式,规范违反才会被标志为该行为人的规范违反。

在此必须再问一次,行为人对于他的规范违反是否自由?此形塑了对于一个行为之罪责的归责的性质。因此并不会令人感到惊讶的是,提出(在行为批判之前)[11]与其归责之问题完全平行的问题。相较于关于行为

---

[11] 基础,参见 Hruschka, Strukturen der Zurechnung, Berlin 1976; ders., Imputation, in: Albin Eser / George P. Fletcher (Hrsg.), Rechtfertigung und Entschuldigung, Bd. 1, Freiburg i. Br. 1987, S. 122 ff.

的归责涉及的是行为人的行为自由,在此涉及的则是行为人的评价自由。[12] 因为唯有当行为人也能够认知到其行为违反刑法规范时,人们才能够将他的行为视为具有罪责而对他加以非难(此处又再度涉及了:能力不济,谈何义务)。

如果行为人被置于迫使其实施某种行为的巨大压力之下,因此他没有实施符合规范的行为是可以理解的,而对于行为人来说,这种情况下他便欠缺这种评价自由。例如当行为人受到巨大的威胁而被迫为犯罪行为,虽然并非通过直接强制,否则即已欠缺行为自由(请参见本文第三部分),但仍属通过间接强制,这是一个立法者对于构成行为人的阻却罪责究竟需要如何程度的压力其始视为足够之决定的问题;参照《德国刑法典》第35条(阻却罪责之紧急避险)[13]之规定,参照《德国刑法典》第33条(防卫过当)以及第20条第2选项(无控制能力)之规定。

但如果行为人(无法避免地)完全未认识到他的行为根据相关规范被批判为违法(所谓的禁止错误),则亦欠缺必要的评价自由。在此不再是——如上所述地——涉及(欠缺的)行为意识,而是涉及(欠缺的)不法意识。如果欠缺不法意识对于行为人来说系属无法避免,则行为人必须被免除罪责(参照《德国刑法典》第17条;第20条第1选项)。与此相反,如果陷入或处于禁止错误之中对于行为人而言系属可避免,对于罪责之归责即属可能。[14]

最后,仍然要加以说明的是,关于超理想的行为在结构上存在完全相似的结论。当一个人通过间接强制被迫做出了超出法律对其所要求之事时(例如捐赠一笔较大款项的金钱),则虽然此一行为是超理想的,但从值得赞扬的角度来说,此一行为几乎不会被归功于此人,因为其行为并不是自愿的。又当一个人基于诫命错误而认为,其对于某一行为负有义务,但事实上其对于此行为并不负有义务,则此行为也将不会被认为是值得赞扬的行为而归功于他。

---

[12] 对于这两种自由概念在两种不同归责阶层上的区分,参见 Joerden, Strukturen des strafrechtlichen Verantwortlichkeitsbegriffs: Relationen und ihre Verkettungen, Berlin 1988, S. 30 ff.
[13] 《德国刑法典》第35条第1款第2句为这个阻却理由设置了一个例外,那时因为至少在规则的相关形态中——行为人所陷危险是由自己引起——一种法定的特殊归责情况。
[14] 这就是"法过失"的情况。其是一种特殊归责结构的基础(参见注释[7]),原因在于行为人虽然在归责缺陷下实施了行为(欠缺不法意识=禁止错误),但是其对于这种归责缺陷必须承担后果。

第二单元

客观归责

[单元报告]

周光权
清华大学法学院教授

客观归责论的中国实践

与客观归责论自20世纪70年代以来即在德国刑法学中成为极具影响的学说不同,该理论在中国刑法学和审判实践上都还处于相对边缘的地位,而且中国对于客观归责论的系统研究也仅有十多年的历史,因此,相关的理论和实务也都还处在探索阶段。

本文将客观归责论在中国刑法理论上的研究以及司法上的运作,都作为客观归责的中国实践加以讨论。本文的分析进路是:(1)在中国因果关系理论中,早期承认必然因果关系说,后来接受偶然因果关系的概念。此外,也有承认因果关系中断说、相当因果关系说的主张。偶然因果关系说更多地与条件说接近。近年来,在传统的因果关系理论之外,对于客观归责理论的肯定论、否定论以及部分修正理论都有不同的学者赞同,相关的研究成为理论热点之一。(2)在中国刑事司法实务中,受通说因果关系理论的影响,大量案件是按照必然因果关系理论处理的。对少数案件,立足于归责原理的规范判断也开始在案件处理中使用,客观归责的方法论并没有被司法所完全忽略。当然,也有少数案件由于缺乏客观归责的意识而出现定罪错误的情形。(3)在未来的中国,无论在理论上还是实务上,对结果归属的规范判断都必不可少,因此,应该承认客观归责论。至于在何种程度上、以何种表述方式肯定这一理论,则是见仁见智的问题。

一、客观归责论在中国 I:理论展开

(一)我国因果关系理论的通说

学者认为,客观归责论在判断危险的实现上,考虑规范之保护目的等,是带有浓厚的规范性、价值论色彩的理论,而与其他因果关系理论(如相当因果关系论)有基本上的差异。[1] 与侧重于规范判断、价值判断的客观归责理论不同,我国处于通说地位的因果关系理论的显著特点是:主要侧重于相对客观的事实判断。

1. 必然因果关系说

必然因果关系说认为,如果危害行为中包含着危害结果发生的根据,并且规律性地导致危害结果发生的,行为和结果之间就具有因果关系。[2] 该说的特点是:(1) 从行为出发进行推理。(2) 强调没有特定行为就不会有某种结果,特定行为中蕴含着发生特定结果的根据。(3) 其结论与条件说较为接近。例如,对于通常作为条件说讨论的假定因果关系问题,我国学者根据必然因果关系理论所进行的分析及其结论大致相同:A 濒临死亡,痛苦万分,恳请医生 B 注射有毒针药,B 无奈只得同意。即便对 A 不打针其也很快会死,但死亡客观上不是因为疾病而是 B 对其注射针药。因此,医生 B 的行为和 A 死亡之间有必然因果关系。[3] 此外,似乎可以认为,只要能够合理解释行为中蕴含结果发生的"必然的"、规律性的机制这一问题,适用必然因果关系说会得出和合法则的条件说相同的结论。[4] (4) 必然因果关系说可用于处理大量常规案件。所以,有学者认为,必然的联系是刑法因果关系的基本的、主要的表现形式,偶然的联系是非主要的表现形式,通常对量刑具有一定的意义,但有时也对定罪有影响。[5]

必然因果关系理论存在的问题是:(1) 行为中是否必然包含结果发生的根据,行为与结果之间是否存在规律性联系,并非不言自明。(2) 大量案件中都存在介入因素,在碰巧因为其他因素的参与而发生结果时,必然因果关系的说服力大打折扣。

2. 偶然因果关系说

该说认为,在最初的实行行为因为介入其他因素而导致结果发生的场合,该介入因素和结果之间存在必然因果关系;而最初的实行和结果之间,则存在偶然因果关系。但无论是必然因果关系,还是偶然因果关系,在刑法上都认为存在因果关系,都要对结果负责。

---

[1] 参见陈子平:《刑法总论》,台北元照出版公司 2008 年版,第 172 页。
[2] 参见赵秉志主编:《刑法争议问题研究》(上卷),河南人民出版社 1996 年版,第 374 页。
[3] 参见王作富:《中国刑法研究》,中国人民大学出版社 1988 年版,第 130 页。
[4] 当然,这是还需要进一步讨论的问题。
[5] 参见赵秉志主编:《新刑法教程》,中国人民大学出版社 1997 年版,第 170 页。

对此,王作富教授认为:"偶然因果关系是指在一种现象在当时的具体条件之下不存在产生某种结果的必然性,它本身没有包括产生某种结果的内在的根据,最后的结果之所以发生,是偶然地同其他因素交错在一起了。而结果之所以发生的必然原因,是后一种原因,也就是偶然介入的原因。因而第一个原因与最后的结果之间是一种偶然的因果关系。"[6]王作富教授还分别讨论了最初的实行行为实施之后,介入第三者的故意或者过失行为、介入自然力、介入被害人的行为之后,最终引起死伤后果的情形,其问题意识和相当性说、客观的归责论都有相同之处。只不过,学者认为所有的偶然因果关系都是刑法意义上的因果关系的最终解决方法,从实践理性的角度看存在根本性问题[7],无助于疑难案件的处理。

对于我国的偶然因果关系说,有学者认为其就是条件说。[8] 这一评价是准确的。例如,在 A 交通肇事导致 B 重伤,A 逃逸后,B 很快被 C 驾驶的车辆撞死的场合,对于 A 的行为与被害人死亡之间的因果关系,我国学者通常作为偶然因果关系来处理,认为死亡结果出现在前后发生的必然过程的汇合点上。A 的行为与他人死亡结果之间,存在偶然因果关系。[9] 这实际上就是条件说的另一种说法。应该说,偶然因果关系说虽然强调对介入因素的重视,同时对其影响力加以评价,有比必然因果关系说合理的一面。

但是,偶然因果关系说的问题也是显而易见的:(1)与相当因果关系说相比,偶然因果关系说显得更为粗略,缺乏下位判断规则。(2)偶然因果关系和必然因果关系的适用难以区分。在必然因果关系中,规律性地导致结果发生的"规律",既指科学法则,也指生活经验和常识。例如,甲为防止木材被盗,而用铁丝将其捆绑起来,然后通电。乙偶然淌水过河,到岸边时想拉住铁丝用力蹬上岸,结果被电死。学者认为,"通电本身就已经造成一种危险状态",触电造成死亡在经验上是通常的。其实,这是介入被害人行为的案件,按理说属于偶然因果关系说要讨论的范畴,但通说作为必然因果关系来讨论。必然/偶然因果关系的说法,显然成为虽然理论便利,但内容空泛的表述工具。(3)最终解决方法单一,容易扩大归责范围。在存在介入因素的场合,最初的实行行为以及介入因素都要对结果负责,这明显是和规

---

[6] 王作富:《中国刑法研究》,中国人民大学出版社1988年版,第137页。
[7] 参见陈兴良主编:《刑法学》(第2版),复旦大学出版社2009年版,第82页。
[8] 参见张明楷:《刑法原理》,商务印书馆2011年版,第170页。
[9] 参见王作富主编:《刑法》(第5版),中国人民大学出版社2011年版,第57页。

范判断上的不法分摊相抵触的结论,等于放弃了对介入因素影响力的规范判断,没有关注到问题的复杂性,其理论穿透力有限。例如,在存在被害人参与的场合,如果足以确定被害人对结果负责时,不能对行为人归责。针对偶然因果关系可能扩大归责范围的指责,我国学者认为,通过故意、过失要素,可以限定处罚范围;通过行为的危害性概念限定处罚范围。[10]我国刑事司法也明显受此影响。但这一观点在方法论上明显存在问题。

(二) 我国因果关系理论的有力说

除上述通说之外,因果关系中断说、相当因果关系说在我国也有一定影响。这些理论比前述通说更侧重于规范判断,其方法论和客观归责的结果归属判断在很多方面有异曲同工之处。

1. 因果关系中断说

该说认为,在存在条件关系但有介入因素时,可能中断因果关系。例如,A伤害了B,运送B就医的救护车翻车致B死亡,伤害行为和死亡结果之间的因果关系中断。当然,在介入行为人的行为、被害人的特殊体质、恶劣的外部环境等因素进而导致死伤后果的场合,通常因果关系并不中断。[11]

对因果关系是否中断的判断,内含规范判断因素,是限制条件说适用范围的理论,其效果和溯及禁止论相同。但是,其缺陷也是明显的:(1)难以在司法上证明先前存在的因果关系是由于后来介入的因果关系而中断的。例如,被A故意伤害的B,因为医生C的治疗严重失误而死亡,如果要说C的行为使得原先的因果关系中断,司法上就需要证明A的行为有导致B死亡的可能性,否则就谈不上中断与否的问题。但这样的司法证明往往是不可能完成的任务。反过来,如果能够作出类似证明,最初足以致死的危险制造行为是否就能够完全切断和结果之间的规范联系?还是一个疑问。(2)介入后的因果关系在和之前已然存在的关系之间,原本就没有任何关联性时,因果关系"中断"一说就无从谈起。例如,A打击B,导致后者轻伤,面部留下疤痕。对自己的容貌极其在意的B觉得无脸见人而跳楼自杀。由于A对B造成的轻伤"结局"早已出现,谈不上完全基于B个人意愿的自杀还能够"中断"因果关系的问题。(3)退一步讲,即便肯定存在因果关系

---

[10] 参见冯亚东、李侠:《从客观归因到主观归责》,载《法学研究》2010年第4期;以及王作富:《中国刑法研究》,中国人民大学出版社1988年版,第135页以下。

[11] 参见阮齐林:《刑法学》(第3版),中国政法大学出版社2011年版,第85页。

中断的情形,介入因素如果是第三人的故意行为时,其对结果是否有支配力,是否使得离结果发生很远的条件在事后被排除,只需要由直接导致结果发生的条件负责? 这是需要进行规范判断的问题,仍然回到了归责的问题上,而不再停留在因果关系的事实判断层面。[12]

2. 相当因果关系说

条件说或偶然因果关系说作为判断的基础,得到我国很多学者认同。为进一步限定处罚范围,部分学者提出客观归责论。

例如,曲新久教授认为,在许多刑事案件中,是否存在因果关系,需要通过科学鉴定的方式解决。但是,科学也不可能解决全部法律问题,所以,认定因果关系,还离不开经验法则,离不开法官的经验判断,也离不开司法经验的不断积累。用拳头打击他人,被害人体质异常,或者受伤地点离医院太远导致被害人不能及时得到救治而死亡的,均因为存在相当性而不影响因果关系的成立。[13]

此外,黎宏教授、刘艳红教授也都在借鉴日本刑法理论的基础上,明确支持相当因果关系说。[14]

(三) 中国刑法学关于客观归责论的研究

最近十多年来,中国学者主要遵循德国刑法学的思考进路,对客观归责理论的研究对象、基本概念、判断原则、体系定位、具体适用等进行研究。有的学者明确肯定客观归责的四层次判断体系:(1) 条件关联,即查明因果关系;(2) 相当性关联:确定具有刑法意义的事实联系;(3) 风险性关联:评价事件的义务违反性关联;(4) 保护目的性关联:评价事件的法益协调性关联。[15] 在客观归责的判断原则上,学者们多基本采用 Claus Roxin 教授所提出的制造法益危险、实现法益危险与构成要件的效力范围这三大规则,肯定在德国具有最大公约数的理论[16],类似研究,虽然在独创性上有所欠缺,但毕竟打开了观察德国相关理论的窗口,为研究客观归责理论架设了一座

---

[12] 参见周光权:《客观归责论的方法论意义》,载《中外法学》2012 年第 2 期。
[13] 参见曲新久:《刑法学》(第 3 版),中国政法大学出版社 2012 年版,第 101 页。
[14] 参见黎宏:《刑法学》,法律出版社 2012 年版,第 101 页以下;刘艳红:《客观归责理论:质疑与反思》,载《中外法学》2011 年第 6 期。
[15] 参见吴玉梅:《德国刑法中的客观归责研究》,中国人民公安大学出版社 2007 年版,第 135 页。
[16] 参见〔德〕克劳斯·罗克辛:《德国刑法学总论》(第 1 卷),王世洲译,法律出版社 2005 年版,第 247 页以下。

有益的桥梁。[17] 学者们也大多主张借鉴客观归责理论的分析框架,从而为我国刑法因果关系理论乃至归责理论的发展提供一个新的切入点。[18]

最近一两年来,客观归责论成为中国刑法学新的理论"增长点"。其中,对客观归责方法论意义的研究[19],对是否需要借用被害人自我答责原理解释被害人危险接受的法理反思[20],对客观归责理论为过失犯构建的全新不法理论的研究[21],以及根据客观归责理论限定不作为犯的作为义务范围的研究[22],都非常引人注目。因此,可以预料,在未来中国,对客观归责论主体构架、优劣得失,以及其与司法实务关系的全面探究和争论,必定会迈向新的高度。

二、客观归责论在中国 II:司法实务

因为中国通说没有采用客观归责论,在当前的司法判决中,明确采用客观归责论的判决几乎没有,因此,对于实务上是否采用了结果归属的规范判断方法,学者们有不同的看法。

熊琦博士认为,由于我国刑法学通说不承认客观归责论的独立地位,因此在实务中,对客观归责论采取的都是"隐性化处理"方式,包括:(1) 将归责因素分散于主客观要件的"挪移路径";(2) 将其转换为因果关系中断问题的"价值论路径"。而这两种解决方式,最终都是"此路不通",只有承认建立在规范维度上的现代客观归责理论,对相关问题的解决才能圆满。[23]

---

[17] 类似主要文献有:冯军:《刑法中的客观归属理论》,载北京大学法学院刑事法学科群编:《犯罪、刑罚与人格:张文教授七十华诞贺岁集》,北京大学出版社 2009 年版,第 168 页;陈兴良:《从归因到归责:客观归责理论研究》,载《法学研究》2006 年第 2 期;王扬、丁芝华:《客观归责理论研究》,中国人民公安大学出版社 2006 年版,第 17 页以下;徐永安:《客观归责理论研究》,中国人民公安大学出版社 2008 年版,第 33 页以下;张亚军:《刑法中的客观归属论》,中国人民公安大学出版社 2008 年版,第 78 页以下。周光权:《刑法各论》(第 2 版),中国人民大学出版社 2011 年版,第 102 页。
[18] 反对的观点:刘艳红:《客观归责理论:质疑与反思》,载《中外法学》2011 年第 6 期。
[19] 参见车浩:《假定因果关系、结果避免可能性与客观归责》,载《法学研究》2009 年第 5 期;周光权:《客观归责论的方法论意义》,载《中外法学》2012 年第 2 期。
[20] 参见张明楷:《刑法学中危险接受的法理》,载《法学研究》2012 年第 5 期。
[21] 参见吕英杰:《论客观归责与过失不法》,载《中国法学》2012 年第 5 期。
[22] 参见王莹:《先行行为作为义务之理论谱系归整及其界定》,载《中外法学》2013 年第 2 期。
[23] 参见熊琦:《从"戏言逼死人命"案看客观归责的"规范之维"》,载陈兴良主编《刑事法判解》(第 11 卷),人民法院出版社 2012 年版,第 3 页以下。

我认为,熊琦博士所指出的现象是存在的。

但是,认为我国司法实务对涉及客观归责的问题都采取了"隐性化处理"方式也是片面的。也就是说,我国司法上在某些时候虽然没有使用客观归责的术语,但实际上采用了"显性客观归责路径"。同时,也需要看到,由于因果关系中断说和溯及禁止、相当性说甚至客观归责论之间的关系极其微妙[24],熊琦博士认为,因果关系中断说的解决方式没有进行规范判断的观点,或许值得进一步商榷。我认为,在客观归责论没有得到充分讨论的中国,司法上如果在具体的案件中肯定因果关系中断,就基本上能够认为其采用了结果归责的方法论。

因此,原本涉及客观归责的案件,在中国大致通过三种方式加以处理:(1)仅仅将预见可能性、过失作为切入点的"转换处理";(2)运用偶然因果关系说或者条件说的"简化处理";(3)对部分案件,则运用了结果归属判断的法理。

(一)将客观归责判断转换为犯罪过失

这种处理方式,是将原本应该优先判断的结果归属问题置于一边,优先判断预见可能性是否存在,从而将作为焦点的客观归责问题转换为犯罪过失要件。例如:

案例1 田玉富被控过失致人死亡案。被告人田玉富为使其妻逃避某种手术,而对工作人员谎称其妻要到住院部二楼厕所洗澡。骗取工作人员信任后,在厕所里,被告人田玉富用事先准备好的尼龙绳系在其妻胸前,企图用绳子将其妻从厕所窗户吊下去逃跑,但其间由于绳子断裂,致使其妻康滕青从三楼摔下后当场死亡。

湖南省麻阳苗族自治县人民法院经审理认为,被告人田玉富用绳子将妻子捆住从高楼吊下致死,其应当预见自己的行为会造成严重后果而没有预见,致其妻死亡,其行为构成过失致人死亡罪。据此,判处其有期徒刑3年,缓刑3年。宣判后,被告人未提出上诉,公诉机关也未抗诉。[25]

但是,本案与我国司法实务中不少被定罪的"因打赌引发被害人自杀"的案件一样,都可能首先涉及被害人自我答责问题[26],而不是一开始就进

---

[24] 例如,部分中国学者作为因果关系中断论讨论的问题。参见马克昌主编:《犯罪通论》,武汉大学出版社1999年版,第225页。在日本是相当因果关系说、溯及禁止论研究的对象,在德国可能用客观归责论来解决。

[25] 参见湖南省麻阳苗族自治县人民法院(2005)麻刑初字第111号判决书。

[26] 参见冯军:《刑法中的被害人自我答责》,载《中国法学》2006年第3期。

行过失成立与否的判断。[27] 对此,有学者认为,被害人康滕青的行为完全符合被害人自我答责的条件。从客观条件上看,被害人康滕青当然具有处分自己身体健康或者生命法益的权利;从主观条件上看,作为一个成年且理智的人,被害人康滕青对于结绳从三楼滑下的危险是有完全认识的,而且不存在被告人田玉富欺骗、强制被害人康滕青的情形。在这种情况下,被害人康滕青仍然决定冒险,结果发生了自己死亡的后果。虽然这一结果是被告人和被害人都不希望发生的,但并不能因此就将该结果归责于被告人,而是应当由被害人自我答责。因此,本案被告人田玉富应当是无罪的。[28] 当然,如果认为被害人仅仅接受冒险的行为,对死亡后果并不接受,这样,也可能得出被害人自我答责的法理被排斥的结论。但无论如何,在这样的案件中,不是过失的确定成为首要的难题,而是必须优先判断客观上谁应该对结果负责。

案例 2 王凤被判过失致人重伤案。被告人王凤在为其同学石某结婚当伴娘时,因害怕被闹新房的人折腾,就躲到了新郎薛某家的卫生间内,并手持一把锥子从门缝伸出,口中大喊:"不要过来,谁过来我就捅谁。"闹新房的崔某等人发现卫生间有人后,欲推开卫生间的房门。崔某在后面的多人往前推的过程中,被告人王凤用锥子刺中崔某前胸,造成其外伤性心脏损坏,经法医鉴定其伤情为重伤。

对于本案,在法院审理过程中,存在争议的是其定性:被告人究竟构成故意伤害罪、还是过失致人重伤罪?能否认定其成立正当防卫?或者认为是意外事件。最终法院以过失致人重伤罪判处被告人有期徒刑 1 年,缓刑 1 年。[29]

和前面的田玉富被控过失致人死亡案一样,法院首先以过失切入并不妥当。因为在这两个案件中,被告人对结果都不可能没有预见,所以,预见义务的判断原本就不是问题。真正值得讨论的是被害人的行为:如果被害人是典型的自赴风险,被告人因为对结果不用负责,就谈不上成立过失犯罪

---

[27] 在我看来,张明楷教授否认被害人自我答责原理,而对危险接受的判断采用正犯意义上的支配关系的存否,这更像是运用综合判断的方法,从规范的角度将结果归属于制造法益风险的正犯,其背后仍然是客观归责的方法论。参见张明楷:《刑法学中危险接受的法理》,载《法学研究》2012 年第 5 期。限于篇幅,对此问题只能另行讨论。
[28] 参见江溯:《日本刑法上的被害人危险接受理论及其借鉴》,载《甘肃政法学院学报》2012 年第 6 期。
[29] 参见山东省淄博市临淄区(2001)刑初字第 168 号判决书。

的问题;如果被害人的行为明显有瑕疵(例如,受欺骗或者对风险无认知),则行为人可能成立过失犯罪。所以,需要优先讨论的是谁对结果负责这一结果归属要件,而非预见可能性问题。就王凤被判过失致人重伤案而言,行为人对他人用锥子刺击,制造和实现了法益风险,而不是被害人自赴风险或其他人推被害人的行为与结果有关联,但不应该被归责。不过,在本案判决中,被害人及第三人的行为对于结果归属的判断究竟有何影响,未得到充分讨论。这并不是说法院的判决结论不可接受,而是其司法逻辑存在问题。因为按照法院的观点,如果最终想定罪就说被告人有预见可能性;不想定罪就说其没有预见可能性。这和结果归属要进行事后判断,预见可能性要进行事前判断且不能任意修改其结论的法理不符。

(二) 运用条件说(偶然因果关系说)简化处理客观归责问题

应该承认,在中国司法实务中,对许多疑难案件仅进行了事实上的条件因果关系判断,从而绕开了结果归责的焦点、难点,对案件进行简化处理。虽然司法结论有可能正确,但其说理极不透彻。

案例3 陈美娟被判投放危险物质案。被告人陈美娟因琐事与邻居陆某结仇,遂将农药打入被害人门前丝瓜棚的多条丝瓜中。次日晚,被害人吃了有毒的丝瓜后,出现上吐下泻的中毒症状。被害人送医后,因农药中毒引发糖尿病高渗性昏迷低钾血症,医院对此诊断不当,仅以糖尿病和高血压症进行救治。被害人因抢救无效于次日早晨死亡。针对被告方就死亡与投毒无关的辩解,一、二审法院均认为,被害人系因"中毒诱发糖尿病高渗性昏迷低钾血症,在两种因素共同作用下死亡,没有被告人的投毒行为在前,就不会有被害人死亡结果的发生"。[30] 据此,以投放危险物质罪对被告人判处死刑,缓期两年执行。[31]

法院在这里明显采用了偶然因果关系说(条件说)。但是,本案其实涉及比较复杂的归责问题,即医生的诊断失误对于陈美娟犯罪的客观构成要件是否有影响力。不过,司法上回避或者简化处理了这一问题,基本放弃了规范维度的归责判断,对多种因素都和结果有因果关系时,为何只需要行为人承担刑事责任,而认为医生并不符合医疗事故罪的构成要件语焉不详。类似判决,在法院处理的疑案中并非少数。

---

[30] 江苏省南通市中级人民法院(2002)通刑一初字第41号判决书,二审全面认可一审理由。
[31] 我认为,对本案被告人定故意杀人罪似乎比定投放危险物质罪更为妥当。对此,还值得进一步研究。

案例 4 胡文光涉嫌交通肇事案。2013 年 2 月 21 日 14 时许,胡文光驾驶车辆在经过某高速路隧道时,没有遵守限速标志及进入隧道需开大灯的警示。在进入隧道后,胡文光发现有一位老人迎面走在路中间,避让不及将老人撞飞。他停下车后,只是查看了一下车辆,没有对被撞老人实施救助,也没有报警,而是驾车逃离现场。被撞老人倒在路上,被随后过往的多辆车辆碾轧死亡。检察机关认为,行人进入高速公路自身有一定责任,但胡文光没有救助被撞老人而是驾车逃离现场,也要承担刑事责任,据此,安徽省岳西县检察院以交通肇事罪将胡文光批准逮捕。[32]

但是,本案的核心问题是:高速路隧道原本就不应该有人出现,行人进入高速路时应对相应的危险负责。即便驾驶者未遵守限速标志及进入隧道需开大灯的警示,也不能在规范上认为驾驶者胡文光违反了"应该对高速路上可能有人行走保持谨慎"的客观注意义务。此时,对进入高速路的行人的保护已经超越了规范保护目的,而在构成要件的射程之外。虽然胡文光的行为事实上引起了行人的死亡,行为与结果之间存在条件关系,但其也不是该当构成要件的交通肇事行为,难以进行客观归责。根据规范的评价基准,这种情况仅仅是一个"不幸"的事故,而不涉及"不法"。而司法上不能仅仅因为存在"不幸"的结果,推导出司机行为不法的结论。

案例 5 丁琳被判故意杀人案。被告人丁琳驾驶出租车,行驶至一座小桥下坡处时,将醉倒在此处的被害人李某碾压于车下。肇事后,被告人丁琳下车查看,并将被害人从车底下拉出,丢弃在路边,后驾车逃离现场。后被害人李某被他人送至医院,经抢救无效死亡。

法医鉴定:被害人系内脏损伤,创伤性失血性休克死亡。医院病历证明:被害人被撞昏迷有 45 分钟,在送到医院后约一分钟左右死亡。被告人供述,李某被拖出车后还哼哼了两声。

经有关机关现场勘查,认定死者李某趴在桥下坡约 5 米处(桥全长 14 米)偏右位置。经开车实验,该位置在汽车上桥时是不能发现的。而在汽车从桥顶下坡时,如果是在夜间就难以发现;即便能够发现,也肯定是近距离的,根本来不及采取措施。

对于本案,法院认定被告人丁琳有救助义务,主观上对他人死亡具有间接故意,因此,以故意杀人罪对其判处有期徒刑 3 年。一审判决后,被告人

---

[32] 参见王庆峰:《高速路撞人不救 逃逸司机被批捕》,载《检察日报》2013 年 3 月 28 日第 2 版。

未上诉。[33]

法院关于被告人有救助义务的说法是否可以接受，还值得讨论。法院在这里明显适用条件说，未触及重伤的归责问题。但是，按照客观归责理论，可以认为丁琳的行为没有实现法益危险，重伤结果归属于被害人李某自己的行为。[34]

法院之所以得出这样的结论，主要是我国在不作为义务上采用形式说，在因果关系上采用偶然因果关系说。对此，有我国学者指出，如果从客观归责的逻辑出发，先行行为只有对损害结果有可归责性，才能引发阻止该损害结果发生的义务。因此，应该以客观归责标准衡量先行行为，并对其进行合理限定。在这个意义上，先行行为必须是一种风险创设行为；且与损害结果之间存在风险关联。[35] 就丁琳被判故意杀人案而言，法院简单认为丁琳有作为义务，可能是不妥当的。在丁琳履行义务，注意到桥下有人时，也来不及采取结果避免措施的场合，应该认为行为和结果发生之间没有规范上的联系，不能认为先行行为与损害结果之间存在风险关联，因此，不能认为其有作为义务（构成要件结果的客观支配不可能原则）。当然，对于丁琳而言，可能值得处罚的是其把被害人丢弃在路边而逃跑的作为行为，因为即便是一个没有救助义务的人，发现体弱多病但尚未死亡者时，将其从明显能够得到他人救助的场所移置到人迹罕至的场所，创设他人死亡的危险的，该行为也能够被评价为作为的"杀害"行为，能够将结果归属于这种作为。因此，对丁琳定故意杀人罪，其实质不是因为其"消极的"不履行不作为义务，而是因为其"积极的"杀害行为。

案例6 黄金波被判交通肇事罪。被告人黄金波驾驶无牌照的大货车行驶到某路段时，将车调头逆向停放在公路的路侧且未设置警示标志。该车与酒后无证驾乘无牌两轮摩托车行驶至该路段的被害人潘某、黄某发生碰撞，造成两被害人死亡。被告人黄金波在事故发生后驾车逃逸。法院认定被告人违章停车，且肇事后逃逸，最终以交通肇事罪判处其有期徒刑2年。[36]

应该说，违章逆向停车、未设置警示标志是制造法益危险的行为，但该

---

[33] 参见江苏省常州市天宁区人民法院(2002)天刑初字279号判决书。
[34] 其实，原因自由行为的法理要求醉酒者能够对一定结果负责，说明将本案的死亡结果归属于被害人存在可能性。
[35] 参见王莹：《先行行为作为义务之理论谱系归整及其界定》，载《中外法学》2013年第2期。
[36] 参见福建省泉州市中级人民法院(2000)泉刑终字第208号裁定书。

危险是否达到了交通肇事罪的程度,交通肇事罪的规范效力范围究竟是什么,并不是没有疑问。另外,即便认为条件关系存在,但本案中的风险从规范评价的角度看,应该认为是由被害人的行为所实现。除非被告人违章逆行导致被害人被撞死,风险由被告人实现才没有问题。因此,对本案被告人作无罪处理似乎更为妥当。

(三) 运用客观归责论的法理处理案件

我认为,对客观归责论,至少可以在两个层次上加以理解:(1) 作为刑法规范判断方法的客观归责论。这个意义上的客观归责论,和相当因果关系说之间没有对立关系,相当性存否的判断是客观归责的方法之一。[37] 因此,承认相当因果关系说,得不出排斥客观归责论的结论。相当性判断方法存在于客观归责论内部。(2) 作为故意犯既遂、过失犯成立条件中的结果归属、危险实现的"技术性"判断的客观归属论。危险实现能够对行为人创设危险的具体经过加以妥当说明,在这个意义上,因果经过的通常性、刑法规范究竟要保护什么,都是在客观的归责判断时必不可少的。司法上对客观归责论的运用,就是要考察行为人对自己创设的危险有实际上的作用,并导致结果发生的,才能得出危险由行为实现的结论。

如果承认客观归责就是在客观上过滤对结果不重要的因果联系,并对危险实现进行相当性、规范性判断,就可以认为,在中国的司法实务中,并不排斥客观归责的观念和方法论。只不过在很多情况下,实务的特色是将归责的规范判断和条件关系的事实判断融合在一起考虑。

一方面,在个别司法解释上,最高人民法院事实上认可客观归责的理念。例如,在关于交通肇事罪的司法解释中,最高人民法院明确规定根据行为人负全部责任、主要责任、同等责任的不同情形确定犯罪成立的可能性。例如,重伤3人以上,但负事故次要责任的,并不构成交通肇事罪。[38] 这种在行为人与被害人之间分摊不法或风险的做法,明显属于规范评价层面的归责问题,与客观归责论具有相同的逻辑。

另一方面,实务上针对某些疑难案件的处理,也不仅仅只有事实判断而没有价值规范判断,司法上经常在审查行为是否属于导致结果发生的"有力"的原因,其司法逻辑和客观归责论中制造法益风险的判断方法相一致。

---

[37] 参见〔日〕曾根威彦:《刑法总论》(第4版),弘文堂2008年版,第77页。
[38] 参见最高人民法院《关于审理交通肇事刑事案件具体应用法律若干问题的解释》(2000年11月15日)第2条。

与其说中国法官在按照通说处理案件,不如说法官在按照条件说加上生活经验、规范常识确定客观的归属问题。

换言之,就具体的案件处理而言,如果承认相当性判断是客观归属的一个基准,肯定相当性判断"能够根据相当性的观点排除非类型的因果过程的结果归属",从而与客观归责理论有关联,具有内在一致性[39],在中国司法实务中,并不是没有使用客观归责方法。此外,对涉及被害人参与的案件,司法上必然会在被害人的不法和行为人的不法之间进行斟酌、衡量,这也是对客观归责论的运用。因此,不得不指出,在事实的因果关系之外,进行结果归属判断的方法论或者潜意识在我国司法实务中是存在的,即便司法判决没有使用通常所说的制造法所反对的危险、实现法所禁止的危险、构成要件的效力范围等表述方式。对此,结合司法机关审理的相关案件进行分析。[40]

1. 涉及制造法益危险的案件

案例7 宋某交通肇事案。被告人宋某驾驶大货车发现误上高速路后掉头逆行,与刘某驾驶的车辆相撞。事故发生后,宋某未按规定设置警告标志及开启警示灯等措施,而是弃车逃离现场。刘某报警后,在车后的超车道内放置了反光警示标志,警告后来车辆注意避让。随后,警察赶到现场处理事故。在事故处理过程中,何某酒后驾驶奥迪汽车超速、超载从超车道向事故现场驶来,未采取任何避让、刹车措施即冲入事故现场,先后撞击了之前发生事故的刘某、宋某的车辆,奥迪汽车起火后烧毁,何某及车内5人死亡,站在大货车旁的2人重伤。交通管理部门鉴定:宋某未按规定设置警告标志及开启警示灯并弃车逃逸的行为,是导致何某等人死伤的主要原因,应负事故主要责任。

检方对宋某以交通肇事罪提起公诉,法院以宋某对事故负次要责任为由作出无罪判决。法院认为,宋某虽未按规定采取设置警告标志及开启警示灯等措施,弃车逃逸,但其行为尚不构成交通肇事罪,死伤事故是由何某违章驾驶所造成,切断了宋某的违章行为和死伤后果之间的因果关系,不应

---

[39] 参见〔韩〕金日秀、徐辅鹤:《韩国刑法总论》,郑军男译,武汉大学出版社2008年版,第162页。
[40] 需要说明的是,由于中国刑事判决书普遍存在说理不透彻的现象,对因果关系的判断过程在判决书中缺乏描述,可能使用存在必然因果关系或者直接因果关系等表述,但不使用类似于相当性、客观归责的术语,使本文的研究变得很困难。相关分析结论在其他学者看来,也就可能会有不同的说法。

承担交通肇事罪的刑事责任。[41]

对于本案,法院在因果关联性的判断上,明显采用了客观归责的方法。法院认为,宋某未按规定设置警告标志、开启警示灯、弃车逃逸,其行为固然危险,但不是制造后续死伤结果的行为,即宋某第一次的违章行为与第二次发生的交通肇事行为及其产生的危害结果之间不具有因果关系。法益风险由何某制造,即何某酒后驾驶,认识、控制能力减弱,高速超载驾车,看到警示标志后未采取任何措施,撞击前方事故车辆,是造成车毁人亡的"有力"原因,法益风险也由此得到实现,何某应该对此次事故负责。[42] 从本案的归责反过去看黄金波被判交通肇事罪,就会发现法院对该案因果关系的判断依据远不如本案充分。

案例 8 王安新被判故意伤害案。1999 年 6 月 16 日晚 8 时许,被告人王安新因邻里纠纷,冲入被害人杨某家,用一把带靠背的椅子对准杨某头部砸了一下,致其昏倒在地。被害人被他人送往县医院治疗。1999 年 9 月 10 日,被害人杨某因左侧硬脑膜下慢性颅内血肿出现昏迷等症状,再次到县医院住院进行血肿清除手术。同年 10 月经法医检验,杨某的头部损伤为重伤。

对于本案,被告人王安新辩解:行为人的行为导致被害人当时昏迷住院,与事隔近 3 个月被害人出现颅内血肿之间没有因果关系,本案事实不清,不能认定被告人故意伤害致人重伤。

对此,法院基于以下三点认为伤害行为和最终的重伤结果之间存在因果关系:(1)被害人就诊时,医院的诊断症状与法医检验结果、两次 CT 报告相符,均为慢性硬膜下血肿。(2)被害人两次住院的伤情均为头部伤,与被害人受伤的部位相一致。(3)重伤结果的出现是被害人的伤情逐步加重的结果,与慢性硬膜下血肿呈现"进行性加重"的表现症状相一致。由此,法院以故意伤害罪对被告人王安新判处有期徒刑 5 年。[43] 一审判决后,被告人未上诉。

本案判决值得肯定之处在于:由于我国刑法中的故意伤害罪不是暴行罪,司法上就必须对是否存在足以导致伤害的行为,以及行为是否可能制造

---

[41] 参见朱平:《交通肇事罪中的违章行为与危害后果的因果关系如何认定——宋某交通肇事案》,载谢望原、赫兴旺主编:《中国刑法案例评论》(第 1 辑),中国法制出版社 2007 年版,第 347 页。

[42] 此外,被害人自我负责、第三人专属领域等法理,也能够用来排除对宋某的客观归责。

[43] 参见河南省息县人民法院(2000)息刑初字第 64 号判决书。

重伤、死亡危险进行分析,在本判决中,法院基本做到了这一点,并在此基础上详尽论述了危险实现的路径,在结果归属的判断上说理相对透彻。

2. 涉及危险的相当实现的案件

案例9 刘志永非法行医案。被告人刘志永没有取得医生执业资格,非法行医,延误治疗,导致被害人心源性心脏病发作死亡。被告人辩解,死亡是因为被害人的疾病,与行医行为无关。对此,法院判决认为,该结果"与被告人刘志永没能准确及时诊断病情,具有直接的因果关系"。[44]

在本案中,法院判决虽表述为具有"直接的因果关系",但在被害人疾病和行为人制造法益风险共同导致结果发生的场合,隐含对结果归属于哪一种行为的规范判断,即法益风险相当性、通常性地得到实现的场合,应该将结果归属于行为。法院的判决虽未使用客观归责的名称,但内含规范判断;非法行医延误治疗的行为会创设危险,且最终使死亡结果发生,危险的实现是相当的、通常的,是由实行行为在后续的因果过程中使得危险增加到规范上重要的程度,进而引发死亡结果。

案例10 张兴等绑架案。被告人张兴等人绑架他人。在转移被绑架人过程中,遭遇车祸,导致被绑架人受撞击后因颅脑损伤而死亡。法院在判决中认为异常因素的介入导致被害人死亡,与绑架行为之间没有因果关系,不是绑架行为"致使被绑架人死亡"。[45] 这是对危险实现的异常性而非相当实现作出规范判断的判决。

但是,应该承认,在实务上也存在对危险实现的判断不当的案件。后面的两个案件都是如此。

案例11 王燕明被控交通肇事后逃逸致人死亡案。被告人王燕明驾驶出租车在上海市某路口,和同向行驶的一辆人力三轮车相撞并逃离现场,致使人力三轮车骑车人罗某受伤倒地后未及时得到抢救,随后被高某驾驶的大货车再次撞击并当场死亡。

对于本案,一审判决认为,被告人王燕明系交通肇事后,因逃逸致人死亡,故对其判处有期徒刑7年。二审法院认为,交通肇事后,因逃逸致人死亡,只能限定为逃逸行为造成被害人因得不到救助而自然死亡。在本案中,"被告人王燕明撞击被害人的人力三轮车致被害人倒地后,被害人已经在

---

[44] 江苏省徐州市中级人民法院(2000)徐刑终字第296号裁定书。
[45] 参见陈进龙:《张兴等绑架案》,载《刑事审判参考》(总第87卷),法律出版社2013年版,第39页。

慢慢爬起,这说明被告人的逃逸行为并未造成被害人因得不到救助而自然死亡的结果,而是在负有过错责任的高某的介入下,才产生了被害人被撞死的结果。所以,被告人的逃逸仅是被害人死亡的条件,其行为与被害人死亡之间只是一种间接的因果关系。"由此认定被告人属于交通肇事后逃逸的情形,但死亡后果不能归属于被告人王燕明,其无须承担因逃逸致人死亡的刑事责任,从而判处其有期徒刑4年。[46] 但是,将逃逸致人死亡限制解释为逃逸行为造成被害人因得不到救助而"自然死亡",明显和注意规范保护目的不符,也没有考虑结果归属的可能性,是司法上缺乏规范评价的观念、逻辑上比较混乱的体现。

案例 12 穆志祥被控过失致人死亡案。被告人穆志祥驾驶农用三轮车载客,在经过某村境内路段时,见前方有县交通局工作人员正在检查过往车辆,因自己的农用车有关费用欠缴,穆志祥担心被查到受罚,遂驾车左拐,驶离306公路,并在李学华家附近停车让乘客下车。因车顶碰触村民李学明从李学华家所接电线接头的裸露处,车身带电。先下车的几名乘客,因分别跳下车,未发生意外,也未发现车身导电。后下车的乘客张某由于在下车时手挂在车尾的自行车车梁而触电身亡。

现场勘验表明,被告人穆志祥的农用三轮车出厂时高度为147 cm,但穆志祥在车顶焊接行李架,致使该车实际高度235 cm(按有关交通管理法规的规定,该种车型最大高度应为200 cm)。李学明套接李学华家电表,套接火线距地面垂直高度为228 cm,且该线接头处裸露(按有关电力法规的规定,电线对地距离最小高度应为250 cm 以上,故李学明所接的火线对地距离不符合安全标准)。

对于本案,检察机关对穆志祥以过失致人死亡罪起诉,法院作出无罪判决。相关的判决理由是:死亡发生是由多种偶发原因综合造成的,包括李学明所接的照明线路高度不符合安全用电的要求;电线裸露,接头处无绝缘措施等。因此,被告人的行为与死亡结果之间没有必然的、直接的因果关系。[47]

但是,这一结论可能并不合理。如果被告人穆志祥不违规使用农用三轮车载人,不随意偏离公路,不对车辆改装,同时对路边可能有电线等履行

---

[46] 参见上海市第二中级人民法院(2001)沪二中刑终字第165号判决书。
[47] 参见最高人民法院刑事审判第一庭、第二庭编:《刑事审判参考》(第28卷),法律出版社2003年版,第35页。

客观的注意义务,死亡结果是可以避免的。特别是改装车辆并驾驶超高车辆上路,明显制造了不被允许的危险,构成要件结果并不是不可能支配的。被告人对自己曾做过改装的车辆的高度有特别认知,对车辆超高可能触及其他物体进而产生危险、对农村可能私搭电线、只要是电线就可能裸露,就应该避免触及,有客观的预见可能性。即便其不能认识到电线裸露,但对超高车辆不避开悬挂在空中的物体会带来危险,或者被包裹的电线被碰撞也可能产生危险有回避义务。行为人违背规范所要求的客观义务,进而发生死伤后果的,不能认为法益危险是以异常的方式实现。因此,按照客观归责论,可以认为穆志祥的行为明显增高法律风险,且应对车辆增高所带来的危险负责。这一结论也符合注意规范保护目的——禁止改装车辆的目的,既为了防止触及路上的电线或其他可能给车上人员安全带来危险的空中物体,也为了防止车辆因为改装超载。行为人制造风险,并在本案中因为与其他因素相结合使得危险具体地实现,就不是"不幸",而是"不法"。

本案的处理说明,中国司法人员的事实归纳能力和规范判断能力都有待提高。其实,在运用经验知识,经过理性判断,发现能够回避某种结果时,行为人需要对危险的实现负责,客观归责就能够实现,而不是轻易得出被告人无罪的结论。

3. 被害人体质特殊与危险实现的判断

对被害人体质特殊的案件,即便侵害行为极其轻微,中国的司法实务上也通常会认为存在偶然因果关系或者条件关系,相对容易得出被告人有罪的结论。

案例 13 龚建清被判故意伤害案。被告人龚建清与被害人张某因经济纠纷发生争吵,并用手朝被害人胸部推了一下,随后双方发生短时互殴。经旁人劝说,被害人张某退回货车驾驶室内,随即口吐白沫,扑在方向盘上。当晚,张某经医院抢救无效死亡。经法医鉴定,张某右前臂擦伤,左大腿根部挫伤,其损伤轻微,死亡原因系蛛网膜下腔出血。

一审法院认为,"被告人的行为是引发被害人病理病变最为客观、直接的原因",因此被告人的行为与被害人的死亡有因果关系,同时,被告人具有伤害他人身体的故意,据此,以故意伤害罪判处其有期徒刑 7 年。二审法院认为,被害人张某"自身潜在疾病发作在致死过程中起着主要作用,而外伤及争吵引起的情绪激动等诱发因素也是客观存在的",但被告人是基于疏忽大意过失造成被害人因自身潜在疾病发作而死亡,故以过失致人死亡罪判处被告人有期徒刑3年,缓刑4年。[48] 由此可见,一、二审对因果关系的认定并不完全相同:一审认为,被告人的行为虽是结果发生的诱因,但与死亡存在直接的因果关系;二审认为病变诱发因素只是间接因果关系。

上述判决采用了偶然因果关系说,也可以认为其采用了客观的相当因果关系说。在被害人体质特殊的场合,虽然没有认识到该事实,但被害人体质特殊,这是客观事实。因此,殴打体质特殊者是否会导致死亡,就成为判断相当性的资料,从而得出因果关系存在的结论。

但是,上述判决结论是值得质疑的。因为中国刑法中的故意伤害罪不是暴行罪,伤害行为是对生理机能有损害的行为,轻微殴打、推搡不是类型化的伤害行为。因此,如果按照客观归责论,会否认行为制造法益风险,也会认为结果是异常而非相当的实现,不能将结果归属于行为。[49] 此外,客观归责对于行为人所创设的危险是否在结果中以相当的程度得到实现的判断,考虑了对具体发生的结果的客观预见可能性问题。被害人体质特殊的案件,因为没有这种客观的预见可能性,因此,结果归责被否定。

案例14 刘旭被控故意伤害案。被告人刘旭驾驶机动车经过某路段时,和骑车人张某(69岁)因为通行问题发生争吵,后被告人推了张某的肩部并踢了张某腿部。2小时后,张某胸部不适送医,经抢救无效死亡。法医鉴定:张某因患冠心病,致急性心力衰竭死亡。法院认为,被告人打击被害人的部位并非要害部位,其行为只是死亡结果发生的诱因,但与结果之间不存在直接的、必然的、合乎规律的内在关系,因此没有刑法上的因果关系,从而宣告被告人无罪。本案发生的直接原因是心脏病,殴打是诱因,而从一般社会常识分析,该诱因并不必然引发死亡结果。[50]

但是,本案和龚建清被判故意伤害案的差异在于,被害人是69岁的老人,即便是一般青壮年人能够承受的相对轻微的殴打,对被害人而言也会造成损害,因此在归责上似乎可以认为,被告人刘旭的打击行为加重了被害人的心脏负担,即使其最终因为冠心病死亡,但考虑被害人年龄、打击部位、暴力方法等,也可以得出能够进行结果归责的肯定结论。

---

[48] 参见福建省南平市中级人民法院(2002)南刑终字第222号判决书。
[49] 当然,在德国、日本、韩国等国的判断中,对于被害人体质特殊的情形,法院依据相当性说所作出的判决也可以前后不一。例如,在对患有脑水肿的被害人实施暴行导致死亡的场合,法院可能否认因果关系。但在被害人的高血压、心脏病等成为问题的情况下,却承认因果关系。
[50] 参见北京市宣武区人民法院(2005)刑字第244号刑事附带民事判决书。

4. 合法替代行为与危险升高理论

案例15 赵达文被判交通肇事案。被告人赵达文驾驶汽车行至某路口时,因超速(该路段限速60公里/小时,被告人的车速高于77公里/小时)采取措施不及,其所驾车辆轧在散落于路面上的雨水井盖后失控,致其冲过隔离带进入辅路,与正常行驶的杨某所驾驶的汽车和骑自行车正常行驶的刘某等人相撞,造成3人死亡、2人受伤。经交通管理部门认定,被告人赵达文负此事故全部责任。[51]

一审法院认为:被告人赵达文违章超速驾驶车辆,且未尽到注意义务,在其发现散落在路中的雨水井盖时,采取措施不及,是导致事故发生的原因,据此,以交通肇事罪,判处其有期徒刑3年,缓刑3年。

二审法院认为,5名被害人在此次交通事故中,均无违章行为。在无其他行为人违章的前提下,认定赵达文负此次事故的全部责任并无不当。"赵达文所驾驶的车辆确实轧在散放在道路上的雨水井盖,但轧上井盖是否必然导致该案的发生,缺乏证据证明。而现有证据却能证明赵达文在肇事时车速已超过该路段的限速标志,因赵达文违章超速,故遇井盖后已无法控制车速,导致采取措施不及,是造成此次肇事的一个原因,赵达文上诉提出事故的原因是由井盖引起的,理由不充分;驾驶员驾车行驶是一项危险作业,其有义务随时'注意'道路上的各种状况,以便及时采取有效措施……赵达文由于超速驾驶,致使其遇到紧急情况后,尽管已采取措施,但已不可避免,造成三人死亡、二人受伤的重大交通事故,对此赵达文应承担相应的刑事责任。"由此,驳回上诉,维持原判。

本案二审判断对定罪理由的说明较为详尽,但在能否要求赵达文对结果负责这一问题上,仍然有值得进一步讨论的余地。

客观归责论一般认为,虽然行为人违反规范的行为造成了损害,但是,如果在其实施合法行为结果也会发生时,不能认为行为实现了法益危险。不过,实施合法替代行为,可能使结果发生的可能性或者盖然性降低的,因为行为人没有实施合法替代行为,致使结果发生的盖然性升高的,能否进行归责,一直是有争议的问题。在本案判决中,法院明显借用了危险升高理论,认为超速是提高事故发生率的盖然性情况,从而升高了法益风险。二审法院关于"赵达文在肇事时车速已超过该路段的限速标志,因赵达文违章超速,故遇井盖后已无法控制车速,导致采取措施不及,是造成此次肇事的

---

[51] 参见北京市第一中级人民法院(2005)一中刑终字第3679号刑事附带民事裁定书。

一个原因"的说法,明显是将其与井盖偶然出现在不该出现的地方这一因素进行比较以后,对行为的现实危险性的评价,是对超速会导致法益风险升高的另一种说法。

但是,法院在没有查明合法行为(不超速)是否会引起后果,对履行义务结果不发生并未确定时,认定结果归属于超速行为可能违反存疑时有利于被告原则。只要行为没有在接近于"确实"的程度上,能够肯定过失实现于结果中,就难以进行归责。此外,危险在多大程度上升高到足以归责的程度,难以确定化、数值化,也不能不说是法院判决的硬伤。所以,本案的处理,虽然运用了客观归责的法理,但在很多方面还有值得进一步推敲的地方,这也说明风险升高理论可能存在缺陷。

案例16 吴峥、潘天明等人被判重大责任事故案。被告人吴峥、潘天明等人负责组织工人对柳州市某大桥伸缩缝内的橡胶进行更换。2000年7月7日晚21时50分许,因雷雨大风,桥上及施工现场照明灯熄灭,无法施工,被告人潘天明等人明知应当将所有障碍物清理完毕后才能离开现场,但只将在桥上被风刮倒的部分隔离栅栏拆除后离开工地,留下5个水泥墩在桥面上。当晚22时30分许,公交司机周某驾驶大客车经过该桥面时,与倒在一侧的水泥墩相撞,致使该车失控左转冲上北侧人行道,撞开护栏后坠入河中,造成司乘人员79人死亡的特大事故。有关鉴定机构的鉴定意见是:施工方和驾驶方的行为,是事故发生的直接原因。

对于本案,检察机关以重大责任事故罪指控被告人吴峥、潘天明等9名施工负责人及现场施工工人。被告人及其辩护人提出:周某不具备驾驶公交车的驾驶员资格;肇事车系非法改装车,迅速制动性能不好;驾驶员遇雷雨天气仍超速行驶,没有采取制动及有效回避措施,临时处置不当,是事故发生的必然原因,应当负事故全部责任,9名被告人无罪。

对于本案的因果关系,一、二审法院均认为,大客车坠江系与留置在桥上的水泥墩相撞所致,"驾驶员的资格及肇事车的改制与本案被告人的行为、定性无关",9名被告人违反规章制度和施工惯例的行为发生在生产中的各个环节,"直接、主要导致79人死亡、公交大客车报废的特大事故,其行为均构成重大责任事故罪"。[52]

在本案中,法院对施工方和驾驶者的危险性进行了规范衡量,对各自行为和法益危险实现之间的关系进行了规范判断。法院的逻辑是:水泥墩被

[52] 广西壮族自治区高级人民法院(2001)桂刑终字第137号裁定书。

非正常留置在行车道上,在天黑停电的情况下,对于结果发生具有通常性,可以认为危险是通过相当的方式得以实现。同时,司机的行为对结果也具有原因力,违章超速、临时采取措施不当等,与死伤结果的发生之间并不是没有条件关系。此时,需要进行规范判断:谁对结果的支配力大?最终,法院将危险实现归属于施工人员,司机不需要对死亡结果负责的结论是妥当的,因为在雷雨交加的夜晚,将水泥墩置于桥上,即便司机不违章、不超速,在发现桥墩后采取措施,结果发生的概率也极高。因此,对本案的处理,司法实务上明显借用了归责的方法论。

上述分析表明,在中国刑法学中,虽然没有成为通说的、系统的客观归责论,但这并不意味着中国的刑事司法和德国、日本有特别大的差异。一方面,是因为各国大量的刑事案件都是盗窃、故意伤害等罪,运用条件说即可解决问题,行为是否制造法益风险的判断相对容易。另一方面,对于疑难案件,中国刑事司法通常也会按照从行为到结果的顺序,设想结果的发生是否由行为所引起,考虑事实上的条件关系,这是对自然科学知识有所了解的司法人员的通常选择;接着,从结果出发,反向探究结果的出现是否可以归咎于行为,这是规范上结果归属的考虑。经过规范评价上的归责判断,进一步在司法上限制过度扩大条件因果关系的缺点。因此,在案件处理方法和结论的妥当性上,中国和日本、德国可以说基本没有差异。当然,不能根据类型化、规范化的客观归责论明确排除结果归属范围并将相关意见表述在判决书中,更多是出于规范感觉、归责的潜意识来处理疑难案件,这是中国和日本、德国司法在方法论上的差异。

三、客观归责论的中国前景

笔者认为,只有行为人在违反法规范,对法益制造风险,而这个风险在具体的结果中实现,且结果存在于构成要件的效力范围内时,由这个行为所引起的结果,才可以算是行为人的"作品",归责给行为人,这样,经验上及归责上的检验才没有问题。因此,中国刑法学应该借鉴德国的客观构成要件判断方法:在因果关系上,采用条件说;再按照客观归责论解决具体的结果归属问题。这至少是未来中国刑法学思考客观归责论时的切入点之一。

(一)应当承认客观归责论的方法论意义

必须承认,在很多时候,客观归责论在案件处理结论上与相当因果关系说相同:都要以日常的生活经验、已知的自然科学知识为基础,且都离不开法官的内心确信、规范判断,也都要考虑结论是否偏离国民的法感情,使司法上的专业判断和国民的规范感觉尽可能保持一致。但是,客观归责论在方法论上,仍然有超越相当因果关系说的地方。

1. 相当性的判断,检验基准单一,不能从不同的侧面进行反复检验,导致限制条件说范围的目的难以实现

因为缺乏下位规则,在方法论上比较粗疏、随意,"相当"或者"不相当"在疑难案件中端赖于个人的直观感受,使得指控犯罪变得比较容易。要避免这样的问题,就必须采用"问题的思考"方法,以及类型化、规范化的判断方法,而这恰好是客观归责论的长处。

2. 根据相当因果关系说的逻辑,有相当性就应该归责

但在实务上,大量存在"有相当性",但难以归责的情形。这里略举几例:(1)高尔夫球手在比赛中将观众击伤的,行为和结果之间有相当性,但难以归责。相当性说可能用体育比赛行为来阻却违法,但是,该阻却违法的理由能否适用于伤害参赛者以外的情形,并不是不能质疑。而客观归责论能够用被允许的危险的法理[53]来解释行为没有实现法益风险问题。(2)在前述赵达文被控交通肇事案中,超速行驶和死伤结果之间存在相当性,但能否归责,按照客观归责论却需要审慎讨论。(3)对于降低法益风险的行为,按照相当因果关系说,行为和结果之间的相当性存在,只能得出行为符合构成要件的结论,再在违法性阶段用紧急避险理论阻却违法。此时,相当性说的解释力有限,且在判断上叠床架屋,与法理不符。(4)对于被害人体质特殊的案件,司法上大多采用客观的相当因果关系说肯定相当性存在,但是,对血友病人、心脏病人造成极其轻微的伤害,最终被害人因为体质特殊死亡的,在经验上并不是"通常"的,按理应该一律否认相当性。但是,相当因果关系说会得出肯定因果关系的结论,这与其理论出发点并不一致。[54]

3. 客观归责理论试图为结果的归属提供更加细化的、具体化的基准,比相对显得空泛的相当因果关系说在方法论上更为合理。

4. 应该说,相当性说从实质上看,并不属于因果关系理论,而属于归

---

[53] 对被允许的危险概念及法理进行质疑的观点,参见张明楷:《论被允许的危险的法理》,载《中国社会科学》2012年第11期。

[54] 相同的观点,参见〔意〕杜里奥·帕多瓦尼:《意大利刑法学原理》(注评版),中国人民大学出版社2004年版,第118页。

责论

但是,相当性说的规范判断程度有尽量趋向于事实判断的侧面。例如,对于 A 为避免小孩 B 被火车撞上而将其奋力推倒,致 B 轻伤的降低法益风险行为,相当因果关系主要从事实的角度出发,判断客观存在的推开行为与伤害结果之间存在因果性、经验上的通常性,再用紧急避险理论来阻却其犯罪性,这是在归责上规范性判断程度不高的表现。而客观归责论中的降低风险观念,考虑小孩的死亡是否被避免,死亡和伤害比较哪一种法益对被害人更为重要,从而在构成要件判断上进行规范的、价值的衡量。而进行价值评价程度较高的规范判断,所得出的结论是合理的。对此,学者指出:在降低法益风险的场合,客观归责论之所以要彻底否定构成要件该当性,是因为"否定一行为的构成要件该当,是认定这行为并未忽视构成要件的警示作用(Appellfunktion)。构成要件是犯罪的类型化描述,降低风险的行为,并不符合这种描述。认定一行为构成要件该当,再于违法性的检验上给予证明评价,等于承认这种行为更接近于法益的破坏,或者至少认定这行为是社会所不乐见"。[55]

其实,客观归责论所要讨论的是作为结果犯的既遂要件,毕竟和事实上、科学意义上的原因探讨不同,结果能否看做行为人的作品,归属是否妥当,是结果犯的成立要件之一,在很多时候,必须进行事实之外的规范程度较高的判断,即客观归责是根据法的、规范的观点,判断法律上客观的责任的有无或范围。这样的要求,仅仅将相当性判断作为唯一规则的相当因果关系理论是难以做到的。

(二)回应晚近中国刑法学对客观归责的若干讨论

近年来,在研究客观归责问题时,有些学者对其提出了质疑,在这里有必要加以回应。

1. 制造法益风险是否只是实行行为论的问题

张明楷教授认为,客观归责论提出的归责基准,基本上是对其他领域的部分结论的归纳,由客观归责理论解决的问题,大多可以通过实行行为、条件关系(相当因果关系)、预见可能性、结果回避可能性、违法性判断、量刑规则等解决。在这个意义上,客观归责论有过度使自身体系化之嫌。[56] 由此出发,他认为,制造法益危险,属于实行行为论的问题。"在我国,应当强

---

[55] 林东茂:《刑法综览》(修订 5 版),中国人民大学出版社 2009 年版,第 67 页。
[56] 参见张明楷:《刑法原理》,商务印书馆 2011 年版,第 169 页。

调构成要件符合性概念以及各个要素的重要性,并应保留实行行为概念,故不能直接照搬德国的客观归责理论。"[57] 按照张明楷教授的思路,如果在实行行为的判断上借鉴制造法益危险的全部内容,在因果关系问题上采用合法则的条件说,并重视狭义的结果归属问题,客观归责理论就是不需要的。曲新久教授与张明楷教授一样,强调重视实行行为,而认为无须突出客观归责的意义。"一个人只能对自己的实行行为及其造成的危害结果承担刑事责任。因此,当危害结果发生时,要使某人对该结果承担刑事责任,就必须查明他的实行行为和危害结果之间客观上存在因果关系。"[58] 类似观点,在日本也有学者赞同。例如,井田良教授就曾指出:客观归责论实际上是将实行行为论与因果关系论的判断结合在一起。因此,如果肯定实行行为论和因果关系论,就没有采用客观归责的必要。[59]

但是,上述观点存在以下三个方面的问题:(1)的确,在行为人制造危险并达到具体的程度、状态时,不能说和实行行为没有关联。但是,客观归责论和实行行为论并不是互斥的,因为行为的危险性的大小,在"危险的实现"判断中也发挥了重要的作用。将结果不法与危险的行为联系起来,正是构成要件论要探讨的问题。[60] (2)如果说客观归责论主要用来处理过失犯、结果犯,理论的核心显然就不是法益风险的制造,而是法益风险的实现。张明楷教授肯定结果归属、规范判断的重要意义,却否认客观归责理论,就有自相矛盾之嫌。更何况,张明楷教授主张将我国现行的因果关系拆分为事实的因果关系和结果归属两部分,分别进行事实判断和规范判断,这种观点可以说和客观归责论并无差别。(3)说实行行为是符合构成要件,具有法益侵害的紧迫危险的行为,实行行为必须是类型性的法益侵害行为,这样的思考方法,本身就是对客观归责论方法论的借用。(4)张明楷教授采用合法则的条件说,却否定制造法益风险判断的独立价值,将其作为判断实行行为的下位规则,未必是正确的结论。韩国有学者认为:"在因果关系判断上采取合法则的条件说的学者必然要采取客观的归属理论。"[61] (5)承认危险制造,同时也可以承认实行行为概念,这并不会影响刑罚一般预防效果。因为要归属于客观构成要件,行为仅仅是结果发生的原因是不够的。

---

[57] 张明楷:《也谈客观归责理论》,载《中外法学》2013年第2期。
[58] 曲新久:《刑法学》(第3版),中国政法大学出版社2012年版,第100页。
[59] 参见〔日〕井田良:《刑法总论之理论构造》,成文堂2005年版,第63页。
[60] 参见〔日〕山中敬一:《刑法总论》(第2版),成文堂2008年版,第279页。
[61] 〔韩〕金日秀、徐辅鹤:《韩国刑法总论》,郑军男译,武汉大学出版社2008年版,第165页。

刑法规范向社会一般人发出禁止、命令,其与一般社会生活上个人应当履行的客观注意义务、谨慎义务具有内在一致性。违反这种规范要求创设危险的行为的存在,是客观构成要件判断得以进行的前提。将制造规范所反对的危险作为归责对象,等于是对一般人在社会中被要求的客观注意义务的强调、宣示,是对规范效力的稳定,在这个意义上,刑罚的一般预防功能能得到充分发挥。那种对于承认制造法益危险规则,不突出实行行为概念会影响刑罚一般预防效果的担心是多余的。

2. 犯罪论体系是否必须阶层化才能容纳客观归责论

陈兴良教授认为,在我国目前的犯罪构成四要件说中,没有客观归责论的容身之地。只有阶层的犯罪论体系,才能为客观归责论提供理论空间[62],从而对客观归责论能否在当下的中国"开花结果"存在担忧。

但是,客观归责论是对行为是否有刑法意义、行为的危险是否现实化为结果的判断,其实仅涉及对客观构成要件的规范化判断问题,即在事实的因果关系之外肯定法律的因果关系问题。换言之,客观归责论是刑法"规范判断方法"的运用,只涉及客观要件判断的"技术问题"。同时,考虑到结果归属应该成为评价结果犯的客观构成要件的必要要素,客观归责就是判断特定结果犯的既遂要件、归属基准的判断方法,与采取何种犯罪论体系的关系不大。英美法系强调法律的因果关系,其理论意蕴和客观归责论大致相同这一点,也说明无论采用何种犯罪论体系,都应该能够容纳结果归属的理论。当然,这样讲并不意味着中国的犯罪论体系没有阶层化改造的必要性。

(二)客观归责论的未来

1. 无论是我国的偶然因果关系说还是相当因果关系说,都缺乏下位规则,体系化、规范性思考欠缺

在事实判断/经验判断之外,按照结果归属的逻辑进行规范判断/价值判断,保持不同判断方法的位阶性,是未来中国刑法学必须面对的课题。

2. 学者指出,相当性判断有广义和狭义之分

行为是否制造法益危险,这是广义上的相当性;特定危险的作用这一意义上的风险实现是狭义上的相当性。"事态发展的通常性"也是狭义上的相当性。在这个意义上的相当性判断,就是客观归责论。承认相当性判断,而否认客观归责,只不过是对"客观归责论这一名称的拒绝",这种拒绝其

---

[62] 参见陈兴良:《客观归责的体系性地位》,载《法学研究》2009年第6期。

实是没有多少道理的。[63] 中国许多坚持相当性说的学者,明显因为存在"路径依赖",而仅在"名称上"排斥客观归责论。如果坚持相当因果关系说,并对其与法益风险实现的关联性、危险增加、合法则的因果关系、被害人自我负责、规范保护目的等进行特别的讨论,使得相当因果关系说被修正,变得更加精致,其方法论完全就是客观归责论的。所以,问题的关键在于:并不是一定要使用"客观归责论"这样的术语。但是,要根据案件的具体情况采用不同的归属规则,从而使得每一个归属规则都变得相对精密、可靠、不出错。

3. 应该看到,客观归责论的独特价值是对规范判断、价值判断的特别提示

这对中国的司法实务意义尤其重大。其实,在中国司法实务中,最成为问题的,不是自然科学意义上的因果关系的确定问题,而是归属范围的规范判断或评价问题。中国司法上通常不进行归责的判断,由此导致不少案件处理错误。因此,引入客观归责理论来改造司法行为,将规范判断贯彻到所有案件中是一个很紧迫的任务。一方面,须知即便像开枪杀人这样的案件,也是"因为刑法不准许一个无理由开枪打死他人的事实存在,而不是有人开枪打中他人的基础事实自动成为可被非难的事实"。[64] 另一方面,要进一步改变在某些案件中进行规范判断时,对因果关联性是否存在的事实判断和规范性的归属判断同时进行(一元的判断方法)的做法,从而形成司法判断上结果归属的"方法二元论":在因果关系的判断环节,考虑法益危险是否由行为人所引起,是否属于与行为人无关的"偶发事件";在归责环节,考虑结果是否无法规范地评价为行为人的"作品",仅属于"不幸"的事件。

4. 归责判断使得刑法的规范评价变得相对容易

虽然在司法上必须类型性地、规范地解决归责问题,但也注意审慎处理归责判断和事实判断之间的关系,不能追求过于脱离事实判断的结果归属判断,这是中国未来有必要防止的危险。因为归责判断使得刑法的规范评价变得相对容易,客观归责寻找处罚的"规范根据"的进路,也可能使得对处罚的实质根据的论证成为不必要,与限制条件说范围的初衷相悖。

---

[63] 参见〔日〕葛原力三:《客观的归属论之现在》,载《现代刑事法》2001年第6期,第77页。
[64] 许玉秀:《当代刑法思潮》,中国民主法制出版社2005年版,第429页。

〔德〕托马斯·魏根特
德国科隆大学法学院教授、著名刑事法学家

客观归责——不只是口号？

译者：王静 （德国弗莱堡大学刑法学博士研究生）

在德国，有幽灵出没，它就是客观归责。在最近几十年里，还没有一个概念像客观归责一样，鼓动着德国刑法学者著书如海，撰文成林。纵然如此，人们并没有完全弄清楚隐藏在这个概念背后的实质是什么。Bernd Schünemann 赋予了客观归责"基础性的意义"，认为它像是一只"有着无数触须的巨型章鱼"，将越来越多的不同的领域纳入自身[1]；相反，Eric Hilgendorf 把客观归责看做是"一类为了堆放未被解决的构成要件与正当化事由问题的杂物间"，并认为适用客观归责常常只是为了满足人们法感情的需求。[2] 鉴于这种分歧，Wolfgang Frisch 指出的所谓的客观归责理论"既受到了狂热的追捧，又遭到了断然的拒绝"[3]这一现象，也就不奇怪了。

什么是客观归责？在德国，学生们习得的是："只有行为人的行为对行为对象创设了一个被允许的风险之外的危险时，行为人所造成的结果才能

---

[1] Schünemann, GA 1999, 207.
[2] Hilgendorf, FS Weber, 2004, S. 33, 44. 亦可参见 Seher, FS Frisch, 2013, S. 207 一文中的评价："不能忽视的是，虽然目前针对这个模糊不清的法律概念出版了数量众多的著作，但鲜有著作能够对这个概念的具体化作出实质性的贡献。"
[3] Frisch, GA 2003, 720.

够归责于客观的构成要件。"[4]问题在于，"危险"在"具体的结果"之中"实现"这样一个公式是否具有某种内涵，若有的话，内涵是什么。

刚才所引用的这句话当中只涉及何时能够将构成要件的结果归责于某人[5]的问题，可见，这种见解只与那些将造成实害结果（schädliche Folge）作为构成要件要素的犯罪构成相关，例如故意杀人罪，故意伤害罪或者故意毁坏财物罪。[6] 这些犯罪构成的可罚性，或者说不法和刑罚的量度，基本上取决于行为人不仅是否应当对他的行为负责，而且应否对他所引起的某种损害结果负责，例如他人的死亡或者他人财物的毁坏。至于在何种程度上能够合理地说明这种多数犯罪所具有的结果依赖性（Erfolgsabhängigkeit），也是可以激烈争论的[7]，但这个问题不在本文的讨论之列。按照德国刑法规范，我们必须由此出发，即行为人行为的性质及可罚性取决于其是否也对结果的出现负责。这一点不仅表现在刑法规定了为数众多的结果加重犯，它们的刑罚明显高于基本犯[8]，而且《德国刑法典》第23条第2款规定，未遂——甚至在行为人为实现结果已经实施了所有他认为必须的事情的场合——可以比照既遂犯减轻处罚。

显然，何时可以将结果"归责"于某人，不是一个经验的问题，而是规范的问题。它属于刑法的基本问题之一：这里会一般性地追问，国家在满足哪些条件之下允许让某人对其不为社会所愿的行为负责并施加刑罚。

客观归责这个概念对解决这个问题有何助益呢？再次审视上文引用的"定义"就可以确定，满足以下两个前提时应客观归责：某人创设了一个法律上重要的危险，并且这个危险在构成要件的结果中实现。然而，这种做法的结局却是，一个未知数——客观归责——至少变成了两个未知数：人们必

---

[4] 这一公式见于 Roxin, Strafrecht Allgeminer Teil I, 4. Aufl. 2006, § 11 Rn. 47。人们在 Wessels/Beulke/Satzger, Strafrecht Allgmeiner Teil, 43. Aufl. 2013, Rn. 179 中可以看到比较简短的表达："如果一个人的行为创设了一个法律上重要的危险，并且该危险在构成要件的结果之中实现，这个结果就是可以客观归责的。"这里引人注意的是，结果应当归责于谁这个关键性的问题恰恰被省略了。
[5] 吊诡的是，按照文中所引用的 Roxin 的公式，这里涉及的不是归责于人，而是归责于"客观构成要件"。
[6] 关于行为犯与结果犯的区分，可参见 Frister, Strafrecht Allgemeiner Teil, 6. Aufl. 2013, Rn. 8/16 ff.
[7] 行为无价值与结果无价值讨论的现状，参见 Freund, in Münchener Kommentar StGB, 2. Aufl. 2011, vor § § 13 ff. Rn. 322 ff.
[8] 例如《德国刑法典》第226、227、251、306c条。

须说明是否存在一个"法律上重要的危险",并且确认该危险是否在结果中"实现"。这两点同样也不是经验所能确定的,而是以规范的判断为前提。可是,如何以及按照什么标准进行这种规范的判断,客观归责这个概念自身并没有告诉我们。

客观归责是一个用两个未知数来代替一个未知数的方程式。它不是一套理论,而是为了一系列不同的问题领域人为创造的上位概念。人们在哪些条件之下可以让某人对出现构成要件的结果承担刑法上的责任这个问题,又可以分成数个要求不同规范判断的子问题,它们在内容上可能彼此毫不相干。因此,客观归责和其他惯用的刑法释义学概念一样,例如"未必的故意(dolus eventualis)"*或"行为错误(aberratio ictus)"**,是一个提问的缩略语,但这个概念本身并不包含任何理论,也没有给出任何提示,该如何解决这些事实问题。

让我们进一步观察"客观归责"这个概念。结果的"归责"无疑是对结果承担责任(Verantwortlichkeit)***的前提。"客观"这个特性在此具有什么意义呢?它明显是不同于主观归责的东西,后者是指行为人个人与构成要件结果[9]之间的关系。可是,主观与客观果真能够彼此分离吗?如果最终都是为了解决是否让行为人对造成结果负责,则构建一个不考虑行为人的人格与认知的"客观的"归责面是否有意义?"主观"与"客观"之间的这种

---

* 我国台湾地区亦将其译为间接故意。

** 或译为打击错误,方法错误。

*** 责任一词在中国刑法理论中有若干含义,它至少包括了德国刑法中所谓的(罪责)Schuld 与(责任)Verantwortlichkeit。在德国,Schuld 是成立犯罪的条件之一,而 Verantwortlichkeit 一般而言是指对结果负责,在这个意义上,它与中国刑法理论中的作为法律后果的刑事责任相对应。虽然中国刑法理论将 Schuld 翻译为责任,但为了避免混淆,本文使用"罪责"一词,而将 Verantwortlichkeit 翻译为责任(也有人译作负责、负责性或答责性)。不过,Roxin 教授对 Verantwortlichkei 作了不同的阐释,他将 Schuld 这一阶层扩展为 Verantwortlichkeit,其中除了考虑传统的 Schuld 之外,还会考虑特殊以及一般预防必要性。无论 Roxin 教授的见解是否值得赞清,至少可以肯定的是,Verantwortlichkeit 是比 Schuld 范畴更广的东西。

[9] 在 Wolter 看来,"客观"归责这个概念是和以下见解联系在一起的,即行为人的故意不必认识到客观归责,只需要认识到创设了不被允许的风险(Wolter, Objektive und personale Zurechnung von Verhalten, Gefahr und Verletzung in einem funktionalen Straftatsystem, 1981, S. 357; ders. GA 1991, 531, 548 Fn. 42)。这其实是理所当然的,因为"客观归责"牵涉的是对案件事实的评价。至于行为人的故意必须在何种程度上包括结果本身(而非只是由自身行为带来的造成结果的风险),是另一个完全不同的问题。

分立可能是划分各个规范判断层面带来的结果,类似于(人格)不法[(personales) Unrecht]问题与罪责(Schuld)问题的区分。但是,结果归责的问题在什么程度上可以完全客观判断,也就是说,完全脱离于行为人与该事件的主观关系。具体而言,当行为人出于故意或者仅仅出于过失实施行为时,对二者的"客观"归责能否适用相同的标准?

答案是否定的。虽然追问故意实施行为者是否对所造成的结果负责(抑或结果也许是无法避免的,与行为人的故意行为无关)这样的做法也完全可能有意义,但是,让故意行为人对结果负责的几率原则上要明显高于同种情形下的过失行为人。对此,可以借用阿明·考夫曼(Armin Kaufmann)的一个例子[10]:射击运动员T站在打靶区朝靶子开了一枪。O突然跑进射道被枪打死。如果案情是,T在射击之前能够看见O但事实上没有看见,人们会本能地犹豫直接将O的死亡归责于T。人们首先会问,T是否有义务回头看有没有不小心的观众;有的话,接下来要判断是T更加不注意还是O。假如案情相反,T在射击之前就算到O会跑进射道,则T显然要对O的死亡负责;只有在十分特殊的案情中,例如O希望以这种方式结束自己的生命,T才无须对结果负责。可见,虽然这两个案例发生的事情"客观"是一样的,但人们的评价却是不同的。[11] 人们之所以对于故意与过失的情形作出不同的评价,可能是因为行为人预见到结果可能发生但仍然实施了造成结果发生的行为,是有意地反对法律所保护的利益(这里是O的生命)。因此,人们出于谁认识到与危险相关的重要的情状,就必须被期待在选择行为时考虑这些情状(所以通常应当避免采取危险的行为)的考量,倾向于将结果归责于行为人。[12] 与之相反,在过失犯罪中,人们始终负有为数众多的可能的注意义务(Sorgfaltspflicht),这些义务的存在,恰好使得义务违反与结果之间的关联具有特殊的、构建不法之意义(unrechtsbegründende Bedeutung),正因如此,人们在让行为人对结果负责之前,会在这一点上更加仔细地考虑。然而,这并不意味着,客观归责的成立条件像部分学者所认为的那

---

[10] Armin Kaufmann, FS Jescheck, 1985, S. 251, 260.
[11] 同样参见 Armin Kaufmann, FS Jescheck, S. 251, 261(他彻底否定客观归责对于故意犯罪的价值);Arzt, GS Schlüchter, 2002, S. 162, 164. Schünemann 将故意犯罪人的不同处理建立在循环论证的论据之上,即故意犯罪人不能主张"允许的风险"(GA 1999, 207, 220)。至于为什么不能主张,却没有论述。
[12] 相同意见,参见 Frisch, GA 2003, 719, 732。

样[13]在故意犯罪里无足轻重。确切地说,需要满足哪些条件才可以让行为人对出现的结果负责,是所有结果犯罪都要回答的问题,不过在回答时须考虑到行为人的对结果出现可能性的预见。[14]

以下,本文试图进一步审视各个提问,而这些提问被人们塞到了一间阴暗的被贴有"客观归责"标签的杂物间里。

事实上,这里所涉及的是以下问题:

(1)对结果的责任是否以行为人违反义务地创设或者提高了一个社会不相当的危险为前提?

(2)对结果的责任是否以行为人的行为与结果之间具有因果关系为前提,若是,如何来确定这个因果关系?

(3)是否存在一种情形是行为人所违反的行为规范不是为了防止这种结果,故不必对结果负责?

(4)行为人违反义务造成了结果的发生,但即使实施一个类似的合法的行为结果仍然会发生时,是否可以免除行为人的责任?

(5)被害人同意行为人的危害时,是否可以免除行为人的责任?

(6)被害人或第三人介入因果链条时,行为人是否免除责任?

Claus Roxin 将这些提问统统归纳在"客观构成要件的归责"这一章之下。[15] 不过,人们一眼就能看出,问题(1)不是直接关系到结果的归责,而是行为人的行为,它只是结果的基础(然后才可能是结果的归责)。问题(2)牵涉到的是肯定行为与结果之间具有规范的关联所必要的条件。它在某种程度上构成了人们在"归责"这个关键词之下所讨论的核心。最后,问题(3)至问题(6)讨论的都是可能的例外情形,也就是说,行为人虽然违反义务地制造了一个不相当的危险并且导致了结果的发生,但不用对造成结果这一点负责。人们从中可以看出,它在实用性上(尽管不是结构上)一定程度地接近正当化考量。

可见,那些对回答这6个问题至关重要的考量彼此泾渭分明,无法轻易地互成一体。我也不能从一般预防(Generalprävention)这个理念之中得出

---

[13] 例如 Hirsch, FS Lenckner, 1998, S. 199, 122ff.。

[14] Roxin 事实上将此准确地表述为:"据此,客观构成要件并不是因为归责仅仅建立在客观事实的基础上而是客观的,而是因为归责的结果……是客观的东西。"(Allg. Teil I (Fn. 4), § 11 Rn. 57)

[15] 基本思想参见 1970 年 Roxin 在 FS Honig 中的论文;全面总结参见 Roxin, Allg. Teil I (o. Fn. 4) § 11。

一个"客观归责"一般性的、实质性的基础,这一点与 Schünemann[16] 不同。Schünemann 认为,惩罚一个无法左右结果出现(例如事故受害人所处的医院起火)的行为人,"在刑事政策上毫无意义"。这一点本身是正确的,但正如 Wolfgang Frisch 详细说明的,以一般预防为目的的禁令根本上只关系到行为方式,而与结果无关。[17] 因此,一个刑法规范可以——为了聚焦于我们的例子——要求公民不准以刀捅人。至于接下来会发生什么——刀子只是伤到了被害人还是立即致其死亡?被害人是否被送到了医院?他是否在医院感染了病毒或者医院是否发生火灾?——所有这些都已经摆脱了行为人的影响,所以既不能成为一个行为规范的内容,也不能作为立法者或法官一般预防考虑的对象。

我在这里只能简短地谈谈这些为了回答上述六个问题而提出来的彼此异质的思考。

1. 第一个问题是违反义务地创设一个不相当的实现构成要件的风险,它牵涉到一个根本问题:刑事责任是否以及在何种程度上允许指向一个"中性的"甚至客观上有用的行为(比如降低已有的危险)

显然,一个完全正确的行为也能够造成可怕的后果:汽车司机虽然是遵守交通规则缓慢地穿行城市,但仍然可能将一个突然跑到汽车前面的小孩撞死;救助员将昏迷的被害人从燃烧的房子的窗户扔了出去,这是避免被害人死亡的唯一方法,他也可能会造成被害人骨折。如果人们在这些情形之中只是单纯因为行为人引起了结果的发生就想让行为人在刑法上对此负责,则是对行为者施加了一个不公正的刑罚,不仅如此,这种做法会导致所有法律成员陷入极大的消极被动之中。试想,如果人人都要想着一旦损害结果是由自身从事的活动造成的就会受到刑罚处罚,就没有人会再开车,也没有人会去着火的房子救人。正因如此,人们一致认为,刑罚不能处罚那些没有显著地或者以禁止的方式提高他人的日常生活危险的社会相当的行为。尽管如此,这些问题(及答案)在释义学上的定位尚有争议。假如人们像 Roxin 那样,把"对行为对象创设一个被允许的风险之外的危险"的行为视作是客观归责的基本前提(因此是要素之一)的话[18],便可以将它们全部纳入客观归责的视野。但这样的结局是,即使是正当化的问题——例如

---

[16] GA 1999, 207, 213ff.

[17] 基本论述参见 Frisch, Vorsatz und Risiko, 1983, S. 56 ff.。

[18] Roxin, Allg. Teil I (o. Fn. 4), § 11 Rn. 47.

扔出窗外以解救小孩的案例——也被放进归责的分析了[19]:客观归责因此会变成一个超级范畴,它把所有重要的评价行为人行为(而不仅仅是结果的归责)的问题都纳入自身。[20] 所以,如果更加严格地区分行为不法与结果不法,则应当赞同 Frisch 的意见,也就是将违法的制造危险作为客观归责的前提与客观归责本身分别开来。[21]

较之于这个释义学问题,如何确定社会相当行为的内涵显得更为重要。德国对过失犯采取的是结果的预见可能性(Vorhersehbarkeit)以及违反注意义务(Verstoß gegen eine Sorgfaltspflicht)这两个标准,而注意义务的违反通常是由于行为人忽略了一个可以预见的结果。[22] 再次回到汽车司机的案例:如果汽车司机适当注意便能看到之前在人行道上玩耍的小孩不小心到机动车道上去了,就有义务(与一般的速度限制无关)立即停车,以免伤害到这个小孩。汽车司机没有这样做的话,就是不谨慎地给这个小孩创造了一个危险,必须为结果承担刑法上的责任。[23] 这一标准也可以适用于故意造成结果的情形:救助员在着火的房子里没有尽到注意义务,丧失了一个明显的机会可以将被害人拖出来而不造成其健康上的任何损害,从而不得不将被害人扔出窗外的,这样一个制造了骨折危险的行为便不再是与社会相当的,救助员因此负有刑事责任。至于在释义学上通过何种途径得出这个结论,无关紧要。[24]

只要评价一个行为是取决于其对刑法所保护的利益的危险性,就会产

---

[19] 准此,Roxin 是前后一致的(Allg. Teil I (o. Fn. 4), § 11 Rn. 54)。学说状态的概况参见 Kühl, Strafrecht Allgemeiner Teil, 7. Aufl. 2012, § 4 Rn. 43f. 。
[20] Struensee 很形象地说道,客观归责理论具有"漩涡式的效果,能够撕裂并溺死整个客观构成要件"(Struensee, GA 1987, 97)。
[21] Frisch, Tatbestandsmäßiges Verhalten und Zurechnung des Erfolgs, 1988, S. 50 ff.; ders. FS Roxin S. 213, 232 ff.; ders. GA 2003, 719, 733 ff. Seher 从规范论的视角批评了 Frisch 的观点(Seher, FS Frisch (o. Fn. 2) S. 212 ff)。
[22] 基本论述参见 Schroeder, JZ 1989, 779;深入论述参见 Duttge, in. Münchener Kommentar StGB, 2. Aufl. 2011, § 15 Rn. 105 ff. 。
[23] 关于预见可能性与注意义务违反之间的关系进一步的论述(与本文重点稍有不同)参见 Kühl Allg. Teil (o. Fn. 21) § 17 Rn. 14 ff. 。
[24] 在德国法中,可行的方法之一是认定本案成立过失伤害罪,或者成立故意伤害罪,并类推适用《德国刑法典》第16条第1款第2句(结果也是以过失罪处),原因是行为人出于过失错误地以为本案存在成立被害人推定同意的前提条件。译者注:《德国刑法典》第16条第1款规定,行为人在行为时对法定构成要件的事实缺乏认识的,不是故意犯罪。但要对过失犯罪予以处罚。

生这样的争论,究竟应当从行为人还是第三人的主观面来判断这种危险性,以及究竟是站在事前(ex ante)还是事后(ex post)来判断。[25] 由于这样一个规范分析的阶层只是为了排除那些未制造危险或者未制造不被允许的危险而被社会接受的行为方式,因此应当以事前的观察为基础,但从一个审慎的第三人(sorgfältiger Dritte)的角度出发,同时考虑行为人可能具有的特别认知(Sonderwissen)。[26] 让我们继续看汽车司机案:如果这个小孩给一个审慎的第三人的印象是,他正在人行道上安静地与小猫玩耍,这样一个对小孩的危险在事前就是无法预见的,汽车司机原则上允许合理减速后继续行驶。不过,如果汽车司机认识这个小孩并且知道他常常会因为猫的突然举动而惊慌失措地跑开,结论则有所不同。

从更为宏观的角度来讲,这里的问题(1)关系到的是,各个社会愿意广泛接受的是哪种类型和数量的风险。所以,在某些国家从事核能的行为一般被认为是对健康制造了不适当的危险,在其他国家则非如此。这样一种评价也决定了经营核电厂的行为是否以及在哪些具体的情况之下会被认为是不合适地升高了危险,经营者因此要对出现的健康损害承担刑法上的责任。

2. 没有疑义的是,行为人的行为与结果之间的因果关系是归责问题的核心

如果按照条件公式(condito sina qua non)欠缺这样的因果关系,则意味着行为人无法通过放弃这个危险的行为来避免结果的发生。倘若仍然让行为人为此承担责任,在大家看来是不公正的。所以,如果汽车司机超速从正在玩耍的小孩身边驶过时小孩被掉下来的枯枝砸死,因小孩的死亡而惩罚行为人在规范上就是毫无意义的,因为汽车司机违反义务的行为不过是碰巧与一个造成死亡结果的不幸同时发生了。只有司机超速驾驶是小孩死亡必要的(共同)原因时,才会考虑行为人是否需要对死亡结果承担刑事责任。Roxin 因此正确地写道,因果关系理论是"任何一个对客观构成要件归责的基础"。[27]

虽然如此,客观归责理论起源的案件类型其实是行为人升高危险的行为与结果之间完全存在因果关系,人们却不愿让其负责的情形。上文提到

---

[25] 清楚的论述参见 Frisch FS Roxin, 2001, S. 213, 230f.。
[26] 相同意见,参见 Roxin Allg. Teil I (o. Fn. 4) § 11 Rn. 56。
[27] Roxin Allg. Teil I (o. Fn. 4), § 11 Rn. 1.

的一个案例就是典型的例子。汽车司机过失地将一位行人撞成了轻伤,为了进一步观察病情,这名行人被送进了医院,医院失火,行人因此丧命。在这类案件中,许多学者并不认可汽车司机承担过失致死的责任。反对处罚汽车司机最强有力的论据是,被害人在火灾中丧命的风险绝对没有因为汽车司机的疏忽大意而提高:医院发生火灾的几率并没有高于事故受害人的住处发生火灾的几率。因此,这里实现的只是一个对被害人而言日常的生活风险(人们可能处在一所失火的房子里),而不是由粗心的汽车司机所创设的风险。[28]

人们可以通过改变因果关系这个概念避免动用"悬浮不定"的归责考量。例如,如果人们认为只有那些按照事物正常的流程会造成某种结果的行为才是"因果的",异常的、无法预见的事件链(例如医院失火)从定义上(per definitionem)便被排除在因果关系之外[29],上面案例中的司机粗心的驾驶与行人被烧死之间没有因果关系。可是,无论因果关系是被定义为"等价的"还是"相当的",它究竟是否一个构建法律归责基础的合适的范畴,还备受争议。例如 Seher 认为:"因果关系对归咎行为结果的责任而言不是一个适格的标准,因为它是一个了解事件发生过程的范畴,若没有自然主义谬误(naturalistischer Fehlschluss)* 则无法承载任何规范的评价。"[30]这在认识论上当然是令人信服的。不过,在法律的语境下,即使是因果关系这样的概念也是规范性的,而且立法者或法律适用者能够在让它在一定限度内适应刑事政策的需求。至于这种做法是否明智,抑或是否应当维持因果关系即是条件关系这一貌似确定的逻辑,人们的看法可能存在分歧。如果想要同等地对待各个被认为是必不可少的原因,就要赞成对因果关系分析得出的结果进行"规范性"的修正,从而在诸如医院失火这些情形中得出合理的结论。于是,客观归责这个构想因此而生。通过它,虽然行为人没有实施不被允许的升高风险的行为,结果则不会发生,但人们从规范的视角来看更愿让"命运"或将另一个人作为行为人来对结果承担责任时,人们才

---

[28] 例如,参见 Kühl Allg. Teil (o. Fn. 21), § 4 Rn. 61; Lenckner/Eisele in Schönke/Schröder, StGB, 28. Aufl. 2010, vor § 13 Rn. 95/96; Roxin Allg. Teil I (o. Fn. 4), § 11 Rn. 47, 69。

[29] 近来赞成这一解决方式的例如 Hilgendorf(FS Weber, S. 33, 37, 45f.)。

* 自然主义谬误是指将"好"定义为各种自然属性,大意是认为"自然的就是好的"。

[30] Seher, FS Frisch (Fn. 2), S. 208;事实上 Lampe 已经提出相同的观点(Lampe GS Armin Kaufmann, 1989, S. 189, 197)。

能够做到不预设结果并作出不同的判断。

迄今为止，德国司法实务习惯于调查因果关系，而并没有——可能理由充分——在此之外或者代替这一做法将"客观归责"作为独立的实质性的观点运用到实践中。法院当然知道不可能只运用条件公式就能解决疑难案件的刑事责任问题。可是，联邦最高法院将这些规范性的考量都放在"义务违反的因果关联（Ursächlichkeit der Pflichtwidrigkeit）"[31]或"法律的因果关系（rechtlicher Ursachenzusammenhang）"[32]之下，最近也提到了"因果关系的中断（Unterbrechung des Ursachenzusammenhangs）"[33]，用来处理第三人才是导致结果发生的最终原因的情形。这些不见得对概念形成（Begriffsbildung）的明确性有所助益，但司法实务实际上也与学说中的"归责理论"类似，采取了价值判断的思考。

最后，对上述案例的案情可以作这样一个总体评价："客观归责"在释义学上无确定的规则可循。这一点可以通过稍微改变医院失火案的案情旋即得到证实：假设被害人入院并非行为人过失造成的交通事故所致，而是因为行为人用刀袭击。如果行为人只是想要伤害被害人，人们会倾向于认为被害人被烧死的结果不应当归属于行为人，而是"命运"如此。可是，如果行为人是希望捅死被害人呢？一种分析很可能认为，事情的实际经过只是稍微偏离了行为人用刀捅被害人时的想象，因此这个死亡结果可以被认为是行为人造成的，从而蓄意地将结果归责于行为人。这样一个备受讨论的"主观因果流程的偏离"难题包含主观与客观两个方面，这在案例中也有体现。初看之下，这里涉及的问题是，行为人的故意涵盖的是哪个事件。可是，在这些偏离案件中犯罪行为并没有像行为人的想象一样进行，这一点确凿无疑，所以，这里归根结底牵涉到的是一个规范的问题，也就是这个偏离是否在法律上重要。人们对此又是采取了与"客观"归责类似的角度来判断，即追问能否让行为人对实际已经发生的事情也承担责任。[34] 支持的观点主要有下述三个理由：首先，行为人以不被允许的方式提高了被害人的危险；其次，他的行为与结果发生之间有条件关系；最后，他希望造成实际上已经出现的结果。鉴于这些不利的因素，只有实际发生的事情与行为人的想

---

[31] BGHSt 21, 59, 61.
[32] 例如，参见 BGHSt 33, 61, 65。
[33] BGHSt 39, 322, 324.
[34] 参见 BGHSt 7, 325, 329; 38, 32, 34。

象之间发生了十分重大的偏离,人们才愿意免除行为人对结果的责任,而将这里被害人的死亡归结为是"日常生活风险"。[35]

这些论述再次表明,"客观归责"这样一个概念,无法为它名下所讨论的那些疑难案件提供答案。

3. 这点尤其体现在行为人通过一个风险升高的行为导致了结果发生,但无须对其负责的情形之中

它也包括这类案例,即行为人违反的这个行为规范,它所针对的风险不是最后(也可以预见)在结果中实现的风险,而是另一个风险。[36] 一般而言,这种案例发生在那些并非笼统地适用"不得损害他人(neminem laede)"这个原则,而是需要通过各个命令或禁令来规制合法行为的领域,比如道路交通。例如,我们来看看下面这个情形:一名汽车司机没有让在斑马线等待的行人先行,而是疾速地开过去,就在这时他和一名脚踏车驾驶人相撞,导致对方受伤,他没有料到对方会违反规定的行车方向逆向骑行。在本案中,如果汽车司机遵守义务在斑马线处等待,脚踏车驾驶人就不会受伤。可是,在斑马线处等待的义务不是为了保护那些在马路上骑自行车的人,因此脚踏车驾驶员受到的伤害不会归责于行为人。这里规范地来看,也是汽车驾驶员违反义务的行为偶然地和一个不幸发生在同一个时间。虽然汽车司机在斑马线上的义务违反与脚踏车驾驶员的伤害之间有"自然的"因果关系,但是,这样一个等待义务是为了保护其他法益,所以与脚踏车驾驶员的受伤无关。[37] 即使汽车司机故意不遵守等待义务,结论也是如此。与之相反,如果他是故意(或者只是过失)地撞倒了对方,当然就要对结果负责,而之前在斑马线附近碰撞的行为横竖是不重要的。

4. 尤其富有争议的是所谓的合法的替代行为(rechtsmäßiges Alternativverhalten)

联邦最高法院于1957年审判的脚踏车驾驶员案[38]为这类案件提供了指导性判决。案情简要如下:卡车司机在超越一名脚踏车驾驶员时,未保持法定安全距离,脚踏车驾驶员遂命丧车轮下。事后得到确认,脚踏车驾驶员当

---

[35] 这种案件类型经常借由"桥墩案"来讨论,深入探讨,参见 Dold ZStW 112 (2010), 785,其中附有充分的说明。
[36] 深入讨论,参见 Puppe in NK StGB, 4. Aufl. 2013, vor § 13 Rn. 206 ff.; Roxin Allg. Teil I (o. Fn. 4), § 11 Rn. 73 ff.。
[37] 另参见载于帝国法院刑事判例集中的"脚踏车驾驶者案"(RGSt 63, 392),案情稍有不同。
[38] BGHSt 11, 1.

时已酩酊大醉。法院根据专家的鉴定报告认定,由于脚踏车驾驶员酒醉之故,纵使卡车司机保持安全车距,脚踏车驾驶员也会跌落卡车轮下*。联邦最高法院因此判定行为人不成立过失致人死亡罪。法院认为,对于"按照法律评价标准"所认定的因果关系而言,最为重要的是,在司机完全合法行为的情况下会发生什么。如果结果仍然以同样的方式出现,"被告人制造的这个条件对于如何评价结果则没有任何刑法上的意义"。[39] 这类案件的特殊之处在于,现实的因果关系与行为人的义务违反都是确定无疑的。只有行为人在另一个合法行为之下也无法避免结果时,才可以摆脱责任的追究。然而,这样一个考虑与刑法的基本原则相冲突,亦即至少在因果关系层面不允许考虑假定的、非现实发生的事件流程对刑法判断的影响。[40] 人们在价值判断的过程中,可能不会严格适用这个原则,而价值判断在责任这个问题中屡见不鲜。不过,联邦最高法院在接下来的数年内,对其在脚踏车驾驶员案件中的"失足"已经感到后悔了。这是因为,那些精明的律师开始热衷于主张当事人即使实施了合法行为也同样会导致结果发生,联邦最高法院因此不得不疲于以于法无据为由驳回这些泛滥的主张,并严格限定只有在行为人实际上造成了结果发生的情形,才允许以假定的替代情形来免除行为人的责任。[41]

5. "客观归责"讨论的另一个重点是这种情形:虽然行为人(提高风险)的行为开启了导致结果发生的因果链(Kausalkette),但因果链的一部分是他人的行为。这种情形的案例多种多样。这里的他人可以是被害人自己,也可以是第三人,他出于自己的意愿接过了这个由前行为人的引发行为踢到他脚边的球。这类案例涵盖了从被害人有意的自伤(毒瘾患者为了注射死亡使用行为人提供的海洛因[42])到第三人过失的介入(被害人被行为人造成轻伤,医生因治疗错误致其死亡[43])。第三人或多或少"被挑起"的

---

* 需要说明的是,判决原文使用的是"……dass der Unfall sich mit hoher Wahrscheinlichkeit in gleicher Weise zugetragen haben würde",意思是"……车祸仍然很有可能发生"。

[39] BGHSt 11, 1, 7.
[40] 在现实的造成结果的案例中考虑假定的因果流程这个问题,深入探讨参见 Kühl, Allg. Teil (o. Fn. 21),§ 17 Rn. 47 ff.
[41] 例如,参见 BGHSt 33, 61;49, 1, 4。
[42] 例如,参见 BGHSt 34, 362;BGHSt 53, 288;BGHSt 46, 279, 288。
[43] 这类案例,参见 Roxin Allg. Teil I (o. Fn. 4),§ 11 Rn. 141 ff.。

介入也属于其中,例如行为人纵火,消防员为了灭火而身受重伤[44],再如行为人从合法的逮捕中逃跑,警察为了再次抓住行为人而受伤。[45]

在这些案例中,人们有很好的理由既可以让(第一)肇事者来对结果承担责任,也可以让第三人/被害人作为间接肇事者来负责。至于人们选择哪种处理方式,大部分是依靠一个有些模糊的法感情。司法实务发展出了"有意"的自伤(bewusste Selbstschädigung)或第三人有意造成的他人伤害(bewusste Fremdschädigung durch den Dritten)*这样的概念。那些故意利用前行为人所造成的局面自杀或自伤、杀死或伤害他人的人是首要的责任人。[46] 至于前行为人在此之外是否以及在何种条件之下也承担刑事责任,则需要根据一再被援引的"个案情况"来判断。不过,这些情况是经验的事实,自然无法解答多人参与时责任如何分配这样一个规范的问题。因此,客观归责这个概念在这些疑难案例中也没有给出答案,而是提出了一个问题,更确切地说是一系列不同的问题,而德国的讨论对它们的回答始终欠缺相关的标准。

---

[44] 参见 BGHSt 39, 322。Kühl Allg. Teil (o. Fn. 21), § 4 Rn. 96 中有大量关于极富争议的"救生员案"的说明。
[45] 参见 BGHSt 22, 362。
  * 学说中或使用"故意的自伤"和"第三人故意造成的他人伤害"。
[46] "海洛因注射案"的基本论述见 BGHSt 32, 262。

[单元评议]

张明楷
清华大学法学院教授

客观归责——响亮口号

如同在德国一样,客观归责理论在中国也是"既受到了狂热的追捧,又遭到了断然的拒绝"。或许有的学者会从断然拒绝转向狂热追捧,又有学者会从狂热追捧转变为断然拒绝。不管怎么说,在当下的中国,客观归责的确是一个响亮的口号。

(一)魏根特教授与周光权教授的论文,对客观归责理论似乎持不同的立场

魏根特教授的论文并没有表现出对客观归责理论的肯定态度,相反,认为客观归责理论是"一间阴暗的被贴有'客观归责'标签的杂物间"。周光权教授对客观归责理论持肯定态度,虽然他在文字表述上主要肯定客观归责理论的方法论意义,但他同时反驳了其他学者就客观归责理论的内容所持的不同意见,很巧妙地全面肯定了客观归责理论。两位教授的不同态度,耐人寻味。

我曾经指出,"客观归责论有过度使自身体系化之嫌"。[1] 现在我依然这么认为。这一理论将大量原本属于其他领域的内容纳入其中,从而使其看上去具有丰富的内容。问题也刚好出在这里。在我看来,当人们对客观归责理论持否定态度时,并不是对客观归责理论的具体内容持否定态度(即使有学者对客观归责理论的具体内容持否定态度,也只是对其中的部分具体内容持否定态度,而不可能持全面的否定态度),而只是对客观归责理论装入过多的不该装入其中的内容的做法持否定态度。所以,对客观归

---

[1] 张明楷:《刑法原理》,商务印书馆2011年版,第169页。

责理论的肯定说或者否定说,并不主要表现为具体内容与结论的肯定说或者否定说,而是对客观归责理论的体系安排持肯定说或者否定说。

客观归责理论为什么会成为一间阴暗的杂物间呢?其原因可能很复杂,作为评论人我想指出以下原因:

1. 人们自觉或者不自觉地将客观归责视为承担刑法上责任的全部条件

魏根特教授的部分表述似乎说明了这一点。例如,他说:客观归责"属于刑法的基本问题之一,这里会一般性地追问,国家在满足哪些条件之下允许让某人对其不为社会所愿的行为负责并施加刑罚"。果真如此,则会导致将影响行为是否构成犯罪的要素均纳入该理论。然而,按理说,客观归责只是解决构成要件的结果应当归属于谁的行为的问题,也可以说只是解决构成要件符合性中的部分问题,这一问题只是成立犯罪的一个方面,而不是全部。

2. 由于犯罪是主观与客观的统一体,导致客观归责理论将主观内容纳入其中

例如,魏根特教授指出,当行为人出于故意或者仅仅是过失实施行为时,对二者的客观归责不可能适用相同的标准。魏根特教授还借用阿明·考夫曼教授所举的例子展开了说明。亦即,当人们认为行为人有意地反对法所保护的利益时,就倾向于将结果归责于行为人;而过失犯罪则相反。但是,我难以理解这样的观点。人们也有理由认为,不管T是过失射击O还是故意射击O,二者的客观归责不应当存在区别。如果一个结果客观上不能归责于行为时,即使行为人出于故意,也不能将这种结果归责于其行为。在我看来,人们对故意犯罪与过失犯罪的评价不同,并不是因为客观归责的标准不同,而是因为行为人的主观内容不同。或许可以说,正是由于主观归责的不同,导致人们的评价不同。

3. 为了优先排除犯罪的成立,将各种排除犯罪成立的情形(包括违法阻却事由)尽可能纳入客观归责理论

周光权教授的论文反映了这一点。他此前发表的论文也指出:"客观归责理论用多重规则确保检验时没有遗漏","建立正面判断和反向检验交互进行的检验标准","凸显评价的层次性、充分性"[2] 可是,不成立犯罪的事项太多,刑法理论难以优先考察哪些事项排除犯罪的成立。而且,所谓

---

[2] 周光权:《客观归责理论的方法论意义》,载《中外法学》2012年第2期,第238页以下。

优先排除犯罪的成立,只存在于观念上或者逻辑上,并不具有任何实际意义。例如,在构成要件符合性、违法性与有责性的三阶层体系中,司法机关并不是只要行为符合构成要件,就拘留、逮捕行为人;也不是只要行为符合构成要件且违法,就拘留、逮捕行为人,而是只有完全具备构成要件符合性、违法性与有责性的全部成立条件时,才可能拘留、逮捕行为人。所以,为了所谓尽快排除犯罪的成立,将违法阻却事由纳入构成要件符合性阶段,是不合适的。诚然,反复检验行为是否构成犯罪,也没有什么不妥当。但是,反复检验并不依赖于理论所设定的程序重复。在刑法理论中,如果 A 检视标准与 B 检视标准的内容完全相同,就只能保留其中一个标准。反之,即使三阶层犯罪论体系中并无重复内容,也可以反复检验。当人们对一个案件得出了构成要件符合性的结论,进入到违法性阶层时却没有发现违法阻却事由,但又认为不应当作为犯罪处理时,依然可能回过头来再次判断构成要件符合性。同样,当人们认为某个行为符合构成要件,在进行因果关系判断时,既可以认为结果不能归属于该行为,也可能再次回过头来判断该行为是否属于符合构成要件的行为。这种思考的反复,并不以理论体系上的内容重复为前提。就像登机前过安检一样,如果发现有问题,仍然可以重检一遍,而不需要有几个相同的安检设备。

4. 将客观归责的前提与客观归责本身混在一起

在这一点上,我完全赞成魏根特教授与 W. Frisch 教授的观点。亦即,行为制造不被允许的风险,只是客观归责的前提,而不是客观归责本身。反过来说,正是由于客观归责理论将类似的不属于客观归责本身的问题纳入到了客观归责本身,导致客观归责变成一个超级范畴。详言之,按照中国刑法理论对构成要件的理解,实行行为、结果、因果关系(包括结果归属)是构成要件的基本要素,客观归责理论的第一个具体内容(行为制造不允许的危险)讨论的是实行行为,第二个具体内容(危险的现实化),才是真正意义上或者狭义的客观归责或者结果归属问题(其中也可能包含了实行行为的内容),第三个内容(构成要件的效力范围),则既讨论了实行行为,也讨论了结果。正因为如此,W. Frisch 教授指出:"客观归责理论把所有限缩客观构成要件的问题都当作结果归责的问题来处理。许多被客观归责理论解释成结果归责的问题,实际上并非涉及结果归责,而是涉及'是否存在有构成要件该当、受禁止的行为'这个问题。"[3]日本的井田良教授也指出：德国的客观归责理论，综合日本刑法理论中的"实行行为性（以及共犯行为性）的判断与因果关系的判断"。[4] 可是，实行行为的判断，不应当成为客观归责本身的问题。

（二）我并不完全否认客观归责理论

客观归责理论从另一个角度解决了杀人、伤害、故意毁坏财物等罪的实行行为难以判断的困境；也相对减损了主观构成要件的价值，尤其是使过失犯的判断客观化；更为重要的是从存在论到规范论进行判断，从而使对案件的判断符合刑法目的。所以，其中的某些内容的确是值得中国刑法学借鉴的。

但是，客观归责理论的具体内容是需要检视的。周光权教授认为，客观归责理论为结果的归属提供了更加细化的、具体的基准，比相当因果关系说更为合理。但魏根特教授则认为，"客观归责是一个用两个未知数来代替一个未知数的方程式"，"无法为它名下所讨论的那些疑难案件提供答案"，"'客观归责'在释义学上无确定的规则可循"。我赞成魏根特教授的观点。客观归责理论的确为某些不应当归责的案件提供了理由，但是，并不是只要采取客观归责理论，就可以对具体案件得出完全一致的合理结论。一些没有被讨论过的新案件，即使是同样采用客观归责理论的人，也未必能得出一致意见。换言之，当我们用客观归责理论讨论该理论的支持者并没有讨论的案件时，什么结论才是客观归责理论应当得出的结论？还存在很大疑问。例如，关于制造何种程度的危险时应受处罚，或者危险现实化是指什么样的情形？如果不参照客观归责理论支持者提示的案件类型，就不可能解明。即使解明了，结论也未必妥当。例如，C. Roxin 教授指出："通常到贫民区并不会形成不被容许的风险，因为有很多人毫无风险的在那个地方来来去去。但是如果对于特定人存在特别的风险时，例如，在某一特定地区已经有很多旅客被杀，以至于城市的行政当局强烈警告外国人不要踏上旅程时，如果将对此消息毫无概念的旅客弄到那一区去，绝对可以认定有不被容许的风险。"[5]然而，这一观点未必没有扩大杀人行为的范围。

---

[3]〔德〕沃尔冈夫·弗里希：《客观的结果归责》，蔡圣伟译，载陈兴良主编：《刑事法评论》第30卷，北京大学出版社2012年版，第253页。
[4]〔日〕井田良：《刑法总论之理论构造》，成文堂2005年版，第63页。
[5]〔德〕骆克信等：《问题研讨》，许玉秀、郑铭仁译，载《政大法学评论》1994年第50期，第30页。

魏特根教授的论文已经对客观归责理论的部分具体内容展开了分析，我对他的大部分分析持肯定态度。接下来，我也想对客观归责理论的部分具体内容发表一点不成熟的看法。

1. 客观归责理论的第一个下位规则是行为制造不允许的危险，其中有不少值得研究的问题

（1）C. Roxin 教授指出："被允许的危险，是指行为虽然创设了在法律上具有重要意义的危险，但这种危险一般（与具体事例无关）是被允许的。因此，与正当化事由不同，这种行为已经被认为阻却了对客观构成要件的归属。被允许的风险的典型范例是，在遵守了所有道路交通规则的情况下驾驶机动车。""没有超出危险与在被允许的范围内引起危险，都阻却客观构成要件的充足。"[6] 中国的冯军教授也发表了意思完全相同的看法。[7] 姑且不讨论能否顺利区分行为的危险被允许与行为没有制造危险[8]，但是，在与具体事例无关的意义上，判断行为是否制造了不允许的危险以及行为是否符合构成要件，是不合适的。客观归责理论的基本逻辑是，由于某类行为必然有危险，而社会的发展不可能禁止这类行为，所以，这类行为的危险应当被允许，因而不符合犯罪的客观构成要件。例如，C. Roxin 教授指出："不可否认，道路交通，对生命、健康与财产造成了重大危险。事故统计也显示这个结论是不可反驳的。但是，立法者基于公共福利的重大利益，仍然允许（一定的注意规定范围内的）道路通行。"[9] 冯军教授前几年指出："据统计，中国大陆每年因交通事故而死亡的人数约为 20 万人。尽管如此，立法者依然允许人们从事驾驶行为，因为更重要的利益依存于交通驾驶。"[10] 台湾地区的林钰雄教授也指出："其他现代工业设施（如炼油厂、核电厂）或产品（药物、家电等）所产生的风险，立法者在法定安全标准之内，容许某程度的风险存在，若因此产生意外事件，乃立法者所容许的风险，并不该当伤害、杀人等客观构成要件。"[11] 但是，这些观点可能混淆了立法政策与刑法解释论。当一类行为存在发生法益侵害结果的危险时，立法者是允许它还

---

[6] C. Roxin, Strafrecht Allgemeiner Teil, Band I, 4. Aufl., C. H. Beck, 2006, S. 383f.

[7] 参见冯军：《刑法问题的规范理解》，北京大学出版社 2009 年版，第 137—138 页。

[8] C. Roxin 教授指出："要区分被允许的危险与没有创出重要危险的情形，不一定是容易的。"（C. Roxin, Strafrecht Allgemeiner Teil, Band I, 4. Aufl., C. H. Beck, 2006, S. 383）

[9] C. Roxin, Strafrecht Allgemeiner Teil, Band I, 4. Aufl., C. H. Beck, 2006, S. 383.

[10] 冯军：《刑法问题的规范理解》，北京大学出版社 2009 年版，第 137 页。

[11] 林钰雄：《新刑法总则》，中国人民大学出版社 2009 年版，第 127 页。

是禁止它,是立法政策问题;现实生活中的某个具体行为是否制造了法益侵害的危险以及是否符合某个犯罪的客观构成要件,是刑法解释论(构成要件符合性理论)的问题。不可否认,立法者事前能够大体上预测到,交通驾驶行为每年会导致许多人死亡,但能否因此而禁止一切交通驾驶行为,这是一个立法政策问题。但是,这与是否将导致许多人死亡作为"被允许的事项"而不处罚,是完全不同的问题。[12] 同样,在权衡航空业、高速铁路、核电站的有用性、必要性与危险性之后,决定是否发展航空业、是否建高速铁路、核电站等,是立法政策问题。而在刑法解释论上,只能将其中个别的、具体的行为作为问题展开讨论,只能就具体事例判断行为是否符合构成要件。易言之,构成要件符合性虽然是类型性的判断,但是,行为是否符合构成要件,必然取决于具体案件的具体事实。可是,客观归责理论所声称的行为是否被允许,"与具体事例无关"。换言之,这种"被允许的危险的理论,绝不是在与具体的危险行为的关系上讨论的,而是将危险事业的一般允许性作为问题的"。[13] 既然如此,就不可能以一般性的结论为根据判断具体事例是否符合某种犯罪的构成要件。[14]

（2）一般性地说明风险降低行为不符合构成要件,似乎没有多大疑问,但是,联系到具体案件来说,也并非如此简单。例如,当一块砖头即将落在被害人头上,会导致被害人重伤时,行为人推了被害人,砖头仅落在被害人肩膀上,导致被害人受轻伤。在通常情况下,人们会认为行为人没有制造危险。但是,在特殊情形下,如被害人希望自己头部受重伤时,倘若不运用推定的承诺的法理,很难否认该行为的客观归责(构成要件符合性)。[15] 再如,倘若被害人是儿童,行为人是儿童的父母,行为人完全可以将被害人多推一下而不至于受轻伤,但行为人为了使儿童受轻伤,却没有多推一下,虽然降低了危险,恐怕也难以否认该行为的客观归责(构成要件符合性)与违法性。[16]

---

[12] 参见〔日〕平野龙一:《刑法总论 I》,有斐阁1972年版,第199页。
[13] 〔日〕筱田公穗:《许された危险の理论についての一考察》,载《刑法杂志》第27卷(1986年)第2号,第300页。
[14] 参见张明楷:《论被允许的危险的法理》,载《中国社会科学》2012年第11期,第118页以下。
[15] Vgl., U. Kindhäuser, Strafrecht Allgemeiner Teil, 5. Aufl., Nomos, 2011, S.94.
[16] 参见〔德〕沃斯·金德霍伊泽尔:《故意犯的客观和主观归责》,樊文译,载《清华法律评论》第3卷第1辑,清华大学出版社2009年版,第156页。

(3) 认为一切风险降低的行为都不符合构成要件的观点,也存在难以解决的问题。例如,在医生切除癌症患者的舌头挽救了患者生命的场合,对治疗行为造成的伤害与治疗行为带来的利益,必须进行独立的刑法评价,而不能以降低风险为由认为该行为不符合伤害罪的构成要件。[17] 亦即,在上述场合,必须承认治疗行为符合伤害罪的构成要件,只是通过法益衡量阻却违法性而已。如果认为治疗行为不符合伤害罪的构成要件,专断的治疗行为(如没有经过患者的同意而切除患者的舌头)也不符合伤害罪的构成要件(因为降低了风险),因而不构成伤害罪,这一结论难以被人接受。[18]

(4) 客观归责理论认为,在一个已经存在的危险没有以可测量的方式得到提高时,就应当认定为缺乏危险的创设,行为不符合构成要件,因而不能客观归责。例如,一个人向涨满洪水的水库里倒入一盆水的行为难以认定为决水罪。[19] 诚然,不能认定行为人的行为构成决水罪,的确是因为不能证明是否因为多了一盆水才导致决堤或者提前决堤,进而提前致人死亡。但这基本上是证据问题,而主要不是实体问题。这如同说,如果不能证明一个人杀了人就不能说其行为符合杀人罪构成要件一样,并没有现实意义。如果能证明这种因果关系,则结论会大不相同。例如,被害人仅仅凭借着一根绳索悬挂在悬崖上,而这根绳索因为难以承受被害人的体重正在缓慢地断裂,在被害人掉下去的前一秒钟,行为人剪断了这根绳索。被害人一秒钟的生命是受到绝对保护的,行为人的行为依然构成杀人罪。

"因此,在由于降低风险而排除不法背后,是——根据事实情况——借助于同意、推测的同意或者紧急避险状态的一般规则来回答的评价问题。风险降低的常用简短表述(简短公式)对于学院课堂来说是很有助益的,但是对于解决学理疑难问题来说是不够的。"[20]

2. 客观归责理论的第二个下位规则即不允许危险的实现,是真正的结果归属理论

(1) 危险没有现实化时,不能归责。例如,甲以杀人故意用枪打伤被害人后,被害人在医院遇到火灾被烧死。在此,枪杀的危险并没有现实化,故不能客观归责。在这种死因不同(中枪身亡与烧死)的案件中,倘若采用具

---

[17] 参见〔日〕町野朔:《患者の自己決定権と法》,东京大学出版会1986年版,第171页。
[18] 参见〔德〕沃斯·金德霍伊泽尔:《故意犯的客观和主观归责》,樊文译,载《清华法律评论》第3卷第1辑,清华大学出版社2009年版,第156页。
[19] Vgl. ,C. Roxin,Strafrecht Allgemeiner Teil, Band I, 4. Aufl., C. H. Beck,2006,S. 377.
[20] U. Kindhäuser,Strafrecht Allgemeiner Teil, 5. Aufl., Nomos,2011, S. 94.

体的结果观(如毒死与渴死是两种不同的死亡结果),很容易判断行为的危险是否现实化,因而能够克服条件说的缺陷。可是,在死因相同的场合,也会存在疑问。例如,A 将水性不好的 C 推入水库后离开现场,C 本可以立即抓住身边的可以保住性命的木板,此时与 A 没有意思联络的 B 迅速拿走了这块木板,导致 C 溺水身亡。对此,客观归责理论也不一定能够给出明确、一致的答案。

(2)关于注意规范的保护目的的观点,的确值得中国刑法理论借鉴。但是,它究竟是没有实行行为的问题即客观归责的前提问题,还是风险没有实现的问题,也值得讨论。例如,当刑法分则条文所规定的构成要件行为以违反注意规范为前提时,要判断一个行为是否符合构成要件,必须判断该行为是否违反注意规范;而在判断该行为是否违反注意规范时,就必须考虑注意规范的保护目的。所以,注意规范的保护目的,完全可以作为实行行为的内容(客观归责的前提)来把握(参见后述内容)。如果仅当作危险是否实现的问题来考虑,则可能将一些原本没有实行行为的案件认定为犯罪未遂,这可能不合适。

(3)德国的客观归责理论对于合义务的替代行为与风险提高理论,存在激烈的争议。魏根特教授的论文也说明了这一点。这再一次表明,并不是只要采用客观归责理论,就能对具体案件得出完全一致的理论。

3. 关于构成要件的效力范围,也并非没有疑问

例如,C. Roxin 教授否认自己危险化的参与的客观归责的基本理由是,根据德国刑法的规定,被告人故意参与被害人的故意自杀或者故意自伤的行为,原则上不受处罚;既然如此,被告人参与他人故意的自己危险化的行为,同样也不能受处罚;比之更轻的过失参与他人的自己危险化的行为,就更不应当受到处罚。[21] 换言之,既然故意教唆、帮助他人自杀的行为,不在构成要件的作用范围之内(处于规范的保护范围之外),过失教唆、帮助被害人自己危险化的行为,就不可能符合构成要件。但是,这一理由难以成立,其中的当然推论也遭受了质疑。[22] 诚然,从被害人行为的危险性方面来看,被告人参与被害人的故意自杀行为(自己侵害)比参与被害人的可能致死行为(自己危险化)更为严重。但是,如果从被害人自己决定的角度来

---

[21] Vgl. ,C. Roxin,Strafrecht Allgemeiner Teil, Band I, 4. Aufl. , C. H. Beck,2006,S. 402.
[22] 参见〔德〕Ingeborg Puppe:《法学思维小学堂》,蔡圣伟译,元照出版公司 2010 年版,第 135 页。

看,前者的被害人不仅认识到实害结果,而且期待、希望实害结果的发生;后者的被害人只是认识到行为的危险,并反对实害结果的发生。对结果的评价,必须联系法益主体对法益的态度。在参与被害人自我侵害的场合,被害人放弃了法益;但在参与被害人自己危险化的场合,被害人没有放弃法益。概言之,假如承认对自杀、自伤的承诺有效,教唆、帮助自我侵害的行为没有侵害法益,而教唆、帮助自己危险化的行为却侵害了法益。既然如此,就不能认为参与被害人自我侵害比参与被害人自己危险化更为严重。诚然,从客观危险状态考察,在一些场合,自我侵害行为(自杀)对生命的危险高于自己危险化的行为。在此意义上说,既然参与危险更高的行为(教唆、帮助自杀)不可罚,参与危险较低的自己危险化的行为就更不可罚。但是,这也难以成为自己危险化的参与一概不可罚的论据。在自己危险化的参与的场合,即使被害人并不希望、放任死亡结果发生,但其行为导致死亡的危险性也可能很高。例如,自杀存在大量未遂情形,自己危险化存在大量现实化的情形。这表明,自己侵害与自己危险化的区别,并不是危险程度高低的区别。亦即,不能认为,自己危险化的行为的危险性必然低于自己侵害行为的危险性。因此,不能从自杀(自己侵害)参与的不可罚性论证自己危险化的参与的不可罚性。[23] 当然,我并不主张自己危险化的参与行为成立犯罪,也认为自己危险化的参与行为不符合构成要件[24],只是认为以构成要件的效力范围来否认这种行为的客观归责存在疑问。

以上对客观归责理论的消极评论,并不意味着对客观归责理论的全盘否定。如后所述,我也认为,客观归责理论对中国刑法学与司法实践仍然具有不可低估的意义。

(三) 关于客观归责理论与相当因果关系说的关系

魏根特教授没有说明这一关系,周光权教授则花一定篇幅展开了讨论:一方面指出了相当因果关系说的缺陷,另一方面认为相当性的判断属于归责论。但我认为,周光权教授对相当因果关系说的批判存在疑问。例如,周光权教授指出:"高尔夫球手在比赛中将观众击伤的,行为和结果之间有相当性,但难以归责。相当性说可以用体育比赛行为阻却违法,但是,该阻却违法的理由能否适用于伤害参赛者以外的情形,并不是不能质疑。而客观

---

[23] 参见〔日〕岛田聪一郎:《被害者による危険引受》,〔日〕山口厚编者:《クローズアップ刑法总论》,成文堂2003年版,第141页。
[24] 参见张明楷:《刑法学中危险接受的法理》,载《法学研究》2012年第5期,第171页以下。

归责论能够用被允许的危险的法理解释行为没有实现法益风险问题。"尽管周光权教授的设例很简单,因而有各种假设的可能性,但我对此依然存在疑问。从我的阅读范围来看,在采取相当因果关系说的日本,高尔夫球手的行为不会被评价为伤害罪的实行行为,因而不需要进行结果归属的判断。退一步说,即使认为符合伤害罪的构成要件,用正当业务行为等否认该行为的违法性,也没有不当之处。

我的看法是,在中国,没有必要特别强调德国的客观归责理论、日本的相当因果关系理论、英美的因果关系理论之间的不同点,而应当看到它们的共同点。亦即,我们在处理案件时,需要在事实的因果关系成立之后进行规范的判断。

此外,周光权教授的论文还介绍了长期以来盛行于中国刑法学中必然因果关系说与偶然因果关系说,并且指明了这两种学说存在的缺陷与问题。就此而言,我完全同意周光权教授的观点。可以认为,必然因果关系说与偶然因果关系说试图以客观规律为标准判断因果关系,完全不对案件进行规范评价,不仅存在方法论的缺陷,而且存在方向性的错误。

(四)按照魏根特教授的说法,德国的司法实务并没有将客观归责理论作为独立的实质性的观点运用到实践中

但周光权教授认为,中国的司法实务通常在考虑了事实的因果关系之后,"从结果出发,反向探究结果的出现是否可以归咎于行为",同时指出,中国的司法人员"更多是出于规范感觉、归责的潜意识来处理疑难案件"。周光权教授的这一说法与希尔根多夫所说的"适用客观归责常常只是为了满足人们法感情的需求"似乎有相同之处。我的看法是,中国的司法机关有可能在少数案件中运用客观归责理论中的个别观点,但基本上没有按照客观归责理论支持者所设计的那样处理疑难案件。这并不是说,中国的司法机关对相关案件的处理结论,与客观归责理论的处理结论不同,而是如同周光权教授所言,在中国,涉及客观归责的案件,中国的司法机关一般用预见可能性、因果关系中断论等处理。

(五)基于以上分析,我认为,中国刑法学难以完全照搬德国的客观归责理论

1. 中国刑法理论应当强调构成要件符合性的概念

这是因为,构成要件具有罪刑法定主义的机能,强调构成要件符合性的概念,对于贯彻罪刑法定原则具有重要意义。客观归责理论虽然也是构成要件理论,可谓涉及了实行行为、结果、因果关系三个要素,但是,这一理论并不分别具体讨论构成要件的各个要素,而是将这三个要素混杂在一起讨论。况且,其所讨论的基本上只是杀人、伤害、毁坏财物等缺乏实行行为定型性的案件,难以普遍适用于所有犯罪。可是,在作为刑法学"总论"的解释论中,必须抽象出刑法各论的共性问题,亦即,既要讨论所有犯罪的构成要件符合性,也要讨论构成要件的全部要素。如果完全由客观归责理论取代构成要件理论,在中国会贬低构成要件符合性概念的价值。诚然,客观归责理论本身可以通过否认客观归责进而否认构成要件符合性,其与构成要件符合性的概念也绝不相互冲突,可以保持一致,但是,它毕竟只能顾及构成要件的部分要素,因而只能顾及部分犯罪。但是,所有犯罪的成立都必须具备构成要件符合性,在中国,如果不强调这一点,就不利于贯彻罪刑法定原则。[25]

2. 中国刑法理论应当保留构成要件行为或实行行为的概念,且不宜在客观归责理论中讨论实行行为

(1) 与上一点相联系,并不是只有杀人、伤害、毁坏财产的犯罪才存在实行行为,而是所有的犯罪都存在实行行为。换言之,"狭义的构成要件该当行为这个要件本来就是每个犯罪行为的基本要件"。[26] 保留实行行为的概念,对于防止主观归罪、保障国民行动自由,具有特别重要的意义。

(2) 在中国,将实行行为与因果关系(或结果归属)分为两个不同的要素,对于认定未遂犯具有重要意义。关于未遂犯的认定不依赖于实行行为概念,《德国刑法》第 22 条规定:"根据行为人对行为的设想,直接着手实现构成要件的,是犯罪未遂。"据此,即使没有实行行为概念,也不影响未遂犯的认定。我国《刑法》第 23 条第 1 款规定:"已经着手实行犯罪,由于犯罪分子意志以外的原因而未得逞的,是犯罪未遂。"由于刑法原则上处罚预备

---

[25] 例如,在我国刑法理论将行为对象作为构成要件要素讨论的情况下,司法实践却经常不顾对象是否存在,就认定为犯罪(如将客观上贩卖面粉的认定为贩卖毒品罪、将客观上向骗子交付财物的行为认定为行贿罪、将客观上购买了一堆废纸的行为人认定为贩卖假币罪等)。如果不强调行为对象要素,司法实践中的主观归罪现象可能更多。

[26] [德]沃尔冈夫·弗里希:《客观的结果归责》,蔡圣伟译,载陈兴良主编:《刑事法评论》(第 30 卷),北京大学出版社 2012 年版,第 254 页。

犯,所以,我国刑法理论上应当有实行行为的概念。[27] 一方面,即使否认因果关系或者结果归属,也完全可能肯定未遂犯。另一方面,在应当否认实行行为时,如果只是否认因果关系或结果归属,就完全可能成立未遂犯,这显然不合适。例如,由于河水猛涨,导致河水渗透到居住在岸边的乙的住房的地下室,但乙及其家人均不在家。邻居甲发现了这一情况,就自行将乙的地下室窗户堵塞住。U. Kindhäuser 教授指出:甲的行为只是阻止了更大的水患,"由于人们即使不考虑甲的举止也可以因果地解释乙事实上所遭受的损害,因此,甲的行为便不是具体结果的原因"。[28] 可是,在这种场合,如果不是首先否认甲的行为不是符合构成要件的实行行为,只是否认因果关系或结果归属,人们还有可能得出甲的行为成立犯罪未遂的结论。这显然不妥当。

（3）刑法规定的犯罪包括结果犯与行为犯(行为与结果同时发生,不需要考虑因果关系或结果归属)。在行为犯中,实行行为的概念具有重要意义。

（4）即使站在行为无价值论的立场,也需要使行为违反规范的内容明确化,如果实行行为的概念被湮没在客观归责理论中,就不利于构成要件行为的明确性,国民从判决中很难知道什么行为是刑法所禁止的行为。[29] 易言之,如果像客观归责理论那样,依照条件说或者合法则的条件说,先将降低风险的行为作为伤害行为,然后否认客观归责,反而不利于发挥刑法的行为规范机能。正如 W. Frisch 教授所言:"在正确的理解之下,那些降低危险的行为根本就已经不受禁止;同样,那些只是交付特定日常用品的人,即使他人因为不小心而伤害了自己,交付行为也不会因此受禁止。原则上,在所有涉及所谓受非难之危险制造的问题中,根本不会涉及结果归责,而是涉及'是否存有一个受非难的构成要件该当行为'这个问题。正确的只是,在这个要求与结果归责之间存有某种关联:如果行为人根本没有从事构成要件

---

[27] 周光权教授指出:"在我国刑法学通说中,对实行行为的讨论,放在着手及未遂(犯罪的未完成形态)这样的理论构架中讨论,使得作为因果关系起点的实行行为在'构成要件符合性判断'的理论体系中没有位置,在犯罪论体系构建上难言妥当和完美。"(周光权:《客观归责理论的方法论意义》,载《中外法学》2012 年第 2 期,第 236 页)周文对通说缺陷的阐述,我完全赞成。但是,这一缺陷不是只有采纳德国的客观归责理论才能克服,中国刑法学的总论部分都有"行为"或者"实行行为"一节,在其中讨论实行行为的规范判断,可谓理所当然。

[28] U. Kindhäuser, Strafrecht Allgemeiner Teil, 5. Aufl., Nomos, 2011, S.93.

[29] 参见[日]井田良:《刑法总论之理论构造》,成文堂 2005 年版,第 63 页。

该当行为,所发生的结果(当然)也就不能归责到他身上,但不能归责的原因是欠缺构成要件该当的行为。"[30]

(5)事实上,德国客观归责理论中所讲的行为制造不允许的危险的全部内容,以及危险的实现与构成要件的效力范围中的部分内容,完全可以纳入实行行为的判断。例如,在客观归责理论中,对于 A 明知他人要自杀而将海洛因提供给他人的案件,是通过构成要件的效力范围解决的。其实,不通过这一理论,也可以认为这一行为不是符合杀人构成要件的行为。亦即,"从德国刑法对基于要求的杀人(《德国刑法》第 216 条)规定了较轻法定刑来看,杀人罪的对象仅限于没有死亡意思的人,由此可见,认为自杀帮助行为不符合杀人的构成要件也是完全可能的。此外,交付海洛因的行为并不是直接对人的生命产生危险的行为,只不过是对侵害生命具有帮助性的危险的行为,因此,只在杀人的构成要件射程范围检讨,而不致考虑基于故意的自己危险化,仅否认作为实行行为的危险性就足够了"。[31]

3. 在中国,如果维持现行的构成要件或者在客观构成要件中维持实行行为、对象、结果、因果关系的基本构架,将客观归责理论整体搬到因果关系中,必然叠床架屋,导致判断的反复性(在判断实行行为之后,于因果关系中再次判断实行行为),因而有损刑法学体系的经济性。

诚然,客观归责理论与实行行为论并不是相互排斥的,反复检验行为是否构成犯罪,也没有什么不妥当。但是,如前所述,反复检验并不依赖理论所设定的程序重复。在刑法理论中,如果 A 检视标准与 B 检视标准的内容完全相同,就只需要保留其中一个标准。

客观归责理论常常会从反面提出不能归责的原则,周光权教授的论文充分肯定了其方法论的意义。但需要说明的是,犯罪论体系应当按照认定犯罪成立的条件安排,而不可能按照排除犯罪成立的要素安排,所以,优先排除犯罪的成立,并不是安排犯罪论体系的理由。其一,不成立犯罪的事项太多,刑法理论难以优先考察哪些事项排除犯罪的成立。其二,刑法理论不可能按照排除犯罪成立的要素安排。例如,没有达到责任年龄的甲将幼儿推入水中,而在场的幼儿父亲乙并没有及时救助,导致幼儿溺水身亡。在这

---

[30] 〔德〕沃尔冈夫·弗里希:《客观的结果归责》,蔡圣伟译,载陈兴良主编:《刑事法评论》(第30卷),北京大学出版社 2012 年版,第 253 页。

[31] 〔日〕曾根威彦:《客观的归属论的体系论的考察》,载〔日〕冈野光雄等编:《西原春夫先生古稀祝贺论文集(第一卷)》,成文堂 1998 年版,第 71—72 页。

样的场合,人们不会仔细研究幼儿的死亡能否客观归责于甲,而是直接以甲没有达到责任年龄为由排除其犯罪成立。但是,这并不意味着必须将责任年龄安排在客观构成要件之前。其三,如前所述,所谓优先排除犯罪的成立,只存在于观念上或者逻辑上,并不具有实际操作意义。为了所谓尽快排除犯罪的成立,将违法阻却事由、责任阻却事由纳入构成要件符合性阶段,是不合适的。

以上三点,决定了不应将德国的客观归责理论全盘纳入中国现行刑法理论的"因果关系"部分。

(六)中国刑法学在构成要件部分维持实行行为、行为对象、结果、因果关系的基本构架下,也完全可以而且应当借鉴客观归责理论的规范判断方法与其中的部分具体内容

1. "实行行为"部分,应当借鉴客观归责理论中的制造不允许的危险的具体内容,以及危险实现与构成要件的效力范围中属于判断实行行为的内容

这是因为,如前所述,客观归责理论中的制造不允许的危险的内容,实际上是对构成要件行为的规范判断。同时,在很大程度上也是对缺乏定型性的实行行为如何规范评价的问题。所以,中国的刑法理论,一方面要对构成要件行为进行实质解释,只能将侵害法益的行为或者具有侵害法益的紧迫危险的行为规范地评价为实行行为;另一方面需要借鉴制造不允许的危险之下的具体规则,确定实行行为。

客观归责理论的其他规则中属于实行行为范畴的值得借鉴的内容,也可以纳入实行行为的内容。例如,C. Roxin 教授指出:"规范化并不仅仅表现为价值权衡后确定允许的危险,而且能借此得到确证:不允许危险的实现并非纯粹的事实过程,而取决于由允许的危险所限定的注意规范的保护目的。例如,如果一个汽车司机开始时超速驾驶,然后又减速到允许的标准范围以内,此时以客观上无法避免的方式与一个从道路旁突然跳出的儿童相撞,而这仅仅是一个意外事件,并非身体伤害行为。这是因为,虽然司机超越了允许的危险,而且假定没有该危险的超越也不会发生该事故,原因在于,司机在持续遵守限速规定的情形下,根本不会出现在小孩跳出的位置。但是,限速规范的保护目的仍然排除了结果归责。速度限制并非要阻止汽车在事故发生时间点以安全的速度开往事故地点;更确切地说,该限制是为了预防在类似案件中超速驾驶所带来的避让可能性的限缩,以及在可能的相撞发生时碰撞剧烈性的升高。这些危险在我所举的案例中根本不存在,

所以应当否定客观的构成要件符合的身体伤害行为的存在。"[32]由此可见，注意规范的保护目的实际上是对构成要件行为的认定。既然如此，倘若我国的刑法学"总论"保留独立的实行行为部分，就应当在实行行为中讨论这一问题。需要强调指出的是，注意规范的保护目的的理论应当引入中国刑法理论与司法实践。在中国的司法实践中，尤其是在交通肇事罪的认定过程中，基本上是按行为人与被害人违反交通规则的量的多少，判断谁负主要责任，而根本不考虑某个具体的交通规则的保护目的，也不考虑结果由违反交通规则中的行为中的哪个行为所引起，所以导致了交通肇事罪的认定混乱。更为荒诞的是，有的行为人仅因为事后逃逸而承担交通肇事罪的刑事责任。[33]可是，事后逃逸不可能成为交通肇事罪的实行行为，更不可能成为先前已经发生的结果的原因。引入注意规范的保护目的理论，显然有利于交通肇事等过失犯罪的妥当认定。

2. "结果"部分，应当借鉴客观归责理论的规范判断的立场

一方面，只有侵害法益的结果，才可能成为构成要件结果；另一方面，即使是侵害法益的结果，还必须进一步判断该结果是否属于具体的刑法规范所禁止的结果。例如，在将行为认定为故意伤害罪时，不应将被害人的医疗费用这种财产损失，认定为故意伤害罪的结果。因为财产损失并不是故意伤害罪这一具体规范所禁止的结果，因而不需要讨论结果归属。

3. "因果关系"部分，应当借鉴客观归责理论中"实现不允许的危险"的基本内容

质言之，我国刑法理论中的（广义的）因果关系部分，应当分为两步讨论：第一步讨论事实的因果关系，在肯定了事实的因果关系部分之后，第二步讨论结果归属。

在讨论事实的因果关系时，必须借鉴广义的客观归责理论所讨论的因果关系理论。由于客观归责理论以事实的因果关系为前提，所以，在这一方面，中国刑法理论还需要进一步展开研究。事实上，许多案件之所以疑难，并不是规范评价的困难，而是在此之前的事实的因果关系确定的困难。

虽然条件说存在扩大原因的缺陷，但并不意味着刑法理论在判断因果

---

[32] C. Roxin, Das strafrechtliche Unrecht im Spannungsfeld von Rechtsgüterschutz und individueller Freiheit, ZStW 116(2004), S. 931f.
[33] 参见汤玉婷、范福华：《意外被撞逃跑 "跑"来有罪指控》，载《检察日报》2007年2月4日第1版。

关系与客观归责时,不得运用条件说(条件关系公式)。这是因为,如果不在条件关系的基础上或者前提下进行客观归责,就会使客观归责完全脱离事实根据,而离开事实根据的单纯的规范判断,必然损害构成要件符合性判断与违法性判断的安定性。意大利学者帕多瓦尼(Padovani)指出:"条件理论的真正缺陷不在于它扩大了原因的范围,而是深藏于其运用机制的本身:运用'思维排除法'的前提,是人们必须事先就已经知道究竟条件具备何等的原因力,即知道这些条件如何作为原因(之一)而发挥作用;否则,条件理论就根本无法运作。例如,某甲在服了某乙给他的一种尚处于实验阶段的药后,因心脏病发作而死亡。在这里,显然不能仅仅根据'思维排除法',在还没有查明实验药的药性之前,将某甲的死亡归咎于某乙的行为。"[34] 质言之,"人们是在答案不证自明的前提下运用条件关系公式的"。[35] 但是,这一缺陷刚好说明了真正的条件关系建立在客观事实的基础上,同时也说明,不考虑条件的原因力,滥用条件关系的做法是存在缺陷的。所以,认为凶手的父母是他人死亡的原因,进而肯定其符合杀人罪的客观构成要件,是条件说的滥用。易言之,如果考虑条件的原因力,亦即考虑某种行为是否具有致人伤亡的原因力,即使采取条件关系的公式,也不会认为凶手的父母是他人死亡的原因。

在我看来,就事实的因果关系部分,我国刑法理论需要就条件说与合法则的条件说展开深入研究。条件说与合法则的条件说,并不是一种对立关系,"实际上,作为通说的条件关系公式与合法则的条件公式,在结论上是同一的。"[36] 这是因为,行为与结果之间的条件关系,实际上以存在因果法则上的知识为前提。例如,在某甲服用了某乙给他的一种尚处于实验阶段的药后心脏病发作而死亡的案件中,人们之所以难以确定条件关系,是因为在这方面还不存在因果法则上的知识。如果事后查明这种药具有引发心脏病的副作用,或者服用了这种药的人通常会心脏病发作,则既能肯定条件关系,也能肯定合法则的条件关系。

但是,条件说与合法则的条件说也可能就某些特殊案件得出不同的结论。一方面,条件说得出肯定结论的,合法则的条件说可能得出否定结论。

---

[34] 〔意〕杜里奥·帕多瓦尼:《意大利刑法学原理》(评注版),陈忠林译评,中国人民大学出版社2004年版,第118页。
[35] U. Kindhäuser, Strafrecht Allgemeiner Teil, 5. Aufl., Nomos, 2011, S.79.
[36] 〔日〕井田良:《讲义刑法学·总论》,有斐阁2008年版,第121页。

例如,"A开车不小心撞上一棵树,同车的乘客B因此撞断了左大腿骨,B在医院死于医生疏忽引起的败血症。在这一种案件中,我们的(指德国的——引者注)法院习惯地都会判定引起第一个结果的行为人成立过失致死罪"。[37] 之所以如此,其中一个原因是采取了条件说。如果采取合法则的条件说,则不一定认为A的行为与B的死亡之间具有因果关系。另一方面,条件说得出否认结论的,合法则的条件说也可能得出肯定结论。例如,被告人甲在一条笔直的6米宽的道路上驾驶着汽车,右侧的乙朝着相同的方向骑着自行车。按规则,汽车与行人应当保持1.5米的距离,但甲只保持了0.75米的距离。而乙则由于饮酒醉倒在车下,被车后轮轧死。根据条件说,即使甲使汽车与乙保持适当距离,发生同样事故的盖然性仍然很高,乙仍然会死亡,故甲的行为与乙的死亡之间没有因果关系。但是,根据合法则的条件说,甲的行为与乙的死亡之间具有因果关系。再如,关于二重的因果关系,如甲、乙二人没有意识联络均向被害人水杯投放致死量毒药,条件说否认甲、乙二人的行为与被害人的死亡具有因果关系。合法则的条件说则认为,如果甲、乙二人的毒药均对被害人死亡发挥了作用,则甲、乙二人的行为与被害人的死亡之间具有因果关系;如果证明在乙的毒药发挥作用之前,被害人就因为甲的毒药而死亡,则只能肯定甲的行为与结果之间具有因果关系;如果只查明是一份毒药起作用,但不能证明是谁投放的一份毒药起作用,就只能根据存疑时有利于被告人的原则,否认甲、乙的行为与被害人的死亡之间具有因果关系。从对上述案例的结论来看,合法则的条件说比条件说具有优势。

反之,就我国《刑法》所规定的滥用职权、玩忽职守等渎职罪而言,如果仅采取合法则的条件说,而不适当地采取条件说,就可能导致这类犯罪不能得到认定。例如,最高人民检察院2008年11月6日颁布的《关于加强查办危害土地资源渎职犯罪工作的指导意见》,就做好查办危害土地资源渎职犯罪案件工作指出:"实施人员、监管人员明知决策者决策错误,而不提出反对意见,或者不进行纠正、制止、查处,造成国家土地资源被严重破坏的,应当视其情节追究渎职犯罪责任。"可是,在这样的场合,要认定实施人员、监管人员的行为与结果之间具有合法则的条件关系或许相当困难,但采取条件说,则可能肯定事实的因果关系。

由此可见,能否在不同的场合以及在什么样的场合分别采取条件说与

---

[37] 〔德〕骆克信:《客观归责理论》,许玉秀译,载《政大法学评论》1994年第50期,第17页。

合法则的条件说,还需要借鉴国外的学说展开深入研究。

在讨论结果归属时,应当借鉴客观归责理论。亦即,在肯定了事实的因果关系之后,应当进一步作出规范判断。在这方面,客观归责理论中属于狭义的结果归属部分的具体规则,都是值得借鉴的。与此同时,也需要借鉴日本的相当性理论、英美的法律因果关系的理论。一方面,相当性理论与法律因果关系的理论,实际上都是结果归属理论,都是在事实的因果关系之后的规范评价。另一方面,就各种介入因素的讨论,日本的相当性理论与英美的法律因果关系理论,特别具体细致,很有实用价值。

4. 客观归责理论运用于过失犯的认定时具有重大意义

按照 C. Roxin 教授的观点,"在客观构成要件上可归责的,就是过失。传统过失理论所尝试理解的注意义务的违反、可预见性、认识可能性及避免可能性等概念都是多余的,并且都可以废弃不用。"[38] 这种规范的过失论,与中国现在通行的心理的过失论,存在重要区别。前者使过失犯的认定客观化、规范化,后者常常陷入认定的困难,容易导致判断的恣意性。所以,中国有关过失犯的理论,如何借鉴客观归责理论,就成为需要研究的重要问题。

---

[38] 〔德〕骆克信:《客观归责理论》,许玉秀译,载《政大法学评论》1994 年第 50 期,第 19 页。

〔德〕布莱恩·瓦利留斯
拜罗伊特大学法学院教授

因果关系与客观归责

——对中方报告的评论

译者：黄笑岩　（德国维尔茨堡大学刑法教研所教研助理、博士研究生）

周光权教授的报告让人眼睛为之一亮，耳目为之一新。他在他的报告中论述了目前中国刑法学界关于因果关系与客观归责问题的讨论。我从他的报告中得出了以下结论：中国与德国学界就这一问题的处理存在一定的共同点以及部分差异。

一、共　同　点

就共同点而言，两国学界所凸显的一致性首先在于对于因果关联仅一个纯经验性*的考察是不够的，不能仅凭此来认定行为的可罚性。我们需要合理界定刑事责任：评价性的、尽量明确诸如界限分明的准则。

我从周教授报告所例举的案例中也看到了两国学界所存在的极大的一致性。不仅中国学界研究这些案例，德国学界也研究这些案例。周教授在其报告中例举了许多案例，而在德国也会出现相似类型的案例，并且就部分案例会得到不同的评价结果。共同问题在许多相关应用概念，比如保护目的关联、风险关联或者被害人的自行决定的自陷风险上得到了体现。

---

*　对应经验主义哲学 empirisch 这个词是不是用纯经验会好一点……毕竟经验论和唯理论关于因果关系争了那么多个世纪……

二、差 异

1. 规范评价的教义定位

双方所呈现出的差异对学术交流与进一步的深入讨论而言无疑更具有吸引力。然而由于对各种方法、观点以及评价所作的必要诠释必然导致产生更多的差异。由于评论篇幅的关系,我不可能对周教授所例举的所有案例以德国的视角进行评述。因此我想将我的评论集中在以下几点。

毋庸置疑,两国学界的差异在于就因果关系而言必要的评价性考察在教义学上作出了不同的归属。两国学界就此都存在多种意见。在德国也有一些观点认为,应当在因果关系层面将这些判断标准或是作为(客观)构成要件或是作为行为人故意以及过失的考察点来加以考虑。[1] 然而,在德国,目前主导性的观点认为,仅在因果关系的框架内回答经验性问题,而将规范性评价置于另一个特别的归责层面。[2] 当然也不能忽视,依据经验性准则来确定因果关系通常也需要对事实情况作出评价。但这里涉及的是从自然科学角度对因果关系所进行的评价,而不是之后就法律责任所作出的法学评价。

这明显体现在中国十分常见的对于必然因果关系与偶然因果关系区分上。这种区分以及由此带来的在个案中的界定困难从德方的观点来看,对于因果关系问题而言并不重要。依据主流的等值理论,即共同导致结果发生的所有条件都是等值的,就算其中一个条件只起到了很小的或者间接的作用。[3] 因此,全部构成原因的条件基本上都应对结果负责。在周教授所例举的"陈美娟被判投放危险物质罪"的案例中,医院由于诊断不当导致病患死亡,而这个病患仅是由于之前第三人的杀人未遂(投放农药)而需要接受治疗,所以可以考虑两方责任人的(既遂)可罚性。魏根特教授对这个

---

[1] 总结参见 Schönke/Schröder/Lenckner/Eisele StGB, 28. Aufl. 2010, Vorbem. §§ 13 ff. Rn. 84 ff.

[2] 参见 Heinrich Strafrecht AT, 3. Aufl. 2012, Rn. 218 f.; Jescheck/Weigend Strafrecht AT, 5. Aufl. 1996, § 28 I 2; 批判参见 Hilgendorf in: Festschrift für Ulrich Weber, 2004, S. 33 (36 ff.).

[3] Heinrich (注释2), Rn. 222; Hilgendorf/Valerius Strafrecht AT, 1. Aufl. 2013, § 4 Rn. 33; Kühl Strafrecht AT, 7. Aufl. 2012, § 4 Rn. 7.

案例也进行了研究。[4] 中德双方在这类案件中又重新取得了一致——都强调了结果归责这一规范性问题的重要性,但是德国学界是在(肯定)因果关系之后再探讨这个问题。

在德国因果流程中断理论中考量,同样也会作为归责问题来讨论。在德国的语境中,所谓因果流程的中断指的仅仅是这样的情况,即一个条件完全不再导致构成要件结果出现的事件历程中产生作用。[5] 例如,某人试图毒害他人,但是中毒者在毒药发作前被第三人(比如在一场交通事故中)给撞死了。[6] 与此相反,在另一些情况中,下毒这个条件则会继续发生作用(比如被害人由于中毒被送往医院,途中救护车发生车祸致其死亡或者医院诊断失误致其死亡),因果关系在德方看来——在正确运用主流的条件理论即等值理论时——一定是存在的。而下毒者是否因此而对由此导致的具体死亡结果承担刑事责任则属于归责层面的问题(也可参见周教授所列举的"张兴等绑架案")。[7] 别的方法诸如相当性理论在德国(至少在刑法上)是不被认可的。[8] 更确切地说,相当性这一要素——就像周教授主张的那样——只是作为归责多重准则中的一个准则,尤其是以所谓的反常的因果历程的形式。[9] 仅此一个要素,并不能圆满解决责任问题中所有的疑难案件。

周教授在其报告中借"赵达文被判交通肇事案"而提及的风险升高理论,同样在德国学界也很少被视为支配性观点。依照该理论,升高结果出现的风险即可肯定结果归责。对于行为人即便履行合法替代行为也无法避免结果发生的怀疑并不重要,而只要能够证明行为人至少以法律相关的方式提升了结果出现的可能性。[10] 通说并不支持风险升高理论,因为该理论使

---

[4] 参见魏根特教授的报告。
[5] BGHSt 39, 322 (324); BGH NJW 2001, 1075 (1077); Hilgendorf/Valerius(注释3), § 4 Rn. 26; Kühl(注释3), § 4 Rn. 33.
[6] Hilgendorf/Valerius(注释3), § 4 Rn. 27; Kühl(注释3), § 4 Rn. 33.
[7] 这里参见 Kühl(注释3), § 4 Rn. 68.
[8] 对相当性理论的批判参见 Heinrich(注释2), Rn. 224; Krey/Esser Strafrecht AT, 5. Aufl. 2012, Rn. 330; Roxin Strafrecht AT I, 4. Aufl. 2006, § 11 Rn. 41 ff.
[9] 参见 Schönke/Schröder/Lenckner/Eisele(注释1), 前言 §§ 13 ff. Rn. 87/88; Roxin(注释8), § 11 Rn. 42.
[10] Jescheck/Weigend(注释2), § 55 II 2 b aa; Roxin(注释8), § 11 Rn. 88 ff.

得罪疑从轻原则失去价值,并使得实害犯向危险犯转化。[11]

两国学界在术语上的小小区别也引发了我的注意。周教授在其报告的第一章第一节第一部分第三点中所列举的案例,在德方看来并不属于择一的因果关系,而是属于累积的因果关系。导致这种归属差异的原因在于德国是从具体结果出发的。[12] 因此死于有毒的针剂这个结果,不同于死于绝症这个结果,从而成为因果关系问题的唯一基准点。但在结论上双方都认为 B 并不能以就算他不给 A 注射有毒针药,A 也会死于其所患绝症的理由来为自己辩解。这种假定的因果流程只是一个可以忽略不计的备用原因,因为因果关系的考察取决于结果的具体内容。[13] 通常所谓的择一因果关系,仅指两个原因同时各自导致了同一个具体结果发生的情况。[14] 对此有说服力的例子是 A 与 B 在没有意思联络的情况下分别对 C 下毒。二人所下的剂量均单独足够引起 C 毒发身亡。在这种情况下,二人的行为与 C 的死亡结果之间都具有因果关系。[15]

2. 德国不存在确定性判决

德国判决迄今也没有明确表明对客观归责理论是予以支持还是予以否定。[16] 德国联邦最高法院就这一点也是含糊其辞。[17] 对于因果关联必备的评价考察并没有被赋予统一的教义学定位,然而在各种情况下所得出的结论都是一样的。最终判决与文献中的核心准则尤其就过失而言,在很大程度上保持着一致。

归责问题具体的考察点对于司法实践而言是次要的。关键在于刑事责任因某种评价受到限制而与所查明的因果关系的经验事实所区分,而不在于在哪里进行这种界定。关于归责标准教义定位的讨论能够提供以下帮助

---

[11] Heinrich(注释2),Rn. 1044;Hilgendorf/Valerius(注释3),§ 12 Rn. 33;LK/Walter StGB, 12. Aufl. 2007, Vor § 13 Rn. 86.

[12] 这里参见 Kühl(注释3),§ 4 Rn. 15;LK/Walter(注释11),Vor § 13 Rn. 76.

[13] Heinrich(注释2),Rn. 233;Hilgendorf/Valerius(注释3),§ 4 Rn. 30;Krey/Esser(注释8),Rn. 308;这里也可参见 BGHSt 2, 20 (24);45, 270 (295);49, 1 (3 f.).

[14] Heinrich(注释2),Rn. 228;Kühl(注释3),§ 4 Rn. 19;Schönke/Schröder/Lenckner/Eisele(注释1),前言 § § 13 ff. Rn. 82.

[15] Kühl(注释3),§ 4 Rn. 19;Schönke/Schröder/Lenckner/Eisele(注释1),前言 § § 13 ff. Rn. 82;Roxin(注释8),§ 11 Rn. 13 und 25;LK/Walter(注释11),在 § 13 Rn. 77 之前。

[16] 参见魏根特教授的报告。

[17] BGHSt 38, 32 (34).

(从结果中分离),即提升对于这些不同步骤的意识。以此也可使得法院在判决时不仅清楚认识到规范评价的必要性,而且能够正确提出所需依据。

尽管存在基本的一致性,当然也不排除存在部分疑难个案获得不同评价的情况。而导致这些不同评价的原因并不在于教义方法不同,而是因为在不具备界限分明的准则的情况下,每个评价都有其内在的评判空间。在周教授所列举的"胡文光涉嫌交通肇事案"中也可以肯定保护目的关联,因为需开大灯的义务以及所规定的最高时速将会避免对于其他交通参与者的危险,即使其行为也违反了法律规定。就这一点而言,一个在高速路上行驶的司机,由于发动机问题下车查看,被另一个没有开大灯以及超速驾驶的H撞死,与上述案例中的老人没有任何区别。H由于不遵守交通道路规定,也不能根据信赖原则[18]——这个原则虽然号称是用以限制责任的,但实际上往往通过对这个原则的否定而导致责任的扩张——作为依据。像这样的评价问题往往当然地取决于案例的个别情况。

此外,德国法院的判决对于涉及被害人特殊身体状态的归责否定持相当谨慎的态度。这则标准虽然得到绝对承认,但是却很少被考虑。联邦最高法院在其新近判决中强调:仅以"医学上的罕见体质"并不能排除身体伤害与由此造成的被害人死亡之间的归责关联。[19] 因此,周教授所列举的"龚建清被判故意伤害案"在德国会被视为过失致人死亡。导致张某蛛网膜下腔出血的原因与龚建清的互殴行为有关,应对龚的行为予以归责。

更大的区别在于一些归责的结果问题,比如就违反义务的前行为认定(监督型)保证人地位,然而该前行为并不具备导致危险产生的义务违反关联性。即使违反义务的行为(比如超速驾驶出租车)并没有导致被害人的撞车,换言之,即使行为遵守注意义务(注意到所允许的最高时速)也可能导致事故的发生,德国联邦最高法院也会在周教授所例举的"丁琳被判故意杀人案"中根据危险前行为保证人这一类型,肯定违反义务的前行为人的保证人义务。[20] 而绝大部分德国文献对此持反对观点。[21] 否则将会产生矛盾的结果,即之所以将结果归责给行为人并不是因为其在先的积极作

---

[18] 这里参见 Kühl(注释3),§ 17 Rn. 36 ff.;Roxin(注释8),§ 24 Rn. 21 ff.;Schönke/Schröder/Sternberg-Lieben(注释1),§ 15 Rn. 207 ff.
[19] BGH NStZ 2008, 686 (686).
[20] BGHSt 34, 82 (84).
[21] Heinrich(注释2),Rn. 954;Roxin Strafrecht AT II, 1. Aufl. 2003, § 32 Rn. 170;LK/Weigend(注释11),§ 13 Rn. 47.

为(这里缺乏无可置疑的可予以否定的违反义务关联),而是其后续的消极不作为。[22]

三、结　　语

尽管就具体个案有时会得出不同的评价结论,但中德两国学界所进行的关于接纳客观归责作为一个独立的可罚性审核条件的讨论,至少存在以下的一致意见:即单凭一个对行为与结果间因果关联的事实考察是不能确定刑事责任的。还需要规范性(限制性的)评价,用于限制一种纯经验因果性结论。

为了实现这种评价或者使得这种评价变得相对容易,就需要足够明确的准则,从而使得对可归责的结果以及不可归责的结果的必要区分具有可预测性。是否是在一个统一的客观归责学说下对这些准则予以讨论的问题是次要的,其在德国学界也依然尚无定论。比归责问题定位更为重要的是其中的单一准则。寻求这样的准则并将其具体化是中德刑法学界的使命。

---

[22] Hilgendorf/Valerius（注释3）,§ 4 Rn. 66; Kühl（注释3）,§ 18 Rn. 102.

第三单元

缺陷产品的过失责任

[单元报告]

曲新久
中国政法大学教授

论缺陷产品过失责任

"缺陷产品过失责任"类型概念之下,存在着不少问题,重要者有:缺陷产品与伪劣产品的关系怎样?缺陷产品过失责任的规范特征怎样?缺陷产品监督过失是否可以推及至政府行政监管人员的渎职行为?本文围绕着这几个主要问题的解决,结合近年来中国发生的一些影响广泛的案件,对缺陷产品过失责任展开必要的分析。

一、缺陷产品过失责任与伪劣产品故意责任的对应关系

我国《刑法》分则使用"伪劣产品""伪劣商品"概念,没有直接使用"缺陷产品"概念,"缺陷产品"规定于《产品质量法》之中,由此产生的问题是,《刑法》上的伪劣产品与《产品质量法》上的缺陷产品是怎样的关系。

《刑法》分则第三章"破坏社会主义经济秩序罪"第一节"生产、销售伪劣商品罪"使用"伪劣商品"概念,第140条"生产、销售伪劣产品罪"使用"伪劣产品"概念,第141条至第148条进一步分别使用具体的伪劣"产品"概念——药品、食品、医用器材、农药、兽药、化肥、种子、化妆品等。所以,产品是药品、食品等具体概念的上位概念,"商品"则是"产品"和各种具体"产品"之上的,并且不在具体条文之中使用的上位概念,在构成要件意义上不具有重要性,具有构成要件意义的概念是"伪劣"产品概念。

依据《刑法》第140条的规定,生产、销售伪劣产品罪,是指生产者、销售者在产品中掺杂、掺假,以假充真,以次充好或者以不合格产品冒充合格产品,销售金额5万元以上的行为。本罪以产品"不合格"而不是以"缺陷"为构成要素,不合格的产品就是伪劣产品。问题是,缺陷产品与伪劣产品的

关系怎样,与缺陷产品过失责任相对应的概念又是什么呢?

《刑法》第140条规定的生产、销售伪劣产品行为,包括两部分:一部分是"在产品中掺杂、掺假,以假充真,以次充好",另一部分是"以不合格产品冒充合格产品"。依据2001年4月9日最高人民法院、最高人民检察院《关于办理生产、销售伪劣商品刑事案件具体应用法律若干问题的解释》,"在产品中掺杂、掺假",是指在产品中掺入杂质或者异物,致使产品质量不符合国家法律、法规或者产品明示质量标准规定的质量要求,降低、失去应有使用性能的行为;"以假充真",是指以不具有某种使用性能的产品冒充具有该种使用性能的产品的行为;"以次充好",是指以低等级、低档次产品冒充高等级、高档次产品,或者以残次、废旧零配件组合、拼装后冒充正品或者新产品的行为。一言以蔽之,在产品中掺杂、掺假,以假充真,以次充好,即属于"不合格"产品,也就是伪劣产品。应当注意的是,《刑法》第140条并没有要求"不合格产品"在质量上存在不合理的安全"缺陷",所以,这类生产、销售伪劣产品的行为,既是侵权行为,也是可以构成犯罪的违法行为,侵权与犯罪的界限主要是通过"销售金额5万元以上"加以分别。

《中华人民共和国产品质量法》(以下简称《产品质量法》)第12条规定,产品质量应当检验合格,不得以不合格产品冒充合格产品。所以,"以不合格产品冒充合格产品"乃是空白构成要件,需要依据《产品质量法》关于质量标准的规定确定其种类与范围。据此,上述司法解释明确规定,"不合格产品",是指不符合《产品质量法》第26条第2款规定的质量要求的产品。《产品质量法》第26条第2款规定,产品质量应当符合下列要求:第一,不存在危及人身、财产安全的不合理的危险,有保障人体健康,人身、财产安全的国家标准、行业标准的,应当符合该标准;第二,具备产品应当具有的使用性能,但是,对产品存在使用性能的瑕疵作出说明的除外;第三,符合在产品或者其包装上注明采用的产品标准,符合以产品说明、实物样品等方式表明的质量状况。

产品不符合上述三种要求的,即为"不合格"之伪劣产品。在这三种不合格产品中,第一种不合格产品,就是缺陷产品。《产品质量法》第46条规定:"本法所称缺陷,是指产品存在危及人身、他人财产安全的不合理危险;产品有保障人体健康和人身、财产安全的国家标准、行业标准的,是指不符合该标准。"这与《产品质量法》第26条第1项的表述相一致。由此可见,"缺陷产品"概念隐藏在"伪劣产品"之中。第二种不合格产品,是产品使用性能上存在瑕疵,由此形成"合格""瑕疵""缺陷"三个不同的概念。一般而言,使用性能上有瑕疵的产品,也属于不合格产品,但是生产者、销售者作出"说明"的除外。瑕疵与缺陷不同,瑕疵产品不存在危及人身、财产安全的不合理的危险,否则属于缺陷产品。对于瑕疵产品来说,责任人作出"说明"的,不再属于不合格产品,否则,责任人的生产、销售行为构成违法,这类似于"以次充好";但是,对于缺陷产品来说,不能以已经明确告知产品存在缺陷而免除生产者、销售者的产品质量责任。第三种不合格产品,是指产品符合国家、行业强制性标准,不具有不合理的危险,但是并不符合其所明示的其他标准——如企业标准、地方标准等。依据《产品质量法》,产品符合国家、行业强制性标准并且没有其他危及他人人身、财产安全的不合理危险的,还应当达到其所明示的标准,没有达到在产品或者其包装上注明采用的产品标准,或者不符合以产品说明、实物样品等方式表明的质量状况的,尽管不属于缺陷产品,但是仍然属于"不合格"产品。

由此可见,刑法上的"伪劣产品"范围明显宽于"缺陷产品",缺陷产品是不合格产品——伪劣产品的核心部分。

从形式上看,缺陷产品自然应当归入伪劣产品的范围,但是,实际情况要复杂得多。对于《产品质量法》第46条的规定,"学者们认为,我国立法关于衡量产品是否有缺陷有两个不同标准,即是否存在'不合理危险'的一般标准和是否符合有关国家标准、行业标准的法定强制标准。前一标准与国际上关于产品缺陷的法律界定基本一致,体现了我国法律日渐与国际接轨的态势;后一标准增强了判断产品是否有缺陷的客观性,使原告易于证明缺陷,获得赔偿,也使被告易于发现缺陷,予以避免"。[1] 也就是说,在产品责任法领域,缺陷产品有主观与客观两个标准,主观标准是指产品缺乏合理之安全性,以消费者通常可以预见的正常使用条件下,产品未能达应有的安全状态,即属于不合理的危险性;当产品有保障人体健康和人身、财产安全的国家标准、行业标准的,即以该强制性标准进行判断,这是客观的标准。依据《产品质量法》第46条的规定,缺陷产品以是否存在"不合理危险"为一般标准,以国家、行业强制性标准为客观标准,符合强制性标准的产品,即使仍然具有不合理的危险,产品不再属于缺陷产品。

对此,有学者批评道:"实践中,有可能出现产品完全符合国家标准、行业标准但却具有不合理危险性的情形。按前一标准,该类产品是有缺陷

---

[1] 贺光辉:《产品缺陷认定标准的国际比较及对我国的借鉴》,载《现代经济探讨》2008年第3期。

的,而按后一标准,则该产品又不是缺陷产品,两者间的矛盾显而易见,并导致产品缺陷认定困难。"论者主张:"为了更好地保护消费者的权利,也为了充分适应现代国际社会产品责任立法之潮流,我国产品责任法中关于缺陷的认定不宜有两个并行的标准,而只能以产品是否存在'不合理危险'为唯一标准。国家标准、行业标准充其量只能作为法官判案的参考和消费者索赔的辅助手段,但它们不能作为判断产品是否存在缺陷的基本标准,更不能凌驾于基本标准之上。"[2]但是,将《产品质量法》第46条置于整个产品质量法体系中分析可以发现,一般标准和强制标准的关系是强制性标准优先于一般标准。《产品质量法》第13条关于产品安全概念的规定,首先是强调"必须符合保障人体健康和人身、财产安全的国家标准、行业标准",然后才规定"未制定国家标准、行业标准的,必须符合保障人体健康和人身、财产安全的要求",如此,客观的强制性标准是首要标准,主观的一般标准则成为辅助性标准。也就是说,只有在没有国家、行业强制性标准的情况下,才可以采取主观的一般标准。在刑法领域,以国家、行业强制性标准为依据,具有相当的客观性与确定性,容易为刑事司法所接受。换言之,刑法应当采取相对保守的态度,将缺陷产品限于国家、行业强制性标准的范围,较为妥当。对于符合国家、行业强制性标准,但是仍然具有危及他人人身或者财产安全的不合理危险的产品,由企业主动召回,企业应当召回而没有召回的,政府监管部门强制企业召回,这样一来,符合强制性标准却不符合一般标准的产品缺陷问题在私法和行政法层面上得以解决,而不必进入刑法领域。

《刑法》第140条规定的行为对象是"伪劣产品","伪劣"以"不合格"为判断标准,而不必要过多地考虑产品质量法上的"缺陷"概念;但是,第141至148条,不合格产品故意责任,一方面以药品、食品等特殊的具体产品为行为对象,另一方面以具体危险、损害结果或者其他严重情节为构成要件,不合理的危险——"缺陷"概念就显得重要起来,因为只有缺陷产品才可能造成损害结果的现实危险而需要给予更多的考虑。

第141条生产、销售假药罪,2011年《刑法修正案(八)》以前以"足以严重危害人体健康"为构成要件,药品是否属于假药,需要以药品是否存在"不合理的危险"为实质判断标准;现在,"足以严重危害人体健康"的规定

---

[2] 贺光辉:《产品缺陷认定标准的国际比较及对我国的借鉴》,载《现代经济探讨》2008年第3期。

被删除,判断标准即从产品缺陷标准降低为伪劣产品之不合格标准,而没有批准文号的药品以假药论,则更是大大降低了控方的证明责任;犯生产、销售假药罪,对人体健康造成严重危害或者有其他严重情节的,提高法定刑的量刑幅度,"造成严重危害"则需要考虑缺陷标准。第142条生产、销售劣药罪,以对人体健康造成严重危害为构成要件,需要考虑缺陷标准进而认定劣药的使用与人体健康严重危害之间的因果联系。第143条生产、销售不符合安全标准的食品罪,是具体危险犯,安全原本是指没有危险而不会造成损害,《食品安全法》将食品安全定义为无毒、无害,符合应有的营养要求,对人体不造成任何急性、亚急性或者慢性危害。这是将"不合理的危险"与"不合格"统一为食品不安全的内容,提高了安全的标准,降低了入罪门槛。第144条生产、销售有毒、有害食品罪,有毒、有害食品就是缺陷产品,这一犯罪属于行为犯,原本需要证明食品符合缺陷产品的标准,才可以构成本罪;但是,基于对食品安全的特别关注,食品安全标准被形式化,安全标准提高,入罪门槛降低。例如,生产、销售"地沟油"的行为,均可以构成犯罪,无需鉴定其中有毒、有害物质的实际状况。第145条生产、销售不符合标准的医用器材罪、第146条生产、销售不符合安全标准的产品罪、第148条生产、销售不符合卫生标准的化妆品罪,这几个具体犯罪的行为对象——伪劣产品均属于缺陷产品;第147条生产、销售伪劣农药、兽药、化肥、种子罪,则将缺陷产品和其他不合格的伪劣产品都包含在内。

在《产品质量法》上,"缺陷产品"实行无过错责任(严格责任),除非存在有法定免责理由,责任者应当承担赔偿责任;而刑法中的"伪劣产品"则是与故意责任相连的概念,缺陷产品内涵于伪劣产品之中,而不是独立地与故意概念相联系。结果是,从语言学的角度看,"缺陷产品"是一个受"无过错"概念感染而成的独立术语,"伪劣产品"则是一个受"故意"概念感染而成的独立术语。于是,"伪劣产品"概念与"故意"责任相连可以构成一个更大的类型概念——伪劣产品故意责任,"缺陷产品"概念则与"过失"责任相连形成一个大致上相对应的类型概念——缺陷产品过失责任。下面,我们简要地分析震惊中国乃至世界的"三鹿奶粉案",进一步讨论两个类型概念之间的对应关系。

案例1 三鹿奶粉案[3]:原审被告单位石家庄三鹿集团股份有限公司、上诉人田文华、杭志奇、吴聚生明知其收购的原奶中含有三聚氰

---

[3] 2009年3月15日河北省高级人民法院裁定书主旨,http://www.lawyee.org/Case/Case_Data,2013年5月31日访问。

胺,且明知三聚氰胺是对人体有毒、有害的非食品原料,仍将原奶调配到本集团下属企业,生产、销售含三聚氰胺的液态奶。原审被告单位及各上诉人的行为均已构成生产、销售有毒食品罪。同时,其行为又符合生产、销售伪劣产品罪的构成要件,依法应当依照处罚较重的规定定罪处罚。

三鹿公司高管被以生产、销售伪劣产品罪追究刑事责任,董事长、总经理田文华被判处无期徒刑,高管王玉良、杭志奇、吴聚生分别被判处有期徒刑15年、8年、5年。生产、销售三聚氰胺的张玉军、耿金平等被以"以危险方法危害公共安全罪"判处死刑立即执行。本案中,三鹿公司及高管的辩护律师的辩护意见是,被告人没有向牛奶中添加三聚氰胺的故意,只是由于疏忽大意,不负责任进而造成严重后果,最多属于责任事故,不构成生产、销售伪劣产品罪。公诉人的意见是,三鹿知道自己使用的原奶中非法添加了三聚氰胺,三鹿自己制定标准将每公斤含10毫克以下三聚氰胺的奶粉继续销售,无非是为自己的违法犯罪开绿灯,不能成为认定其主观上属于过失的事实根据。理论界有意见认为:"三鹿集团的行为,应当以2008年8月1日检测报告出具明确结论为界,分为两个阶段:在前一阶段,其直接负责的主管人员构成重大责任事故罪,在后一阶段,三鹿集团的行为在性质上属于生产、销售有害食品罪,与生产销售伪劣产品罪存在法条竞合;根据《刑法》第149条关于择一重罪处罚的规定,应按第140条的规定构成生产、销售伪劣产品罪;对三鹿集团直接负责的主管人员两个阶段的罪行应当数罪并罚。"[4]本文基本赞同这一意见。前一阶段,三鹿可能涉嫌缺陷产品过失责任;后一阶段则应当承担伪劣产品故意责任。当然,若是前一阶段"三鹿"对于缺陷产品责任事故负有过失责任,从便宜处理案件的需要出发,以生产、销售伪劣产品罪论处即可,无须与过失犯罪并罚。

综上所述,过失责任只能存在于缺陷产品领域,产品之"不合格"概念过宽,不能成为讨论过失责任问题的起点。对于故意犯罪来说,刑法使用不合格的"伪劣产品"而不是"缺陷产品"概念,体现了刑法对于产品质量实施更为严格的控制,以实现对市场经济秩序的保护;但是,对于产品过失责任来说,刑法必须将"不合格产品"提升到"缺陷产品",因为只有具有不合理之危险性的不安全的缺陷产品,才有进一步发生重大损害结果之现实可能

---

[4] 卢有学:《三鹿奶粉系列案定性探疑》,载《西南政法大学学报》2009年第5期。

性,而当严重损害结果真正发生之时,才有可能追究生产者、销售者过失犯罪之刑事责任。这样一来,缺陷产品过失责任与伪劣产品故意责任之间就形成了一种对应关系。

二、企业主管、领导人员监督过失

《刑法》分则第三章第一节"生产、销售伪劣商品罪"当中,有"伪劣产品"而无"缺陷产品"的概念,有故意犯罪而没有过失犯罪的规定。《刑法》分则其他各章也没有缺陷产品以及缺陷产品过失责任的专门规定。缺陷产品过失责任在中国《刑法》之中是否存在呢?

1993年9月1日《关于惩治生产、销售伪劣商品罪的决定》之前,没有"生产、销售伪劣商品罪"这样一类犯罪,对于"在产品中掺杂、掺假,以假充真,以次充好"的违法行为,以投机倒把罪(现行《刑法》于1997年废除了该罪名)论处;对于生产、销售有毒、有害食品一类的犯罪,认定为以危险方法危害公共安全罪追究刑事责任。所以,司法实务将缺陷产品过失责任投向《刑法》分则第二章"危害公共安全罪",在其中寻找到可以解决缺陷产品过失责任的罪名。目前,司法实务中以重大责任事故罪追究缺陷产品过失责任,包括缺陷产品过失与监督过失。所以说,缺陷产品过失责任并没有直接规定而是以特殊形式存在于中国刑法之中。下面,以一起有重大影响的假药责任事故案件进行分析。

案例2 齐二药假药案[5]:2006年3月,齐齐哈尔第二制药厂采购人员玩忽职守采购假冒的"丙二醇",检验室主任、主管生产、质量的副总经理以及总经理等其他4名责任人严重失职,以此不合格辅料生

---

[5] 具体案情:被告人齐二药采购员钮忠仁在2004年底及2005年9月,通过江苏的供货商王桂平(另案处理)先后购入以工业用丙二醇和二甘醇假冒的"药用丙二醇"各一批。被告人、齐二药检验室主任陈桂芬在检验时,发现"药用丙二醇"相对密度超标,遂向本案被告人、齐二药主管生产和质量管理的副总经理朱传华汇报。朱传华两次授意陈等人出具虚假的检验合格报告书,导致工业用丙二醇和二甘醇被投入药品生产。因为上述三人及本案其余两名被告人、齐二药主管采购的副总经理郭兴平和总经理尹家德在工作中的违规操作、严重失职,2006年3月,一批含有二甘醇的亮菌甲素注射液假药被投入市场;4月,该批假药在广州被中山大学附属第三医院用于临床治疗,使该院15名患者出现中毒症状,13名患者死亡。新华网:http://news.xinhuanet.com/newscenter/2008-04/29/content_8076487.htm,2013年5月31日访问。

产"亮菌甲素注射液";同年4月,广州中山大学附属第三医院因使用该注射液,致使13名病人死亡,造成震惊全国的"齐二药"假药案。法院审理后认为,本案5名被告人在生产药品中,未能严格执行药品生产质量管理法规及相关规章制度,严重违规操作,因而导致发生重大伤亡事故,其行为已构成重大责任事故罪,故判处在犯罪中作用最大、责任最重的朱传华有期徒刑7年,分别判处陈桂芬、钮忠仁、郭兴平、尹家德有期徒刑6年、5年6个月、4年6个月、4年。

"齐二药"假药案中,采购员、检验人员为第一层次的直接责任人员,是产品质量的第一责任人员;采购工作主管人员、检验工作主管人员,是第二层次的责任人员,是第一层次的直接监督人员;总经理是第三层次的人员,负责生产、销售的全面工作,是第二层次责任人员的监督者。法院以重大责任事故罪追究相关人员的缺陷产品过失责任,第一个层次的责任人是直接过失责任,第二、第三层次的责任人员是监督过失责任。

被告人钮忠仁(采购员),严重不负责任,采购假冒的药品辅料,是造成缺陷产品严重危害社会的直接原因,承担缺陷产品过失责任,法院以重大责任事故罪判处其5年有期徒刑。本案中,还有一个重要责任人员,就是化验员于海艳,她只有初中学历,什么资质都没有,实际知识就是初中课本里的一点化学知识,根本不具备从事该岗位的任何资格和能力。检验室主任陈桂芬令她出具合格检验证明,她就为下一道工序出具检验合格证明,并没有检验、化验药品辅料是否合格。原材料化验员岗位是保障产品质量的一个重要岗位,但是重要性较采购员的岗位略低;重要的是,检验室主任陈桂芬、齐二药厂总经理尹家德分担了她的责任,所以公诉机关没有起诉她。但是,检验室主任陈桂芬对此负有不可推卸的责任,被法院以重大责任事故罪判处有期徒刑6年。主管生产、质量的副总经理朱传华负有更为重要的责任,并且有指示陈桂芬出具虚假检验报告的情节,被认为是重大责任事故罪的主要责任人,被判处7年有期徒刑。

对于"齐二药"总经理的过失责任,有学者评论指出:

> 总经理尹家德作为厂长主管公司的全面工作,没有按照国家药品生产质量管理规范组织和管理企业的生产经营活动,该厂是GMP认证企业,GMP要求药品生产企业必须有足够的资质合格的技术人员,并且必须进行相应的岗前培训才能进行制药,但这一制度在齐二制药厂完全形同虚设,齐二制药厂也没有按照GMP的要求配置完善的检测设

备。法院审理后认为,尹家德身为药品生产企业的工作人员,在生产药品过程中,未能严格执行药品生产质量管理法规及相关规章制度,严重违规操作,因而导致发生重大伤亡事故,其行为均已构成重大责任事故罪,判处有期徒刑4年。[6]

《产品质量法》第3条规定:"生产者、销售者应当健全内部产品质量管理制度,严格实施岗位质量规范、质量责任以及相应考核办法。"在"齐二药"假药案中,"齐二药"总经理之所以要承担缺陷产品过失责任,就是因为他没有做到这一点,没有按照法律要求在企业内部建立、健全质量管理制度,导致"齐二药"缺陷产品责任事故的发生事实上难以避免。本案中,GMP认证是"齐二药"花了10万元购买的,公司里没有什么人关心该认证,完全没有按照质量认证标准组织生产。本案中,GMP认证标准可以作为认定产品不合格的标准,但是不属于缺陷产品的判断标准,若是认定"齐二药"责任人员的故意责任必须考虑该认证标准,但是认定缺陷产品过失责任则没有必要考虑这一标准。总之,"齐二药"假药案形成一个重要规则:生产者、销售者的领导人员没有依法"建立、健全内部产品质量管理制度,严格实施岗位质量规范、质量责任以及相应考核办法",原则上应承担缺陷产品过失责任。这里产生的另一个问题是,政府监督部门没有监督、督促生产者、销售者做到这一点的,是否构成渎职而应当承担过失责任呢?留待后面讨论。

伪劣产品故意责任,由于伪劣产品之"合格"标准的降低,故意的认识内容发生了相当大的变化,一部分重要伪劣产品故意责任,不再是以"危害结果"或者发生危害结果的"具体危险"为认识对象,而是以更为形式化的构成要件为认识对象,结果,伪劣产品故意责任范围扩大,缺陷产品过失责任遂成为伪劣产品故意责任加重法定刑的情节,而不是独立的责任形式。下面,我们以发生于2008年10月份的在中国很有影响的"刺五加案"为例加以说明。

案例3 刺五加假药案[7]:法院认为,药品不同于一般的商品和货物,它直接关系到他人的生命和健康安全。药品的生产、运输、储存、使用等环节都必须严格遵循相关法律法规及操作规程进行。被告人张

---

[6] 谢雄伟、刘丁炳:《论信赖原则在监督过失中的应用》,载《河北法学》2013年第1期。
[7] http://china.findlaw.cn/yiliao/yldgz/6902.html,2013年6月5日访问。

国宏作为黑龙江完达山药业股份有限公司药品经销人员,违反药品管理法和药品生产经营质量管理规范,在往返运输销售途中,部分药瓶和外包装破损、被雨水侵泡、污染生物毒素的刺五加注射液,致3人死亡,多人受伤。被告人王汝平作为该公司质量保证部主任,明知该批刺五加注射液在运输途中发生外包装破损,并被雨水浸泡,按照药品管理法规定,应禁止销售,仍然同意张国宏更换外包装予以销售。对上述危害结果的发生,二被告人均持放任态度。被告人张国宏、王汝平的行为均构成销售假药罪。

就"刺五加案"而言,看起来像是缺陷产品过失责任,其实是伪劣产品故意责任形式。这与"假药"判断标准的日益形式化有着密切的联系。如前所述,生产、销售假药罪原以"足以严重危害人体健康"为构成要件,而这意味着"假药"必须是缺陷产品——以实际上存在着"危害人体健康的不合理危险"为实质判断标准。

2001年4月9日最高人民法院、最高人民检察院《关于办理生产、销售伪劣商品刑事案件具体应用法律若干问题的解释》规定,有下列情形之一的假药,属于"足以严重危害人体健康":(1)含有超标准的有毒有害物质的;(2)不含所标明的有效成份,可能贻误诊治的;(3)所标明的适应症或者功能主治超出规定范围,可能造成贻误诊治的;(4)缺乏所标明的急救必需的有效成份的。上述四项标准已经有客观化、形式化的特征,但是还是在依据国家、行业强制性标准客观地、实质地判断"假药"是否存在危害人体健康的不合理的危险。

到2009年5月27日最高人民法院、最高人民检察院《关于办理生产、销售假药、劣药刑事案件具体应用法律若干问题的解释》,情况便有所变化,该《司法解释》第1条规定,具有下列情形之一的,应当认定为"足以严重危害人体健康":(1)依照国家药品标准不应含有有毒有害物质而含有,或者含有的有毒有害物质超过国家药品标准规定的;(2)属于麻醉药品、精神药品、医疗用毒性药品、放射性药品、避孕药品、血液制品或者疫苗的;(3)以孕产妇、婴幼儿、儿童或者危重病人为主要使用对象的;(4)属于注射剂药品、急救药品的;(5)没有或者伪造药品生产许可证或者批准文号,且属于处方药的;(6)其他足以严重危害人体健康的情形。

对第(1)项、第(6)项规定的情形难以确定的,可以委托省级以上药品监督管理部门设置或者确定的药品检验机构检验。司法机关根据检验结论,结合假药标明的适应病症、对人体健康可能造成的危害程度等情况认定。

　　这一《司法解释》与以前的《司法解释》相比,对于判断"足以严重危害人体健康"的具体标准作了较大的调整,主要是:(1)第一项中增加了"不应含有有毒有害物质而含有"的情形;(2)第二项至第五项是新增加的,这四项标准是形式化的,已经无需考虑"假药"实际上是否存在不合理的不安全缺陷;(3)"不含所标明的有效成份"是界定假药的条件,而不是界定足以严重危害人体健康的条件,因而被删除,具体危险也就无需司法判断,而是直接、客观地认定其存在;(4)"可能贻误诊治"司法实务中认定比较困难,可操作性较差,也被删除。至此,在没有修改刑法的情况下,认定标准呈现相当的形式化特征,"足以危害人体健康"从具体走向抽象。至此,司法解释接近于"废除""足以危害人体健康"这一构成要件,或者准确地讲,将这一构成要件虚化为整体性、评价性的可有可无的构成要件。所以,以2009年司法解释评价"刺五加"案,两被告人明知自己的行为违法,认识到自己销售违法更换外包装药品的行为属于销售假药的行为,而对于致人死亡、伤害的危害结果无须讨论明知与放任概念。

　　总之,缺陷产品过失责任具有以下基本特征:(1)伪劣产品存在损害人身、财产的不合理的安全缺陷而成为缺陷产品;(2)缺陷产品造成消费者人身、财产严重损失;(3)生产者、销售者对于缺陷产品之不合理危险及其实现而造成的危害结果有过失责任,包括监督过失责任。

　　对于缺陷产品过失责任者以重大责任事故罪定罪是否妥当？这是个问题。不可否认,以重大责任事故罪论处,能够充分评价缺陷产品事故案件所造成的危害后果——死亡、重伤、轻伤、重大财产损失等;若是生产者、销售者在缺陷产品(实际上还可以包括伪劣产品)的生产过程中发生重大安全责任事故,自然可以以重大责任事故罪追究刑事责任。但是,重大责任事故罪的构成要求发生于"生产、作业中",并且"违反有关安全管理的规定",产品缺陷过失责任案之严重后果却发生于缺陷产品销售出去之后,有关责任者在生产、销售缺陷产品的过程中并没有违反生产、作业安全规范,并因此而造成重大责任事故。所以,以重大责任事故罪追究缺陷产品过失责任者的刑事责任,并不妥当。实际上,缺陷产品过失责任是责任者在生产、销售过程中违反产品质量法律、法规、国家或者行业强制性标准而在产品中违法、违规"植入"不合理之危险,而不是在生产、销售过程中违反安全规范,所以,更为适当的罪名是过失致人死亡罪,而不是重大责任事故罪。当然,仅有重伤结果的,以过失致人重伤罪论处;既有重伤又有死亡结果的,以过失致人死亡罪(重罪)论处即可。概言之,缺陷产品过失责任是致人死亡(重伤)过失责任的一种特殊情形。申言之,重大责任事故罪既是致人死亡(致人重伤)过失责任的一种特殊形态,也是毁损他人财物过失责任的一种特殊形态,是三种过失责任混合而成的一种责任事故过失责任,与缺陷产品过失责任相似而不相同。我们知道,我国《刑法》没有过失毁损他人财物罪之一般罪名,除了过失毁损文物罪以及《刑法》分则第二章"危害公共安全罪"中的诸责任事故罪(《刑法》第131条至第139条重大飞行事故罪、铁路运营安全事故罪、交通肇事罪、重大责任事故罪、大型群众活动重大安全事故罪、危险物品肇事罪、工程重大责任事故罪、教育设施重大责任事故罪)、第九章渎职罪等一些犯罪之外,没有毁损他人财物过失责任的存在。所以,让缺陷产品过失责任者承担过失致人死亡罪(或者过失致人重伤罪)的刑事责任,而不是包括轻伤、财产损失等危害后果在内的责任事故犯罪之刑事责任,不去评价过失毁损他人财物的后果,也不去评价过失致人轻伤的后果,更为合理、妥当,也更为符合罪刑法定原则的精神。

三、政府监管人员的监管过失责任

"三鹿奶粉"案,导致石家庄市委书记引咎辞职——政治责任,一些行政官员也承担了相应的行政责任,但是没有政府监管部门的工作人员因为此案而受到刑事追究。人们感觉到好像不公平。对此,有学者建议中国应当将政府行政监管人员视为监督过失责任主体,根据监督过失理论追究相关责任人员的食品监管的刑事责任,应借鉴监督过失理论,以危惧感说认定监督人过失;应根据客观归责论,结合《食品安全法》判断监督过失行为;根据法人实在说,我国监管刑事责任主体应为行政监管人员;不能以中断论将监督客体限制为被监督人的过失行为。监管刑事责任与渎职罪责任是想象竞合关系,一般应按过失以危险方法危害公共安全罪追究食品监管机构的刑事责任。[8]

但是,本文认为,对于"三鹿奶粉"这类案件,追究政府监管部门工作人员的渎职罪的刑事责任是困难的,以"过失以危险方法危害公共安全罪"追究政府监管人员监管过失责任,也是不合理的。

---

[8] 参见潘星丞:《论食品安全监管的刑事责任——监督过失理论的借鉴及"本土化"运用》,载《华南师范大学学报》(社会科学版)2010年第3期。

《产品质量法》第 15 条规定,国家对于产品质量实行以抽查为主的监督检查制度。在"三鹿奶粉"案之前,三鹿集团生产、销售的奶产品享受产品免检待遇,食品安全监管部门不必(而且不应该)前往抽查,自然难以发现食品安全问题,也就几乎没有存在缺陷产品行政监管(监督)过失的可能性。正是因为"三鹿奶粉"案的发生,食品免检制度被废除,以定期和不定期抽查为主的食品监督检查得以全面恢复。本文认为,即使如此,在发生缺陷产品重大责任事故案件之后,认定政府监管人员存在监督过失依然存在着规范上与事实上的双重困难。因为政府行政监管部门与生产、销售公司、企业之间的监管关系是一种特殊的法律关系,这种监管关系并不能直接等同于生产、销售公司、企业内部直接责任人员与主管、领导人员之间的监督关系。行政监管部门及其监管人员并不直接参与各类产品的生产、销售,产品质量由生产者、销售者直接负责,生产者、销售者是公司、企业时,其内部的直接责任人员与监督、主管、领导人员之间形成确保产品质量的监督与被监督关系。政府监管是外部监管,不能直接等同于公司、企业内部的监督关系。政府监管部门是否应当承担监管过失责任,取决于监管部门的工作人员是否正常、合理地履行了职务。不能简单地说,只要是发生"三鹿奶粉"这样的刑事案件,就一定要有行政监管部门的人员承担过失责任。从根本上讲,当产品质量以抽查为主要监管方式时,政府监管人员是否存在过失责任,取决于政府预算管理水平,尤其是具体监管人员的职责是否具体、清晰,而在这些方面,中国依然处于发展中国家水平。下面,我们以一起普通的食品监管渎职案件为例加以分析。

案例 4 任尚太、杨柏、黄磊食品监管渎职案[9]:法院审理后认为,《食品安全法》第 60 条明确规定食品监管部门应当对食品进行定期或不定期抽样检验。但三被告人没有对大酒店食品进行抽检,属于未认真履行食品安全监管职责的玩忽职守行为,导致 79 人食物中毒的严重后果,构成食品监管渎职罪。由于本案属于多因一果,综合本案案情,犯罪情节轻微,认罪态度好,判决免予对三被告人刑事处罚。

本案中,法院直接将《食品安全法》第 60 条的规定作为食品安全监管人员的职责。抽象地讲,这是没有问题的。但是,在具体案件中,上述抽象规定必须与被告人的具体职责联系起来,或者说抽象规定必须具体化为具

---

[9] 河南省罗山县人民法院 (2012) 罗刑初字第 99 号刑事判决书。

体监管人员的工作职责。本案判决书载明辩护律师辩护意见之一是：上级没有在三被告人所在单位罗山县卫生执法监督所配备专职检验人员和设备。判决书没有反映控方是否提供了三被告人具体职责中包含抽检食品质量，如果三被告人的职责当中并没有抽检食品的职责，而只是定期、不定期地现场检查，认定三被告人玩忽职守，是有疑问的；更重要的是，如果真如辩护律师所言，罗山县卫生执法监督所没有配备专职检验人员和设备，三被告人既没有食品抽检的职责，也没有履行职责的条件。对此，上级主管部门实际上有玩忽职守的嫌疑，而上级主管部门通常有机会推卸责任说本部门经费紧张没有预算，或者说没有编制而造成人手不足，责任遂分散到制度安排层面。

至此，可以得出这样的结论：发生缺陷产品重大责任事故案件后，需要依据有关法律、法规和政府监管部门工作人员的具体职责，审查有关监管部门的监管人员是否正确、勤勉地履行了职责，对于滥用职权、玩忽职守的，可以以玩忽职守罪、滥用职权罪追究刑事责任。但是，这种过失责任，不是缺陷产品过失责任，而是独立的国家机关工作人员渎职责任。

正是由于食品、药品缺陷产品责任事故频发，法律、法规——尤其是地方法规进一步明晰和加强了政府监管部门的责任。从社会经验角度而言，食品安全事件背后，往往隐藏着食品监管人员涉嫌渎职犯罪问题。所以，2011年《刑法修正案（八）》增加了食品监管渎职罪，作为与一般国家机关工作人员相对应的玩忽职守罪与滥用职权罪的特殊规定。

依据《刑法》第408条之一的规定，食品监管渎职罪是指负有食品安全监督管理职责的国家机关工作人员，滥用职权或者玩忽职守，导致发生重大食品安全事故或者造成其他严重后果的行为。为了减轻公诉机关区别滥用职权与玩忽职守之界限的负担，司法解释将罪名确定为"食品监管渎职罪"，而没有与《刑法》第397条的罪名（滥用职权罪、玩忽职守罪）相对应，确定为食品监管滥用职权罪和食品监管玩忽职守罪两个罪名。

当然，特殊情况总是存在的。如果政府监管机关工作人员的监管职责直接深入到生产、销售领域，包含着生产、销售的直接监督措施时，甚至于成为生产、销售活动的一个重要环节的，政府监管工作人员的监管过失责任确实类似于企业内部的缺陷产品监督过失。下面，我们以江苏省扬州市江都区大桥镇畜牧兽医站站长、检疫员"地沟油"监管渎职一案为例进行简要的分析。

案例 5 江苏首起地沟油监管渎职案[10]：2012 年初，江苏扬州江都区公安机关破获了一系列用屠宰场的废弃物压榨制成"地沟油"的案件，查获"地沟油"数万斤，抓获犯罪嫌疑人 9 名，被法院以生产、销售有毒、有害食品罪作出有罪判决。畜牧兽医站检疫员姚某，没有正确履行职责，未按规定进行检疫；畜牧兽医站站长周某则疏于履行监督管理职责，对工作中发现的屠宰场检疫员姚某不按规定进行检疫问题，未能采取有效措施予以解决，致使姚某不按规定履行检疫职责的行为长期存在，造成"地沟油"案件的发生。数万斤"地沟油"中，多达 3000 余斤的"地沟油"流入江都部分饭店、餐馆等餐饮行业用于食用，严重危害了顾客的身体健康。法院最终以食品监管渎职罪判处姚某有期徒刑 10 个月，缓刑 1 年；周某被免予刑事处罚。

本案中的被告人能够定罪，取决于两点：（1）畜牧兽医站检疫员和站长的职责具体、清晰。检疫员必须深入到生产现场进行直接监管，职责具体明确：负责摘除生猪"三腺"（甲状腺、肾上腺、病变淋巴腺），并监督屠宰场做无害处理，但是，检疫员姚某长期没有做到这一点；畜牧兽医站站长周某，知道检疫员存在这一问题，却没有尽到监督职责而是放任不管。（2）食品监管渎职罪的"重大安全事故"和"其他严重后果"，以及玩忽职守罪的"遭受重大损失"观念化、精神化，一系列生产、销售"地沟油"有毒、有害食品案件的发生，经过媒体曝光后，导致民众对流通食品的恐慌，影响了正规餐饮业的经营，扰乱了社会秩序，也严重地影响了政府形象，可以评价为"严重后果""重大损失"。其实，就本案而言，食品安全监管实际上还涉及政府多个部门，除了畜牧兽医站外，还有质监部门监管生产过程，工商部门监管流通领域，卫生部门监管餐饮消费环节，但是，这些部门的监管职责抽象而不具体，导致责任过度分散，难以追究监管过失责任。

政府监管直接进入生产、销售活动之中，从事规范上"可以评价为监督"而事实上就是"生产、销售活动环节"之一的具体而明确的情形毕竟是极为特殊、少见，即使如此，也应该与生产者、销售者相区别而单独评价。也就是说，对于政府监管人员的监管过失，应当从企业生产、销售活动的外部，依据行政法律、法规、规章进行独立评价，而不能抽象地评价说，是缺陷产品

---

[10] 《检察日报》2012 年 08 月 17 日，http://newspaper.jcrb.com/html/2012-08/17/content_107066.htm；《现代快报》2012 年 8 月 16 日，http://www.foodmate.net/news/wangyou/2012/08/212215.html。

(事故)过失责任的一种。当政府监管人员没有尽到具体的监管职责,而该职责的规范目的是为了阻止缺陷产品的生产、销售甚至于使用时,构成渎职责任。下面,我们以广东省首起食品监管渎职犯罪案件为例进行简要的分析。

案例6 广东省首起食品监管不依法行政处罚渎职案[11]:宝安法院审理查明,海发酱料厂的《食品生产许可证》和《营业执照》已于2009年过期,深圳市市场监督管理局光明分局稽查科于2011年3月对该厂作出行政处罚。但海发厂仍大规模无证照假冒食品生产,引起群众投诉。时任深圳市市场监督管理局光明分局市场监管三科科长宋富营安排李国带队查处海发厂。但李国只是口头责令陈瑞兴停止生产。同年8月5日,市场监管人员杨炜贤制作海发厂案件的《案件调查终结报告》等文件,仅提出责令停产、没收假冒陈醋340箱及罚款8160元的处罚意见,该意见后在科室讨论会上通过。此后,海发厂继续无证生产。2011年9月19日,光明分局再次接到群众举报,李国安排杨炜贤前去复查。杨炜贤去复查前打电话告知陈瑞兴会随时检查。此外,2010年12月9日,稽查科负责人曾强和市场监管人员蒋仲轩在执法检查过程中,未严格按照规定对海发厂强制停止生产和查封、扣押生产设备、原材料,未对海发厂违法生产其他调料的行为进行查处。法院审理后认定被告人宋富营、杨炜贤、李国犯食品监管渎职罪,分别判处有期徒刑2年、有期徒刑1年零6个月及有期徒刑8个月;被告人曾强、蒋仲轩犯玩忽职守罪,分别判处有期徒刑1年零6个月、有期徒刑8个月。

本案中,酱油厂老板陈瑞兴等人生产、销售假冒他人注册商标的不合格产品的行为,被以生产、销售伪劣产品罪追究刑事责任。被告人宋富营、杨炜贤、李国是负责食品安全监管的人员,未能正确履行职责,构成食品监管渎职罪;被告人曾强、蒋仲轩是一般国家机关工作人员,负责查处生产、销售假冒、伪劣产品的违法行为,未能正确履行职责,构成玩忽职守罪。

《产品质量法》第50条规定,对于生产、销售伪劣产品的违法行为,应当责令停止生产、销售,没收生产、销售的产品,并处罚款,有违法所得的,并处没收违法所得,构成犯罪的,依法追究刑事责任。《深圳经济特区严厉打击生产销售假冒伪劣商品违法行为条例》第41条规定,对于生产、销售假

---

[11] http://news.hexun.com/2012-09-22/146133697.html,2013年5月30日访问。

冒、伪劣食品的,应当由主管部门或者其他有关行政管理部门强制其停止生产,没收假冒、伪劣商品及制作、加工的工具、设备和原材料,并处罚款。本案中,5名被告人,查处酱油厂老板陈瑞兴等人生产、销售假冒、伪劣产品行为,不符合《产品质量法》的要求,特别是,5名被告人的行为明显地违反了地方法规的规定,故意放纵生产、销售伪劣产品的违法犯罪行为,并且存在着徇私舞弊情节,故有食品监管渎职罪和玩忽职守罪之刑事责任的产生。

四、结　　论

就产品质量刑事责任而言,故意责任以伪劣产品为构成要件,过失责任则与缺陷产品概念密切相关而形成"缺陷产品过失责任",并大致上与"伪劣产品故意责任"相对应。

缺陷产品过失责任以重大责任事故罪追究刑事责任并不妥当,以过失致人死亡罪(致人重伤的以过失致人重伤罪)定罪量刑,较为妥当。

缺陷产品过失责任包括缺陷产品监督过失,政府行政监管部门工作人员监管过失属于独立的渎职责任,不能直接归类于缺陷产品过失责任之中。

〔德〕洛塔尔·库伦
德国曼海姆大学法学院刑法学教授

公司产品生产中的注意义务违反责任

译者:徐凌波 （德国维尔茨堡大学刑法学博士研究生）

我的报告的题目是《公司产品生产过程中的因违反注意义务而产生的责任》。首先我想对这一主题进行进一步的界定。

一、主 题 界 定

1. 我将"商品生产过程中因违反注意义务而产生责任"理解为"产品责任"，亦即对于将产品带入流通领域而导致的损害与危险所承担的责任。[1] 产品[2]是用于经济交换而非仅仅是用于个人使用[3]的动产。产品责任中并不包括在产品生产过程中所产生的责任，如违反了保护劳动者的立法规定而产生的责任。[4] 此外也并不包括在2008年的金融危机中引起关注的对所谓的"有毒金融产品"（toxischen Finanzprodukt）的责任。[5]

---

〔1〕 *Kuhlen*, Strafrechtliche Produkthaftung, in: Achenbach/Ransiek（Hrsg.）, Handbuch Wirtschaftsstrafrecht, 3. Auflage 2012, S. 79, Vorbemerkung.
〔2〕 § 2 Produkthaftungsgesetz（PHG）.
〔3〕 *Kuhlen*, Fragen einer strafrechtlichen Produkthaftung, 1989, S. 23 f.
〔4〕 *Contreras*, Normative Kriterien zur Bestimmung der Sorgfaltspflichten des Produzenten, 2012, S. 43 f.
〔5〕 Vgl. dazu die Beiträge in: *Schünemann*（Hrsg.）, Die sog. Finanzkrise—Systemversagen oder global organisierte Kriminalität?, 2010; *Otto*, Ethik, rechtlicher Rahmen und strafrechtliche Sanktionen beim unternehmerischen Handeln, in: Günther/Amelung/Kühne（Hrsg.）, Festschrift für Volker Krey, 2010, S. 375 ff.; *Jahn*, Die strafrechtliche Aufarbeitung der Finanzmarktkrise, wistra 2013, 41.

2. 由于涉及的是公司内部的（"in Unternehmen"）的注意义务违反,因此在此,我仅讨论生产产品的公司及其职员的负责性（Verantwortlichkeit）,而并不讨论政府监督机构及其成员对产品所造成的法益侵害的责任。后者首先涉及的是,有关部门违反了其控制义务甚至是积极的参与到导致产品危险的过程中[6],此外还包括相反的情况,即有关部门违法地对于产品危险作出警示,由此对生产者造成了损害[7]。

3. 在德国,生产者的产品责任在历史上与实践中首先涉及的是民事责任。当产品的使用导致法益受损时,首先是基于《德国民法典》第823条第1款的一般性规定而产生侵权法上的损害赔偿请求权[8]。这一损害赔偿请求权产生的前提是,赔偿义务人实施了违法且有责的行为导致了法益侵害结果,并造成了基于这一法益侵害而产生的损失[9]。

帝国法院[10]尤其是之后的联邦最高法院在其民事司法实践中已经在由产品所生之损害中对这些条件进行了具体化,而且由于一些显而易见的现实理由[11]而使这些条件更为严厉[12]。产品的生产者不仅在产品的设计以及制造过程中承担了特殊的义务,而且还负有向消费者就产品使用中所

---

[6] 有关中国的"三鹿毒奶粉事件",参见 *Chenglin Liu*, Profits above the Law: China's Melamine tainted Milk Incident, Miss. L. J. 371 (2009), 371 (397 ff.); *Sprick*, Die Revisionen des Strafgesetzbuchs der Volksrepublik China, ZStW 124 (2012), 829 (850). 而关于在德国发生的对库存血的不充分监管,参见 *Kuhlen* (Fn. 1), Rn. 14 f. 有关日本的艾滋病事件及其刑法上的处理参见 *Yamanaka*, Die Bilanz des AIDS-Skandals in Japan, in: Yamanaka, Geschichte und Gegenwart der japanischen Strafrechtswissenschaft, 2012, S. 317 ff.

[7] 最近的文献,参见 *Tremml/Luber*, Amtshaftungsansprüche wegen rechtswidriger Produktwarnungen, NJW 2013, 262.

[8] 《德国民法典》第823条第1款规定:故意或过失地不法侵害他人的生命、身体、健康、自由、所有权或其他权利的人,负有向该他人赔偿因此而发生的损害的义务。参见陈卫佐译注:《德国民法典》（第2版）,法律出版社2006年版。

[9] 除此之外,根据《德国民法典》第823条第2款的规定,违反以保护他人为目的的法律也会产生民事责任。Vgl. dazu *Foerste*, Deliktische Haftung, in: v. Westphalen (Hrsg.), Produkt-haftungshandbuch Band 1, 3. Aufl. 2012, §§31—34; BGH VersR 2006, 710.《德国民法典》第823条第2款:违反以保护他人为目的的法律的人,负有同样的义务。依照法律的内容,无过错也可能违反法律的,仅在有过错的情况下,才发生赔偿义务。参见卫佐译注:《德国民法典》（第2版）,法律出版社2006年版。

[10] Dazu v. *Westphalen*, Grundtypen deliktsrechtlicher Produzentenhaftung, Jura 1983, 57.

[11] 综述性的文献参见 *Baumgärtel*, Die Beweislastverteilung bei der Produzentenhaftung, JA 1984, 660; *Kuhlen* (Fn. 3), S. 9 f.

[12] 简单的概述参见 *Kuhlen* (Fn. 3), S. 8 ff.; 详细的阐述,参见 *Foerste* (Fn. 9), §§21—29.

存在的风险进行说明的义务,以及对产品进行监测(Produktbeobachtung)的义务即生产者必须对其所提供的产品中"所存在的尚未被发现的致害性质进行监控,而且必须了解其他制造了危险状态的产品使用后果"。[13] 此外,判决上还设置了特殊的证据规则,减轻了受害者证明责任要件的证明负担,从而进一步严格了民事产品责任。[14] 除了侵权法上的责任之外,1990年生效的《产品责任法》还设置了产品生产者的严格责任(Gefährdungshaftung)。

因此在报告中我不再进一步探讨民事的产品责任,而是集中关注刑事的产品责任。当然我们并不能就此忽略民法上的规则。[15] 尤其值得注意的是,产生严格的民事产品责任的某些理由对于刑事产品责任而言也是有意义的,如产品的大规模生产中所存在的危险性,这种大规模生产自身便伴随着对身体和生命的严重危险,此外较之产品的使用者而言,产品的生产者显然掌握着更为优势的信息,并且拥有更为优势的阻止危险的可能性。这是刑法上产品生产者除了在产品设计和制造过程中负有注意义务之外,还负有说明义务以及产品监测义务的原因。

使生产者承担损失的其他理由对于其刑法上的产品责任则并不产生影响,例如生产者通常所具备的的支付能力,生产者可以通过保险转移自己所面临的民事责任风险。在民法上承认一项生产者的义务,违反这一义务固然能够作为民事责任的根据,但并不因此必然得出结论,认为生产者在刑法上负有相应的义务,违反该义务便足以使生产者承担刑事责任。[16] 但反过来,如果在民法上不存在充分的义务违反,则应相应地否定其刑事可罚性。[17]

4. 根据德国现行法的规定,只有自然人而非公司本身才能够承担刑事的产品责任。但当公司的管理者实施了与公司相关的犯罪行为或者违反秩序行为时,可以根据《违反秩序法》第 30 条的规定对公司处以罚款

---

[13] BGHZ 80, 199 (202)—Apfelschorf II.
[14] 参见 *Kuhlen* (Fn. 3), S. 19 ff.;*Foerste* (Fn. 9), § 30.
[15] 反过来刑法上的产品责任对于民事产品责任的同样具有实践意义。因此检方所搜集的证明产品危险性的证据,也可以用以减轻提起损害赔偿诉讼的受害人的证明负担,但也可以服务于在使用产品时,例如在交通事故中,给第三人造成损害的被告人免除责任。对于这两个问题,参见 *Kuhlen* (Fn. 3), S. 4 ff.
[16] 基于罪疑从无原则,民事司法中所适用的对生产者不利的证明负担转移并不适用于刑法。
[17] 对于这一问题的详细阐述参见 *Kuhlen* (Fn. 3), S. 82 ff.;*Kuhlen* (Fn. 1), Rn. 29 ff.;*Contreras* (Fn. 4), S. 157 ff., jeweils mit weiteren Hinweisen.

（Geldbußen）。这种"类刑事责任"[18]近来在德国的实践中发挥着日益重要的作用。[19] 目前在德国，也有人尝试如其他欧洲国家的做法那样设置真正的公司的刑事可罚性。[20] 但这暂时还无法实现，而且即便设置了公司本身的刑事可罚性，我认为这也并不会改变公司成员个人的刑事可罚性的所具有的意义。因此我将我的报告限于自然人所负有的刑事产品责任的范围内。

5. 对于"违反注意义务的责任"这一论题，人们固然可以将其理解为，当已经存在注意义务的违反时，还需要满足哪些额外的条件才能肯定其刑事可罚性的问题。如在身体伤害或者杀人这样的结果犯中，也存在着引人注意的、产品责任所特有的问题，如新型产品的一般因果关系问题，以及没有召回危险产品的情况下所存在的义务违反关联性问题。[21] 但我在我的报告中所要讨论的则并不是上述问题，而是在公司中存在哪些注意义务，违反这些义务将导致公司成员承担刑事产品责任。我的报告并非搁置了"产品责任领域的义务违反问题"，恰恰相反，我的报告所关注的正在于此。

这一方面是因为，义务违反性的问题在产品责任领域具有特别重要的实践意义，这不仅体现在司法上对于产品责任案件的后续总结，而且体现在公司的实践中以及对公司的法律建议中。因为这里涉及的并非在事后可能出现的因果关系以及客观归责问题，而是需要在事前予以回答的问题，即何者是被允许的而何者是可以通过刑罚予以禁止的。[22] 另一方面则是因为，与因果关系以及结果的归责问题不同，义务违反性这一问题无论对于结果犯、实害犯还是单纯的行为犯与危险犯而言，都是共同的刑事可罚性条件。[23]

---

[18] 参见 *Pieth*, Co-Regulierung im Wirtschaftsstrafrecht, in: Herzog/Neumann (Hrsg.), Festschrift für Winfried Hassemer, 2010, S. 891 (896).

[19] 参见 *Kuhlen*, Grundfragen von Compliance und Strafrecht, in: Kuhlen/Kudlich/Ortiz de Urbina (Hrsg.), Compliance und Strafrecht, 2013, S. 1 (6 f.).

[20] 参见 *Kuhlen*, Grundfragen von Compliance und Strafrecht, in: Kuhlen/Kudlich/Ortiz de Urbina (Hrsg.), Compliance und Strafrecht, 2013, S. 1 (6 f.).

[21] 参见 *Kuhlen* (Fn. 1), Rn. 48 ff.

[22] 参见 *Kuhlen* (Fn. 1), Rn. 48 ff.

[23] 关于犯罪构成要件的种类，参见 *Jescheck/Weigend*, Lehrbuch des Strafrechts, Allgemeiner Teil, 5. Auflage 1996, S. 260 ff.

二、刑事产品责任的犯罪构成要件以及主要判决

1. 刑法上关注将产品带入流通的行为首先是因为与这一行为相关联的,对产品使用者的身体与生命所造成的危险。[24] 各种犯罪构成要件已经对这些法益的抽象危险进行了规制,如《德国刑法典》第 314 条所规定的危害公共安全的投毒罪[25],以及在附属刑法如食品以及药品刑法中所规定的构成要件。[26] 但刑事产品责任的核心仍然是传统的过失与故意的杀人罪与身体伤害罪。[27]

2. 在德国法院就刑事产品责任问题所作出的最重要判决中也体现了这一点。[28] 在康特根案中,1958 年至 1962 年间,很多妇女在怀孕期间服用了这种名为康特根的药物(一种沙利窦迈制剂)之后,产下了存在严重身体畸形的婴儿,于是,对于这一案件展开了漫长的过失杀人以及过失身体伤害的刑事诉讼程序。1971 年亚琛地方法院判决康特根的生产者以及国家有

---

[24] 除此之外还涉及财产犯罪,尤其是对消费者造成不利的诈骗罪。"防冻剂丑闻":1985 年,这种原产于奥地利的葡萄酒中违法地掺入了通常作为防冻剂使用的二甘醇,用以提高酒的甜度并作为高品质的葡萄酒予以销售。葡萄酒本身并不会对身体健康造成损害,但却缺少相应的价值,因此,联邦最高法院在 NJW 1995,2933(2934)的判决中肯定其行为符合诈骗罪的客观构成要件,对消费者造成了不利影响。

[25] 向用于公共销售或消费的物品中投毒或者混入有损健康的物质或者与混有有损健康的物质一起销售的行为人,将被处以 1 年至 5 年的有期徒刑。参见 *Kuhlen*(Fn. 3),S. 152 ff. ; *Hilgendorf*, Strafrechtliche Produzentenhaftung in der "Risikogesellschaft", 1993, S. 164 ff. 应然层面的问题参见 *Freund*, in: Münchener Kommentar zum StGB, Nebenstrafrecht I, 2007, Vor § § 95 ff. AMG, Rn. 80 ff. ; *Reus*, Das Recht in der Risikogesellschaft. Der Beitrag des Strafrechts zum Schutz vor modernen Produktgefahren, 2010, S. 171 ff. 这些文献都进行了进一步的阐述。

[26] 参见 *Freund*(Fn. 25),Rn. 71 ff. ; *Dannecker/Bülte*, Lebensmittelstrafrecht, in: Achenbach/Ransiek(Hrsg.),Handbuch Wirtschaftsstrafrecht, 3. Auflage 2012, S. 115, Rn. 51 ff. 关于危险犯构成要件在西班牙产品责任法上所具有的更大意义,参见 *Contreras*(Fn. 4),S. 98 ff.

[27] § § 211 ff. , 222, 223 ff. , 229 StGB.

[28] 对于相关判决的进一步阐述,参见 *Kuhlen*(Fn. 1),Rn. 8 ff. ; *Schmid*, Produkthaftung, in: Müller-Gugenberger/Bieneck(Hrsg.),Wirtschaftsstrafrecht, 5. Auflage 2011, Rn. 19 ff.

义务支付高达数百万的费用以消除损害。[29] 德国的康特根事件[30]，导致了药品法的修改与进一步严格化，迄今仍然影响着德国的政策。[31] 亚琛地方法院的判决虽然在某些方面是过时的[32]，但对于确定生产者责任这一问题仍然有其意义。[33]

德国关于刑事产品责任的最重要的判决则是1990年的皮革喷雾剂案，该案中使用者在使用了皮革喷雾剂这一产品之后，出现了呼吸困难、咳嗽、寒颤、发烧以及肺积水等一系列症状。联邦最高法院判处生产皮革喷雾剂的公司的诸位董事构成过失的以及故意的身体伤害罪。[34]

在皮革喷雾剂案的基础上，联邦最高法院于1995年对木材保护剂案作出了判决。[35] 法兰克福地方法院判决生产公司的董事构成过失的身体伤害罪，由该公司销售的木材保护剂在室内使用时释放了有毒物质，给房屋内的居住者的健康造成了损害。最高法院以缺少证据证明因果关系为由而撤销了这一判决，并根据《德国刑事诉讼法》第153条a的规定终止了刑事诉讼程序。[36]

三、作为法政策上存在争议的"现代刑法"
的组成部分的刑事产品责任

1. 康特根案、皮革喷雾剂案以及木材保护剂案都表明，即便其是以杀人罪以及身体伤害罪的构成要件为基础，刑事产品责任中也出现了新型的、

---

[29] LG Aachen JZ 1971, 507 以及对于本文的评论，参见 *Kuhlen*（Fn. 1），Rn. 9，sowie *Gless*，Strafrechtliche Produkthaftung, recht 2013, 54 ff.

[30] 关于日本的沙利窦迈丑闻，参见 *Pontell/Geis*, The Paradox of Economic Crime in Japan, MschrKrim 2007, 103（105 f.）；*Yamanaka*（Fn. 6），S. 319.

[31] 目前康特根案赔偿法案的第三次修正案的规定，显著提高了对本案相关受害人员的赔偿额度，这一法案的效力溯及至2013年1月1日。

[32] 当前的通说认为，对于产前的损害案件不应适用杀人罪以及身体伤害罪的构成要件。参见 BGHSt 31, 348.

[33] 参见 *Kuhlen*, Strafrechtliche Produkthaftung, in: Roxin/Widmaier（Hrsg.），50 Jahre Bundesgerichtshof, Festgabe aus der Wissenschaft, Band IV, 2000, 647（656 f.）.

[34] BGHSt 37, 106 理论上对于这个判决作了大量的评论，例如 von *Kuhlen* NStZ 1990, 566；*Schmidt-Salzer* NJW 1990, 2966；*Brammsen* Jura 1991, 533；*Samson* StV 1991, 182；*Beulke/Bachmann* JuS 1992, 737；*Puppe* JR 1992, 30.

[35] BGHSt 41, 206 mit Anmerkung *Puppe* JZ 1996, 318.

[36] 参见 *Schmid*（Fn. 28），Rn. 25.

极具现代性的问题。在典型的刑事产品责任案件中涉及[37]：
- 不确定且经常是数量庞大的受害者或受威胁者。
- 对身体与生命有极其严重的损害。
- 产品的致害性质尚缺少充分的经验知识予以确定，因而相应地存在争议。
- 首先是生产者的决定，其次则是作为生产者的公司中其成员的决定。
- 公司集体决定，在这些决定中，允许的与不允许的风险往往难以相互区分。
- 个人的刑事负责性，这些个人并非为了个人的利益而是为了公司的利益而行动的，而且对于实施犯罪并没有单独作出决定的权限。[38]

2. 上述这些典型的特征，阐述了刑事产品责任中所存在的特殊教义学问题，这些问题包括了对行为性质的判断[39]、义务违反性的确定[40]与因果关系及客观归责[41]等。这些教义学上的特殊问题使得刑事产品责任具备了"现代刑法"的特征，但不同的刑法理论与刑事政策立场对于"现代刑法"的归类与评价都是存在争议的。[42]

"法兰克福学派"所主张的批判性观点认为，刑事产品责任是象征性刑法的典型代表，象征刑法对于在现代风险社会中真正实现对身体和生命的

---

[37] 参见 *Kuhlen* (Fn. 33), S. 648 f.
[38] 除此之外，在刑事产品责任领域还存在不太具有典型性的（因而也存在较少问题）的案件。例如在 Zwischenstecker-Fall (BGH vom 17. 2. 1959, in: Schmidt-Salzer, Entscheidungssammlung Produkthaftung, Band 4, 1982, S. 170 ff.) 中判处被告人构成过失杀人罪。而在 Monza-Steel-Fall (LG München II vom 21. 4. 1978, in: Schmidt-Salzer, aaO., S. 296 ff.) 中被告则成立了过失杀人罪与过失身体伤害罪。在 Mandelbienenstich-Fall (BGH vom 4. 5. 1988, NStE Nr. 5 zu § 223 StGB) 中法院认为被告人构成故意的身体伤害与故意地将变质食品带入流通。而在 Humana 丑闻中（德国企业 Humana 受以色列企业 Remedia 的委托生产豆奶粉。由于豆奶粉中维生素 B1 的含量过低而对婴儿造成危险），德国方面基于《德国刑事诉讼法》第 153 条 a 的替代处罚, (Auflagen) 而终止了刑事诉讼程序（作为被告的 4 名 Humana 公司董事必须支付共计 51 000 欧元的赔偿）而以色列方面，Remedia 公司的一名高管则被判处构成过失杀人罪。参见 top agrar ONLINE vom 5. 1. 2009; FAZ vom 14. 2. 2013, S. 7.
[39] *Kuhlen* (Fn. 1), Rn. 22-26.
[40] *Kuhlen* (Fn. 1), Rn. 27-47.
[41] *Kuhlen* (Fn. 1), Rn. 48-63.
[42] 对于这种"在现代刑法发展中的两种考察"参见 *Kuhlen*, JZ 1994, 1142 ff. mit weiteren Hinweisen.

保护毫无建树,而只是表明了国家的行动力并安抚公众伴随着社会发展而日益加深的不安。[43] 而主流的观点则较为具体且持积极的态度,认为过去10年中,在德国以及其他工业化国家[44]中所形成的刑事产品责任,努力地试图将与现代产品生产相联系的危险降低到社会所能够容忍的限度内,而这一尝试基本上是恰当的。

在我看来,后者这种"客观主义"的观点[45]是值得赞同的,但我也想强调其中所存在的规范性问题,针对现代刑法及作为其特殊表现的刑事产品责任的批评已经正确指出了这些问题。在典型的产品责任案件中,特别严重的结果不法(多人严重的身体伤害)与较为轻微的行为不法同时并存。正如社会心理学研究所表明的那样,由此便产生了过于严厉因而是不公正的责任分配危险。[46] 产品的现代生产与分配加剧了不公正的结果责任这一传统问题。教义学上应对这种过于严厉的责任分配的危险的最重要的手段,是正确界定生产者的注意义务并进而正确判断生产者及其成员的注意义务违反性。

四、结合公司的考察方式

刑法传统的归责方法是,首先考虑——自然意义上所理解的——犯罪实施者(Tatnächsten)是否违反注意义务,随后则考虑远离行为的参与者在刑法上的负责性。刑事产品责任新近的司法实践中放弃了考察方式,转而使用所谓的"结合公司的考察方式"(unternehmensbezogene Betrachtungs-

---

[43] 关于"风险刑法"的一般论述参见 *Prittwitz*, Strafrecht und Risiko, Untersuchungen zur Krise von Strafrecht und Kriminalpolitik in der Risikogesellschaft, 1993; 涉及刑事产品责任的特殊问题参见 *Hassemer*, Produktverantwortung im modernen Strafrecht, 1994. 相关的批评参见 *Hilgendorf* (Fn. 25), S. 17 ff., 89 ff.; *Kuhlen*, Zum Strafrecht der Risikogesellschaft, GA 1994, 347 ff.

[44] 参见 *Schmid* (Fn. 28), Rn. 34-34f.; 这个问题在西班牙的情况,参见 *Contreras* (Fn. 4), S. 94 ff.; zur Schweiz *Gless*, recht 2013, 54 (55 ff.); 在日本的情况,参见 *Yamanaka*, Die strafrechtliche Produkthaftung in der japanischen Judikatur, in: Yamanaka, Geschichte und Gegenwart der japanischen Strafrechtswissenschaft, 2012, S. 341 ff.

[45] 因为这种观点强调了真实存在的危险,以及刑法在应对这种危险时的属性。

[46] 参见 *Kuhlen*, Zur Problematik der nachträglichen ex-ante Beurteilung im Strafrecht und in der Moral, in: Jung/Müller-Dietz/Neumann (Hrsg.), Recht und Moral, 1991, S. 341 ff.; *Prittwitz* (Fn. 43), S. 107 ff., 308 ff., 360 ff.

weise)。[47] 这种思考首先体现在联邦最高法院1988年的一份并未受到重视的判决中,本案中所涉及的是因食用变质的点心而导致消费者身体伤害[48],随后这种考察方式在皮革喷雾剂案中得到了明确。[49]

方法论上这种考察是这样进行的,当公司的成员为了公司而实施行为时,对于可罚性条件的评价分为两个层面。首先需要确定的是,公司本身是积极的作为还是单纯的不作为,其行为是否违反义务以及(在结果犯中)这种义务违反是否导致了损害的发生。而第二步则是基于公司成员个人在公司内的地位而将特定的结果归属于该成员;这种个人的刑事负责性产生自公司成员在公司中的地位。[50]

这种方法所导致的重要的社会后果之一在于,与这种考察相关,过去自下而上的考察方式转变为自上而下的考察方式。[51] 这种考察方式将关注的重点放在公司中等级较高的成员身上,这些成员作为决策主体能够对公司的行为作出决定。当然也会附带地关注处于下位的公司成员,他们或是在流水线上生产产品或是作为货车司机运送货物。

联邦最高法院在对皮革喷雾剂案中的义务违反性进行审查时明确体现了这种与公司相关的考察的方法论层面与社会层面。最高法院在判决中首先审查的是,根据其对产品危险性的认识或认识可能性,作为生产者的公司将新型的皮革喷雾剂带入流通的行为,以及没有召回已经投放市场的产品的行为是否违反了其义务。[52] 联邦最高法院肯定了上述两个行为的义务违反性并将召回已经投放市场的喷雾剂的义务视为保证人义务。[53] 而归责的第二步则是要判断公司董事会是否违反了公司的这些义务以及作

---

[47] 参见 Kuhlen (Fn. 1), Rn. 20 ff. 尤其在脚注63,64进行了详细的证明, Früh gesehen von Schmidt-Salzer NJW 1988, 1938 ff.; ders., Produkthaftung, Band 1 Strafrecht, 2. Aufl. 1988, S. 60 ff.

[48] BGH NStE Nr. 5 zu § 223—Mandelbienenstich—本案评论,参见 Peters, ZLR 1988, 518 (520). 两名被告人是一家食品批发公司的董事,该公司向一家诊所提供了过期的蛋糕, 109名顾客在食用蛋糕后出现了身体不适、腹痛、呕吐、腹泻等症状。最高法院肯定了对两名被告人的判决(判处罚金),认为其成立故意的身体伤害罪与故意的销售过期食品罪。另外两名被告人则被宣告无罪,因为他们已经遵照自己的义务进行了全面的召回行动。

[49] 参见 Kuhlen (Fn. 33), S. 663 ff.

[50] BGHSt 37, 106 (113 f.).

[51] 参见 Schmidt-Salzer, Massenproduktion, lean production und Arbeitsteilung—organisationssoziologisch und rechtlich betrachtet, BB 1992, 1866 (1869).

[52] BGHSt 37, 106 (113-123).

[53] BGHSt 37, 106 (116-123).

为被告的公司董事个人是否违反了其所承担的义务。[54]

现在看来,联邦最高法院所进行的"审查方法的转变"[55]是一次深刻的法律进步,被视为"大胆的尝试"[56]甚至是"里程碑式的变革"。[57] 这一转变并不仅限于刑事产品责任领域,而影响了整个公司刑法的发展。[58] 值得注意的是,不仅在德国而且在日本也同时发展出了这种结合公司整体进行考察的方式。[59]

这种考察方式尽管也部分地受到批评[60],但仍然获得了大多数的赞同。[61] 在我看来,支持这种考察方式的根本原因在于只有这种考察方式才是合乎社会现实的。现代社会中集体性行动主体的行为,例如公司的行为发挥着决定性的作用,因此首先考虑组织本身的错误行为,随后由此推导出组织成员的负责性这种做法是合乎现实的[62],其中将负责的决策主体作为刑法关注的中心是实事求是的做法。

根据这种与公司相联的考察方式,首要考虑的问题在于生产者义务也就是作为生产者的公司的义务(本文的第五部分),以及与之相关这些义务在公司内部的区分(本文的第六部分)。

---

[54] BGHSt 37, 106 (123-126).
[55] 参见 Hassemer (Fn. 43), S. 65.
[56] 参见 Puppe JR 1992, 27 (30); Ransiek, Strafrecht im Unternehmen und Konzern, ZGR 1999, 613 (634).
[57] 参见 Rotsch, Unternehmen, Umwelt und Strafrecht—Ätiologie einer Misere, wistra 1999, 321 (326).
[58] 参见 Puppe JR 1992, 27 (30); Ransiek, Strafrecht im Unternehmen und Konzern, ZGR 1999, 613 (634).
[59] Instruktiv dazu Higuchi ZStW 124 (2012), 855 (862 ff.).
[60] 例如 Heine, Die strafrechtliche Verantwortlichkeit von Unternehmen, 1995, S. 161; Rotsch wistra 1999, 321 (326); Samson StV 1996, 93; Schünemann, in: Laufhütte/Rissing-van Saan (Hrsg.), Leipziger Kommentar zum StGB, Band 1, 12. Aufl. 2007, § 25 Rn. 125.
[61] 参见 Kuhlen (Fn. 33), S. 664 Fn. 105 sowie Tiedemann, Wirtschaftsstrafrecht Allgemeiner Teil, 3. Aufl. 2010, Rn. 243-244a; Dannecker/Dannecker, JZ 2010, 981 (984 ff.).
[62] Hassemer 指出,经由这种结合公司进行的考察方式,刑法进一步考虑了在参与者之间事实存在着的力量与隶属关系。参见 Hassemer, Freistellung des Täters aufgrund von Drittverhalten, in: Eser u. a. (Hrsg.), Festschrift für Theodor Lenckner, 1998, S. 97 (111).

五、生产者的义务

　　逾越了法律所允许的危险范围而行为者[63]，该行为是违反义务的。根据当前的行为，不法理论这一判断必须在事前，也就是行为时进行。[64] 任何人都一般地负有义务使自己的行为不会对他人的法益造成不必要的威胁。[65] 对于产品的生产者而言，由此而产生的义务包括在设计和生产产品过程中的义务，以及为产品使用者提供适当说明的义务，以及对产品使用者反馈回来的经验进行监控与评估的义务。[66]

　　德国法院在数百起民事产品责任判决中对这些义务进行了具体化，在这里无法予以一一说明，我将展示在确定生产者义务方面所出现的一些特别引人关注的问题。

　　1. 确定生产者义务的基础往往是对各方利益的精确衡量[67]，这点往往在很多方面为我们所忽略。对特定的生产者义务予以认可的前提在于，遵循这一义务必要且足以防止对他人的法益造成损害。进一步，根据所受保护法益的价值及其受到威胁的危险大小而确定受保护的利益，在价值衡量中应当超过因为生产者因为肯定了这一义务而受到损害的利益[68]，这一点也是必要的。生产者因为遵循这些义务而产生的成本与这种利益衡量也基本上是相关的。

　　如果产品使用者的生命安全与身体健康受到严重威胁，则上述的成本

---

[63] *Burgstaller*, Das Fahrlässigkeitdelikt im Strafrecht, 1974, S. 40. 边缘情况在于在销售无效的产品时，例如药品、避孕套以及灭火器等，如果消费者信赖其有效性而失去有效的保护时，可以产生刑法上的责任。参见 *Foerste* (Fn. 9), § 21 Rn. 9, 86 ff.

[64] *Kuhlen* (Fn. 46), S. 342 ff., 347 ff. 其中作了进一步的说明。
关于民法上的行为不法理论与修正的结果不法理论，参见 *Foerste* (Fn. 9), § 23 Rn. 2 ff.

[65] 关于这一广为流传的"空洞的公式"，参见 *Foerste* (Fn. 9), § 23 Rn. 10.

[66] 具体参见 *Foerste* (Fn. 9), § 24 Rn. 71 ff.（设计义务），Rn. 177 ff.（制造义务），Rn. 217 ff.（说明义务），Rn. 372 ff.（产品监测义务）. 关于这些通常的义务区分的价值，参见 *Foerste* (Fn. 9), § 24 Rn. 69 f. 这些义务的刑法意义参见 *Kuhlen* (Fn. 3), S. 95 f.; *Contreras* (Fn. 4), S. 157 ff. *Foerste* (Fn. 9), § 23 Rn. 10.

[67] 参见 *Frisch*, Vorsatz und Risiko, 1983, S. 139; *Kuhlen* (Fn. 3), S. 94 f., jeweils mit weiteren Hinweisen.

[68] *Kuhlen* (Fn. 3), S. 94 f.

考量便应靠后,通常并不能否定生产者的保护义务。[69] 这一点在食品和药品领域得到了承认,食品和药品可能会严重地威胁"公众健康"[70],也就是"不特定多数消费者的身体健康"。[71] 在皮革喷雾剂案中,联邦最高法院也优先考虑了消费者的健康利益,因而认为,为阻止损害发生所必要的召回行为,并不能因为这种召回行为会导致公司的损失,有损相关公司的商誉并进而导致公司利润的减少而被放弃。[72]

但认为对产品使用者的身体健康和生命安全的保护,绝对优先于成本的考虑也是过于天真和错误的。生产者并没有义务保障最大的安全,而可以根据产品的价格区分其产品所能提供的安全等级。[73] 典型的例子是运动器械与机动车。[74]

现在生产的不同类型的安全气囊在交通事故中提供了更高的安全性。[75] 但即便到现在,生产者也并不一般负有义务为新车安装安全气囊。[76] 生产者可以只在高档(相应价格昂贵)的机动车上安装不同的安全气囊系统,也就是除了广泛采用的对驾驶和副驾驶座所设置的前方气囊之外还增添了侧面、头部、膝部以及脚部的安全气囊(当然需要支付相应的价格)。廉价的汽车上则不安装这些气囊,这样会降低汽车的安全等级。[77]

2. 当前企业总是大批量地生产产品,这些产品经由批发商到零售商最后到达消费者手中。生产者与消费者之间的具体互动,例如当地的糕点商或是鞋匠与其顾客之间的这种互动,在现代化的大规模生产中日益发展为一种匿名的关系。这对确定生产者的保护义务提出了特殊的问题。

产品的危险性取决于它是如何被使用的。过量的饮用儿童饮料或者果

---

[69] 参见 etwa OLG Düsseldorf NJW 1978, 1693 f.—Operationsinstrument; dazu *Kuhlen* (Fn. 3), S. 76, 104 ff.
[70] 参见 BGHSt 37, 106 (121).
[71] BGHSt 2, 384 (385)—Kundenmehl; BGH VersR 1972, 1075—Estil.
[72] BGHSt 37, 106 (122) 也指出,"如果在没有召回产品时消费者仅仅受到极小的威胁,而该召回则会对公司造成极大的不利后果甚至威胁到公司的存续",则可能会作出不同的判断。
[73] *Foerste* (Fn. 9), § 23 Rn. 15 ff.
[74] *Foerste* (Fn. 9), § 24 Rn. 11 ff.
[75] 这也需要考虑安全气囊所存在的特殊危险,如安全气囊无法成功打开的情况,参见 *Foerste* (Fn. 9), § 24 Rn. 65 ff. sowie BGH NJW 2009, 2952—Airbag.
[76] 但这对于汽车气囊而言是存在争议的,参见 *Foerste* (Fn. 9), § 24 Rn. 65 mit weiteren Hinweisen.
[77] 参见 *Foerste* (Fn. 9), § 24 Rn. 11.

汁也会导致严重的龋齿[78];当人把手而不是文件伸进碎纸机中时,碎纸机便是危险的[79];同样用打火机点燃房间内的沙发也是危险的[80];等等。生产者负有义务在将产品带入流通时采取何种使用方式,又取决于消费者对特定产品所抱有的安全期待。[81]

首先的问题在于产品所针对的人群。在具备充分的专业知识的专业人员所使用时产品是安全的,而在缺少经验或者轻率的消费者手中可能造成严重的损害。因此得到承认的是,产品的危险性首先取决于产品所针对的人群。如果产品是用于专业使用的,可以认为该产品的使用者较之用于私人使用者有更高的专业知识。[82] 生产者在作出警示说明时,通常可以认为,一个成年的产品使用者是能够读懂[83]德文的。[84]

当由欠缺或者是仅具有微弱的危险意识的人使用商品时,则存在特别广泛的保护义务。例如对于儿童玩具,而非供成人消遣娱乐的物品而言,生产者便必须预计到这些儿童玩具会被孩子放到嘴里,因此相应的儿童玩具必须是对于儿童来说是安全的(kindersicher)。[85] 在这个特定的消费者群体范围内,可以以该群体的平均能力以及自我负责性出发,亦即例如可以认为成人一般都能够认识到过量饮酒、过量抽烟以及过量食用甜食的危险性。[86]

与之紧密相关的另一个问题则是产品的使用方式。生产者至少必须确保产品在合乎用途地被使用时是安全的。[87] 但是他是否可以相信消费者

---

[78] 参见 *Foerste* (Fn. 9),§ 24 Rn. 282,300.
[79] 参见 *Foerste* (Fn. 9),§ 24 Rn. 301.
[80] *Foerste* (Fn. 9),§ 24 Rn. 167.
[81] 参见 *Foerste* (Fn. 9),§ 24 Rn. 4 ff.此外,消费者正当的安全期待与产品瑕疵这一概念是相关的。因为产品是否存在瑕疵,取决于它是否提供了消费者所正当期待的安全。关于产品瑕疵与行为瑕疵(义务违反)之间的关系,参见 *Kuhlen* (Fn. 3),S. 11 ff.
[82] *Foerste* (Fn. 9),§ 24 Rn. 4 mit Beispielen.
[83] 相反,应当认为他们只能看懂德文。
[84] 对于投放国际市场的产品,也可以要求提供外文的说明,此外,鉴于在德国还存在相当数量的文盲,以图像符号形式表现的警示信息也可以是必要的。参见 *Foerste* (Fn. 9),§ 24 Rn. 265.
[85] *Foerste* (Fn. 9),§ 24 Rn. 4,92 f.
[86] *Foerste* (Fn. 9),§ 24 Rn. 5,113 ff.
[87] 参见 *Foerste* (Fn. 9),§ 24 Rn. 72 ff.

都是按照用途使用产品的吗?[88] 抑或他必须考虑到产品被错误使用的可能性?[89]

严格的信赖原则在这里并不适用。[90] 但生产者并不需要考虑到极其荒唐的产品滥用情形,例如将胶水用作毒品替代物来使用(吸入),或者用微波炉烘干家里的猫这种匪夷所思的使用方式。[91] 而对于单纯的错误使用或者是类似的产品滥用则应当别论。[92]

在民事司法实践中曾认定下列情形成立产品责任:

——经营用的履带式车辆的生产者,应当充分做好准备以应对操作工人因为习惯了危险而在使用该设备时忽略了必要的注意的情形。[93]

——摩托车的生产者,必须检查由其他生产者生产的摩托车配件是否会威胁到摩托车的安全使用,而且在必要的情况下应当给出相应的警示。[94]

——儿童饮料的生产者,有义务对于由于长期饮用该饮料给儿童造成的特殊的健康危险作出警示。[95]

——碎纸机的生产者,应当在碎纸机上对于将手伸进机器夹缝中而产生的危险作出标示。[96]

上述这些案例表明,司法实践为了保护法益对生产者设置了严格的义务,其中司法实践并不是从"成年的消费者"这样的自由主义模型出发的,而是以生产者应承担照料消费者的义务这种家长主义的思考为导向,这种

---

[88] 典型的情况超越许可范围使用药物的情形,这种使用虽然不在生产者事先规定的范围内,但从经济和医疗的角度看却是有意义的。Näher dazu Geth, Off-label-use von Arzneimitteln und strafrechtliche Produkthaftung, recht 2013, 122 ff.
[89] 关于信赖原则在刑事产品责任领域的适用,参见 Kuhlen (Fn. 3), S. 130 ff.
[90] 于此相对应在《产品责任法》第 3 条第 2 款第一、二句规定,产品的使用者以及第三者在"按照用途使用产品时或者可预见的产品使用时"不应受到威胁。
[91] 美国法院曾经在此类案件中肯定了为微波炉的生产者的责任,这一案件非常有名但并不被赞同。参见 van Lijnden, Kaffeverbrennungen und Katzen in der Mikrowelle, Legal Tribune ONLINE vom 29.10.2011.
[92] 参见 Foerste (Fn. 9), § 24 Rn. 89 ff.
[93] OLG Celle in: Kullmann/Pfister, Produzentenhaftung, 2. Band, 1980, 7502/12. Dazu Kuhlen (Fn. 3), S. 76 f., 144 ff.
[94] BGH NJW 1987, 1009—Honda-Gold-Wing; dazu Kuhlen (Fn. 3), S. 79 f., 141 f., 147 f.
[95] BGH NJW 1992, 560—Kindertee I; BGH NJW 1994, 932—Kindertee II; BGH NJW 1995, 1286—Kindertee III. Dazu mit weiteren Hinweisen Foerste (Fn. 9), § 24 Rn. 282.
[96] BGH NJW 1999, 2815—Aktenvernichter. Vgl. Foerste (Fn. 9), § 24 Rn. 301.

照料同样保护消费者由于自己的不小心而产生的危险。这一论断固然在法政策上有其合理性,但能否用于肯定刑事的产品责任,则仍然颇受争议。[97]

3. 在先进的工业化国家中产品始终处于更新换代之中。只要这种产品更新不仅是因为市场战略的考虑而且使用了科学技术的发展成果,便有必要对新产品加以说明,这些新型产品的危险性根据传统的经验知识往往是难以判断的。相应的在所有刑事产品责任的主导性案例如康特根案、皮革喷雾剂案以及木材保护剂案中在德国至今仍存在争议的是[98],所发生的个人伤害究竟是否基于产品的使用而造成。这一方面涉及因果关系的证明[99],另一方面也涉及所关注的生产者责任的界定问题。

毫无疑问的是,生产者对于产品中根据确定的知识所包含的危险必须做好充分的应对,或是不再继续销售产品,或是通过设计降低其危险性,或是在产品包装上对危险作出相应的警示。另一方面只要不存在任何证据证明产品存在危险,他便允许将产品投放市场。疑难案件的存在介于这两极之间:产品的危险性并未得到证明,但有迹象表明存在危险。

在这种情况下,得到确认的是当"基于应认真对待的疑虑(ernstzunehmenden Verdacht)"认为产品对于使用者或第三人存在危害性作用时,生产者便有义务采取安全措施加以应对。[100] 但何时才存在这样一种应认真对待的疑虑呢?个人或群体的担忧并不充分。否则100年前电话便不被允许销售,因为"1907年至1917年间人们担心,电话会导致听力受损或使人发疯,甚至对肺结核的蔓延负有责任"。[101] 判决认为,由于日益增多的、值得认真对待的报告而增强的疑虑是必要的,但并不充分。[102] 但对于这种疑虑所要达到的程度尚不存在普遍有效的标准,"因为必须对个案之间不同的因素加以考虑",例如法益损害的严重程度以及频率,此外还有产品所带来

---

[97] 这一点在民法领域由于消费者的责任以及在对儿童造成威胁的情形下,父母的责任受到质疑。Foerste (Fn. 9), § 24 Rn. 7 f., 300 ff.; für das Strafrecht Kuhlen (Fn. 3), S. 83 ff.

[98] 这意味着刑事诉讼程序的终止。

[99] 参见 Kuhlen (Fn. 3), S. 32 ff.; Kuhlen (Fn. 1), Rn. 48 ff.中有进一步的说明。

[100] 参见 LG Aachen JZ 1971, 507 (515); Kuhlen (Fn. 33), S. 656 ff.; Foerste (Fn. 9), § 24 Rn. 71, 255, 314.

[101] 参见 Große Vorholt, Behördliche Stellungnahmen in der strafrechtlichen Produkthaftung, 1997, S. 83.

[102] LG Aachen JZ 1971, 507 (516).

的利益。[103]

迄今这一关键性的方针并未受到质疑。但显然这一方针在确定生产者义务上赋予了法律适用者极大的裁量空间。[104]

4. 当并不确定特定的产品上是否已经存在应认真对待的危险嫌疑时,往往产生的问题是,生产者是否可以信赖由主管的政府机构对产品所作出的相应评价。这一评价可以与有关部门例如在机动车以及药品领域所必要的许可相联。[105] 但应当认为,确保自己所生产之产品无安全之疑虑是生产者的任务,这一任务并不取决于主管部门认为什么是必要的。[106]

这一点基于下述多种原因。首先,有关部门的决定,例如授予产品专利,并没有表达政府部门判断该产品是不危险的。[107] 此外,有关部门的决定往往只是确定了产品安全的最低标准,低于这一标准任何时候都是不允许的。最后,当生产者较之政府当局能够对产品的危险性更好地作出判断时,生产者便不得基于有关部门的评估而免除自己的责任。

但在具体情况下,有关部门所作出的对产品不存在危险的凭证也可能排除生产者的责任。一个典型的例子是德固赛案,在该案中,德固赛公司的董事会成员因身体伤害罪而受到调查,该公司是德国唯一一家生产汞合金产品的企业。刑事诉讼程序终止于 1996 年,并使该公司停止生产汞合金制品。[108]

本案中有争议的是,以含有水银的汞合金为材料的牙齿填充物是否会对身体造成损害。汞合金的反对者们长期持这种观点,但最终在 20 世纪末在这一曾在全球范围内引起争论的问题上,理论界的主流观点认为这一观点是错误的。主管的卫生部门持同样的观点,因此准许该企业销售用于牙医领域的汞合金产品。[109]

---

[103] LG Aachen JZ 1971, 507 (516).
[104] 对于这个问题,参见 *Kuhlen* (Fn. 33), S. 657 ff.
[105] 参见 *Foerste* (Fn. 9), § 24 Rn. 123 f.
[106] 参见 BGHSt 37, 106 (122).
[107] 联邦最高法院在 1952 年审理的这个案件判决,参见 *Schmidt-Salzer*, Entscheidungssammlung Produkthaftung, Band I, 2. Aufl. 1981, S. 73 ff.—Rungenverschluss.
[108] 参见 *Hamm*, Der strafprozessuale Beweis der Kausalität und seine revisionsrechtliche überprüfung, StV 1997, 159 (163); *Tiedemann*, Körperverletzung und strafrechtliche Produktverantwortung, in: Weigend/Küpper (Hrsg.), Festschrift für Hans Joachim Hirsch, 1999, S. 765 ff.; *Kuhlen* (Fn. 33), S. 660 ff.
[109] 参见 *Kuhlen* (Fn. 33), S. 661 中有进一步的说明。

我认为，当生产者并不拥有额外、在理论讨论和当局作出准入决定时未加考虑的信息时，其销售汞合金产品的行为便没有违反其所承担的义务。[110] 这分别基于以下两点理由。一方面，在这一长期争议而在国际上得到反复研究的问题上，生产者可以信赖科学上的主流观点。另一方面，他也可以信赖有关部门对产品所作出的许可决定，因为这一决定是建立在全面的、实质性的对汞合金产品的无危险性检测基础上而作出的。[111]

5. 如果已经售出的产品被证明是危险的，则需要讨论的问题是生产者是否有义务召回产品。"召回"这一概念的使用并不一贯，或是被理解为全部的后续的阻止危险的措施，也就是包括仅仅对产品所存在的危险作出提示，或是仅包括——也是这里所指的——进一步的消除危险的措施，例如修理、更换以及召回产品。[112] 这种意义上的召回，在实践中经常被执行，尤其是在机动车存在安全隐患的情况下。召回的结果取决于产品的种类及其销售，在汽车行业往往是交还以及修理。[113]

有争议的是，生产者是否负有召回危险产品的保证人义务。[114] 联邦最高法院在皮革喷雾剂案中，基于前行为保证人地位的考量而肯定了这一义务。[115] 如果按照用途使用产品时，该产品威胁到了消费者的安全，则出售产品的人便在客观上违反义务地制造了损害健康的危险，并因而成为阻止该危险的保证人。在刑法理论文献上这一论据受到多方面的批评[116]，但大

---

[110] 这在德固赛案中并不明确，若然则该案并不应根据《德国刑事诉讼法》第153条 a 的规定终止，而应根据该法第170条第2款的规定因证据不足而终止刑事追诉。

[111] Tiedemann (Fn. 107), S. 775; Kuhlen (Fn. 33), S. 662 f.

[112] Kuhlen, Die Pflicht zum Rückruf in der strafrechtlichen Produkthaftung, in: Arnold u. a. (Hrsg.), Festschrift für Albin Eser, 2005, S. 359 (361). Foerste 进一步指出"真正的召回是指保证免费的消除安全隐患"，参见 Foerste (Fn. 9), § 24 Rn. 326.

[113] Laut Burckhardt, Das Ende kostenloser Nachrüstung beim Rückruf von Produkten?, VersR 2007, 1601 (1606 Fn. 70); Foerste (Fn. 9), § 24 Rn. 327, in über 70 %, bei Nachfassen sogar in bis zu 97% der Fälle.

[114] 关于民法上的争议状况，参见 Foerste (Fn. 9), § 24 Rn. 330 ff. mit zahlreichen Nachweisen.

[115] BGHSt 37, 106 (115 ff.). Ähnlich jetzt Gless, recht 2013, 54 (60 ff.) ("schlafende Ingerenz").

[116] Vgl. etwa Kuhlen NStZ 1990, 566 (568 f.); Kuhlen (Fn. 1), Rn. 37.

部分都赞同最高法院的结论。[117] 大多数观点只是将保证人地位建立在某一种基本思想之上,或是将产品带入流通,或是对产品的支配或是消费者信赖生产者所提供的信息以及产品瑕疵担保。而在我看来,生产者的保证人地位源自于一系列的理由。[118] 生产者是出于自身的经济利益而将产品投入市场流通的,通过这一行为生产者使消费者产生了对产品安全性的信赖。此外他也的确有能力采取有效的阻止产品危险的预防措施。因此对生产者设置特殊的责任,正如法益保护原则所要求的那样,是完全合理的。

同样受到反复讨论的 2008 年的护理床案,最高法院也作出了同样的判决,尽管这一决定对于将召回视为侵权法义务的主张者而言无疑是浇了盆冷水。[119] 本案中涉及的是一种可以电动调节的护理床,由于设计缺陷而存在严重的安全隐患,尤其容易引发火灾或者夹伤使用者。原告是一家公立的护理保险机构,原告购买了这种床并向在原告处办理了护理保险的、需要护理的人提供这种床以便家庭护理。当原告发现护理床存在安全隐患时,生产者已经对床进行了改进,每张床的改装大约需要 350 到 400 马克。争议在于应由谁来负担这笔改装费用。

最高法院否认了这一点,因为床的改进本身已经构成一种足够充分的安全措施。根据本案的具体案情,支持这一结论的根据在于,作为原告具备充分的专业知识,他有义务自己采取一定的安全预防措施,例如承担改进设备的费用。也就是说,本案所涉及的并不是商家对消费者而是商家对商家。[120] 相反,如果存在危险的产品在私人的终端消费者手中,出于保护法

---

[117] 对此相关的证明,参见 Kuhlen (Fn. 1), Rn. 38. Schünemann, Strafrechtsdogmatische und kriminalpolitische Grundfragen der Unternehmenskriminalität, wistra 1982, 41 (44 f.),一度否认召回构成一项保证人义务,但随后他承认对于名牌产品而言,召回可以成为一项保证人义务: Schünemann, Unternehmenskriminalität, in: Roxin/Widmaier (Hrsg.), 50 Jahre Bundesgerichtshof, Festgabe aus der Wissenschaft, Band IV, 2000, S. 621 (637 ff.); ders., Zur Garantenstellung beim unechten Unterlassungsdelikt, in: Böse/Sternberg-Lieben (Hrsg.), Festschrift für Knut Amelung, 2009, S. 303 (318 f.).

[118] 参见 Kuhlen (Fn. 112), S. 363 f.; Kuhlen (Fn. 1), Rn. 38.

[119] 参见 Wagner, Zur Gefahrenabwendungspflicht des Herstellers von Produkten mit Sicherheitsmängeln—Anmerkung zum BGH-Urteil vom 16.12.2008—VI ZR 170/07, JZ 2009, 908 (909). Näher zum Pflegebetten-Urteil Kuhlen (Fn. 1), Rn. 41 ff.; Foerste (Fn. 9), § 24 Rn. 334 ff., jeweils mit weiteren Nachweisen.

[120] 也就是说,产品是销售给专业的购买者(商对商)而不是销售给私人消费者(商对私)。

益的考虑,也可以由生产者来承担改进的费用。[121]

6. 使生产者承担对消费者就事后发现的产品危险作出警示的义务,也是进一步在实践中具有多方面意义的问题。[122] 这种警示可以通过多种方式进行,往往存在争议的是,究竟这多种方式之中,何种方式才是合乎目的的,而何种方式对于生产者而言又是可期待的。[123]

对于批量生产的产品,由于使用这些产品的消费者人数众多,且不为生产者所知,因此通常应进行公开的警示。这究竟应如何进行?[124] 是否可以仅限于国内市场,还是也应当在他国作出警示? 如何才能合目的性地组织实施这种警示行动? 应当在哪些媒体上作出这种警示:期刊(如果是,又是哪些期刊?)、无线电台、电视、网络,还是公开散发海报或是拿着扩音器广而告之? 进一步:如果要求在地区的或者跨地区的报纸以及专业期刊上刊登大篇幅的标语[125],随后仍存在的问题是,需要多大的篇幅(一整版还是半页或是四分之一页?),以及这些标语需要在多少以及哪些期刊上刊登,其内容以及刊登的频率应如何?

即便是在个案中进行具体区分的判决,也无法回答这样的问题,以便对生产者在未来事例中提供精确的行为指引。在此种疑难的案件中刑法必须考虑到,生产者在安排与实施公开的警示行动或采取其他保护措施时保有一定的裁量空间,因此如果其所采取的措施结合其所追求的法益保护目标加以考虑是适宜的,这种措施就应当被认为是符合其义务的。

六、公司内部的义务分配

只有当生产者是自然人时,生产者义务的确定对于刑法是否违反义务作出判断才是充分的。但通常产品都是由公司企业生产的,因此,刑法上义务违反性的判断取决于,公司成员个人是否违反了其个人所承担的义务。

---

[121] 这对于产品并非给消费者而是给一个无关的第三人造成威胁时,例如机动车的安全隐患。Vgl. dazu *Kuhlen* (Fn. 112), S. 364 ff.

[122] 参见 Fn. 103.

[123] 这一问题同样存在于在出售产品时对产品使用者进行的初步说明之中。参见 *Foerste* (Fn. 9),§ 24 Rn. 256 ff.

[124] 对此 *Kuhlen* (Fn. 112), S. 367 f 中已有论述。

[125] So das Urteil des LG Frankfurt am Main vom 25.5.1993—5/26 Kls 65 Js 8793/84, S. 344, im Holzschutzmittel-Verfahren.

对此有必要在公司内部对义务的内容作出区分。由于"结合公司的考察方式"是从公司成员所处的职位[126]推导出其所承担的义务的,因此,刑法评价的关键便在于公司成员个人在公司内部组织中的地位。

由此产生的问题由于时间的关系无法进一步讨论。而且与生产者义务的确定问题不同,这涉及的是一个公司刑法的普遍性问题,这一问题并非刑事产品责任所独有,它同样存在于公司成员实施环境犯罪以及腐败犯罪的情况之中。我在这里就只讨论一些公司内部的义务分配中对于产品责任而言尤其具有意义的问题。

1. 根据分工来确定个别公司成员的义务。[127] 基于等级制的公司组织——纵向分工——可以得出,公司管理者可以将一定的任务以及与之相关的义务授权给下级的同事。当然他并不能轻易地相信,该名职员一定也会履行其义务。[128] 公司的管理者仍然负有谨慎的选择与监督其下级职员的义务。在生产商品的企业中,管理者还负有对产品进行监督控制的义务。[129]

横向上,也就是在同一个等级层面上,分工也会产生类似的作用。例如一个由多人组成的董事会中,各名董事分别负责不同的领域,如产品研发、市场销售以及公司财务,因此各领域的主管董事应首先对其主管领域出现的问题负责,而非主管者则相应地可以否定其责任。但这种免责也有一定的界限。联邦最高法院在皮革喷雾剂案中指出,在"紧急或例外情况下",由于这种情况涉及的是公司整体,公司董事会成员无论其具体的主观分工,都同等地负有义务促使公司采取所要求的措施——具体到皮革喷雾剂案中便是停止销售并召回。[130] 由于公司董事个人无权单独作出这种决定[131],因此每名董事的义务在于,"充分地使用他所拥有的参与权,做他可

---

[126] 例如 BGHSt 37, 106 (113 f.).

[127] 基础性论述,参见 *Schünemann*, Unternehmenskriminalität und Strafrecht, 1979, S. 30 ff.

[128] 基础性论述,参见 *Silva Sánchez*, Aufsichtspflichten und Compliance in Unternehmen, in: Kuhlen/Kudlich/Ortiz de Urbina (Hrsg.), Compliance und Strafrecht, 2013, S. 71 ff.

[129] 在食品生产领域,参见 *Dannecker/Bülte* (Fn. 26), Rn. 112 ff.

[130] BGHSt 37, 106 (124). 批评参见 *Dreher*, Die persönliche Verantwortlichkeit von Geschäftsleitern nach außen und die inner-gesellschaftliche Aufgabenteilung, ZGR 1992, 22 (43 ff.).

[131] 这一决议是由多名董事所组成的董事会整体作出,其中适用少数服从多数原则。

能且可期待的事情"[132]，以促使董事会作出所要求的决定。

　　董事会成员如果对董事会所作出的违反生产者义务的决议投了赞成票[133]，则他也违反了他个人所承担的义务。在另一案件中，一个委员会的成员投了赞成票而促成了违反义务的决议生效，联邦最高法院也作出了同样的认定。[134] 相反，对于违反义务的决议投了反对票的成员，则已经做了他在投票中所能做的一切，因此可以认定，他的行为并没有违反义务。

　　2. 但问题在于，投票者作出符合义务的投票就已经做了所有必要的努力了吗？还是说他仍然有义务采取进一步的防止危险的措施。[135] 通常情况下应否定进一步的义务。当多数决定有合理的理由时，如果个别成员认为该判决错误而公开表示反对这一多数意见，并相应地投了反对票时，便应认为他已经尽了自己作为公司成员所能期待其做的一切。

　　但在例外情况下，例如肆无忌惮地追求经济利益而作出的完全不合理的决议，导致给消费者造成的严重的身体健康威胁甚至是置其生命于不顾呢？对此，部分观点肯定了投票者负有广泛的义务。[136] 我认为"结合公司的考察方式"对于回答这一疑难问题也提供了一定的思路。如果个人在公司中的职位部分奠定了公司的生产者义务，则他的义务并不能超过其根据公司内部的义务分工而承担的范围。如果存在公司法上的义务，应采取广泛的公司内部措施[137]，例如在股份制公司中董事会成员有义务通知监事

---

[132] BGHSt 37，106（126）.

[133] 皮革喷雾剂案中违反义务的决议，指的是在董事会的紧急会议中所作出的，尽管存在大量的损害报告仍然决定继续销售该种皮革喷雾剂，并不召回已销售的产品的决议。

[134] 参见 BGH NJW 2006，522（527）在曼内斯曼案中判决有该公司监事会所作出的决议是违反义务的，该决议在曼内斯曼股份公司被另一家公司收购之前许诺支付给董事会成员高达数百万欧元的奖金。因背信罪而被起诉的工会领袖对该决议投了赞成票，如果他没有赞成该决议，则该决议将不会生效。对这一判决的批评参见 Ransiek，Anerkennungsprämien und Untreue—Das "Mannesmann"-Urteil des BGH，NJW 2006，814（816）.

[135] 参见 BGH NStE Nr. 5 zu § 223 StGB—Mandelbienenstich；Kuhlen（Fn. 1），Rn. 47 mit weiteren Hinweisen 近来讨论的一个类似问题涉及《德国刑法典》第 339 条枉法罪，也就是当一名合议庭的成员，尽管是合乎义务地对一个枉法裁判的判决投了赞成票时，他仍然实施了枉法裁判行为。Vgl. dazu Kuhlen, in: Kindhäuser/Neumann/Paeffgen (Hrsg.), Nomos Kommentar zum StGB, Band 3, 4. Aufl. 2013, § 339 Rn. 83 ff. mit weiteren Hinweisen.

[136] 参见 Sternberg-Lieben in: Schönke/Schröder, Strafgesetzbuch, 28. Auflage 2010, § 15 Rn. 223b; Schmid (Fn. 28), Rn. 43 f.

[137] 这以存在相应的权限为前提。

会,违反这一义务则可能引起刑法上的产品责任。

采取外在于公司的措施,例如提醒公众或者对董事会成员提出刑事告诉,则不再属于"行使参与权"的内容,因此个人基于其在公司中的职务并不负有这一义务。[138] 但违反这种义务可能构成纯正的不作为犯罪,例如第138条或第323条 c 不实施救助罪,当公司外部人获悉了生产公司的实施犯罪的决议而没有采取任何措施时,也可能构成上述罪名。

---

[138] 因为这种公司外的措施并不能影响公司意志的形成,而是在公司外部反对该意志。

张丽卿

台湾高雄大学法学院教授

台湾地区缺陷食品刑事责任之探讨

一、前　　言

产品风险的管控,是当今迫切需要立法规范的项目。产品风险是指,产品处于不合乎市场期待与违反交易义务的情形,包括产品功能或质量的风险、产品市场定位风险或产品商标风险等。在众多产品风险中,食品安全是最重要的一环,因为吃进口中的食物,如果遭受细菌感染或有不合法添加物等,轻者危害身体健康,重者可能导致死亡。因此,妨害食品安全的行为必须有刑法上的规范。

两岸往来密切,食品交流相当热络,所以食品安全的合作,日益重要,而且刻不容缓。目前,两岸依据"海峡两岸食品安全协议"、"海峡两岸农产品检疫检验协议",共同建构食品安全机制,希望为两岸人民的食品安全把关。两岸的食品安全唇齿相依,犹记得2008年9月,大陆发生三聚氰胺毒奶事件,台湾地区与大陆仅一水之隔,无法幸免于毒奶之难。[1] 台湾地区近年也发生了多起黑心食品事件,除了塑化剂事件之外,赤裸面包、毒酱油、

---

[1] 当时大陆发生的毒奶事件,对于海峡两岸乃至全世界都造成极大影响。关于事件的始末,参见张丽卿:《海峡两岸有关毒奶事件的法律关照》,载《东海大学法学研究》2009年12月第31期,第109—112页。

便当标示、黑心珍珠等〔2〕,近日更有毒淀粉事件,不胜枚举,更显得食品安全的重要。

除了前述黑心食品之外,过去也曾发生与食品卫生安全有关,且更加恶意的犯罪案件。有人破坏食品卫生安全以造成群众恐慌,借以达到勒索财物的目的,例如,毒蛮牛事件〔3〕,以及东海大学水塔事件。〔4〕行为人对便利商店所贩卖的提神饮品下毒,或向大学水塔下毒,借此向业者或大学恐吓取财。

食品风险所可能发生的刑法问题,除一般故意、过失外,还有制造者的不作为责任,也可能涉及食品相关人员或公务员的责任。普通刑法的规定,已经难以周全应对食品风险的行为,需要进一步探讨有关食品安全及卫生的相关法规。以下,本文将全面检讨台湾缺陷食品风险的刑事责任,并提出相关建议,以周延台湾食品安全的刑事法制。

二、违反食品卫生安全之刑事制裁

关于侵害食品卫生安全的犯罪,主要是,行为人将不符合规定的食品加以贩卖或传播,使一般民众有机会食用,进而危害健康。本于刑罚的谦抑性,对于侵害食品卫生安全的行为,通常都是在行政处罚不足时,才动用刑罚。

普通刑法关于保障食品卫生安全的规定有二:"刑法"第191条及第191条之1。这两个条文并不足以完整规范食品安全卫生,所以在普通刑法之外,另于相关的行政法规设有刑罚制裁规定(附属刑法),主要是:"食品

---

〔2〕 近期,台湾地区黑心食品的新闻忽然增加很多。相关的新闻参见《东森新闻》刊载《赤裸面包开价卖,卫生署:违反食品卫生法》,http://www.ettoday.net/news/20130517/209179.htm;《今日新闻》,有毒酱油淀粉侵台拟修法开罚上看600万相关产品封存逾33公吨,http://www.nownews.com/2013/05/20/320-2940713.htm;《苹果日报》,刊载《乱写便当热量少标28%》,http://www.appledaily.com.tw/appledaily/article/headline/UHO,芋圆黑轮珍珠竟传黑心原料吃多恐伤肾,http://www.uho.com.tw/hotnews.asp?aid=26482,以上,最后浏览日期:2013/05/20。

〔3〕 发生在2002年的毒蛮牛案,受到当时社会极大的关注。参见《今日新闻》,刊载《毒蛮牛案嫌犯王进展无期徒刑定案》,http://www.nownews.com/2010/03/19/545-2581637.htm,最后浏览日期:2013/05/20。

〔4〕 《苹果日报》刊载《东海大学水塔疑遭下毒》,http://www.appledaily.com.tw/appledaily/article/property/20090502/31594771/,最后浏览日期:2013/05/20。

卫生管理法"第 49 条、"健康食品管理法"第 21 条以下等规定。以下先就普通刑法的规定加以说明,接续讨论附属刑法的规定。附属刑法的部分,以"食品卫生管理法"为主。

(一) 违反普通刑法之罪

保障食品卫生安全的刑法条文有二:"刑法"第 191 条及第 191 条之 1,分别为妨害卫生物品罪以及毒化饮食物品罪。两个法条处罚的行为主体皆为自然人,不包括法人。

1. 制造贩卖陈列妨害卫生物品罪

制造贩卖陈列妨害卫生物品,规定于"刑法"第 191 条。行为人陈列妨害卫生之饮食物品或其他物品者,而主观上出于制造之故意、贩卖故意或意图贩卖,成立本罪。违反本条规定,得处 6 个月以下有期徒刑、拘役或科或并科一千元以下罚金。本规定所保护的法益,为不特定多数人的生命身体安全,规范性质属于抽象危险犯。[5] 特定行为本身(妨害卫生物品的陈列),被认为带有典型的危险性,刑法上拟制法益危险已经形成。[6] 依据本条之规定,只要行为人制造、贩卖或意图贩卖而陈列妨害卫生之饮食物品,纵然未产生实害或危险结果,均构成本罪。

本罪的行为态样有三:制造、贩卖、意图贩卖而陈列。有任何一种行为,即成立本罪。制造,是指原料加工制成成品;贩卖,系指贩卖出卖或以物易物,至于是否行为人自己制造并不重要;意图贩卖而陈列,则指意图贩卖、出卖,而将妨害卫生的饮食物品陈列于他人可以观览选购的地方。[7]

行为客体是妨害卫生的饮食物品或其他物品,对于妨害卫生的定义,有学者认为,应泛指一切有碍健康或有碍品味的物质[8],例如:不洁饮料、过期或腐败食物等。本罪并无加重结果犯的规定,因此,所谓的妨害卫生,实应解释为,不会致人于死亡或重伤的物质。[9] 亦有认为,只要一切有妨碍

---

[5] 参见张丽卿:《新刑法探索》,台北元照出版公司 2012 年版,第 172 页。参见曾淑瑜:《刑法分则——国家、社会法益之保护》,台北三民书局 2009 年版,第 208 页。

[6] Roxin, Strafrecht AT I, 4. Aufl., 2006, §11, Rn. 153.

[7] 参见林山田:《刑法各罪论》(下),台北元照出版公司 2005 年版,第 349 页。

[8] 参见曾淑瑜,同注 5,第 208 页。亦有学者认为,基于与"刑法"第 190 条毒物之比较,故本罪所谓妨害卫生物品系指毒物以外足以妨害健康之物质。参见蔡墩铭:《刑法金精义》(第二版),台北翰芦图书出版有限公司 2007 年版,第 519 页。

[9] 参见林东茂:《刑法综览》,台北一品文化出版社 2012 年版,第 2—260 页。

人体健康的物质,均包含在内。[10] 本文以为,在体系解释上应采前者。这样,才能区分"刑法"第191条、第191条之1的食品范围。解释上,为了与饮食物品区分,所谓其他物品,应认为食物以外的妨害卫生物品,如:化妆品、药品,等等。

主观上,本罪包含直接故意与间接故意。直接故意,是指行为人对其行为有所认识,并且进而决意制造、贩卖或陈列。间接故意,是指行为人认识其制造、贩卖或意图贩卖而陈列的物品可能有碍人体健康,但抱持无所谓的态度。

本罪不处罚过失,且无加重结果犯,若行为人因过失而违反该条,且有致人受伤或死亡等,则依照"刑法"第284条论以业务过失致伤害罪,或"刑法"第276条业务过失致死罪。

2. 毒化饮食物品罪

毒化饮食物品罪规定于"刑法"第191条之1。行为人对他人公开陈列、贩卖的饮食物品渗入、添加或涂抹毒物或其他有害人体健康的物质者,或将已经渗入、添加或涂抹毒物或其他有害人体健康物质的饮食物品,混杂于公开陈列、贩卖的饮食物品之中。本罪有加重结果犯的规定,对于犯本罪而致人于死或致重伤者,成立本罪的加重结果犯。为了充分保护法益,本罪处罚未遂。

本条立法通过之前,有歹徒模仿日本千面人犯罪手法,对于流通市面的食品下毒,借此向厂商勒索巨款,严重破坏社会安全。这类事件如果导致消费者死亡,行为人成立杀人罪;但若未有实害发生,仅能论以"刑法"第346条的恐吓取财罪。论以恐吓取财罪,刑度过轻。该行为对社会造成的恐慌,以及对消费者健康造成的危害,并非恐吓取财罪所能平衡。另外,如果下毒行为是同行间的竞争报复,恐吓取财罪即无法适用。为了解决前述问题,"立法院"于1999年4月通过"刑法"第191条之1。

本罪的客观构成要件有二:其一,对于他人公开陈列、贩卖之饮食物品或其他物品渗入、添加或涂抹毒物或其他有害人体健康之物质者;其二,将已渗入、添加或涂抹毒物或其他有害人体健康之饮食物品或其他物品,混杂于公开陈列、贩卖之饮食物品或其他物品。区别点在于,前者是将他人已公开陈列的物品予以毒化;后者则是将已毒化的物品混杂于自己或他人公开

---

[10] 参见林山田,同注7,第346页;卢映洁:《刑法分则新论》,新学林出版社2011年版,第260页。

陈列之处。

本文以为,此规定可能形成漏洞。若行为人自己将毒物渗入、添加于自己所公开陈列贩卖之处,则不能适用"刑法"第191条之1第1项,必须回归"刑法"第191条,两罪刑罚落差极大,而有保护法益不足之嫌。

本罪设有加重结果犯,对于施行"刑法"第191条之1第1、2项的行为而致人于死或重伤者,成立本罪的加重结果犯。如果行为人下毒时,明知所用的毒药有致命作用,则是杀人的间接故意,此下毒行为,应论以杀人罪。

(二)违反"食品卫生管理法"之罪

"食品卫生管理法"自1975年立法后,屡因发生重大食品卫生安全事件,已经有过13次的修法。

最新一次修法,是2013年5月31日。[11] 事件起源于2013年4月,统一超商与全家便利商店内部送检,其产品"关东煮"当中的"黑轮",被检验出工业用原料"顺丁烯二酸"。[12] 尔后,台湾食品出现顺丁烯二酸的情况,这次事件如同滚雪球般,越滚越大。举凡市售含有地瓜粉、番薯粉、酥炸粉、黑轮粉、清粉、澄粉及粗粉等淀粉类食材,如粉圆、芋圆、板条、肉圆、豆花、粉粿、关东煮、天妇罗等,均受影响。[13]

据媒体报道[14],运用顺丁烯二酸制成的"修饰淀粉",是由退休的高中化学教师王东清所发明,其以此修饰淀粉,让食品的口感提升。王东清表示,是有人委托他进行研究,而研发出此修饰淀粉,但实际的产品并非由自己所做。不过,也有消息指出,他确实曾指导制售毒淀粉的协奇淀粉厂两个月。台南市政府卫生局已对制售毒淀粉的协奇淀粉厂罚新台币13万元,但

---

[11] 2013年5月31日"立法院"第8届第3会期第15次会议通过。
[12] 添加顺丁烯二酸可增加食物Q弹口感,此酸酐又称为马来酸酐或去水苹果酸酐,也常简称为顺酐。当它遇水时则会水解成顺丁烯二酸。据科学文献指出,顺丁烯二酸没有急毒性,虽有研究指出对狗的肾脏有毒性的风险,但对于其他动物如老鼠或猴子却无影响,至于对人类而言,它并不会如塑化剂具有生殖发育的负面效应,亦无潜在的致癌性。因此,若不慎吃进这些含顺丁烯二酸的食品时,宜多补充水分,以降低对肾脏造成的可能负担或伤害。参照http://www.wunan.com.tw/newspaper/NEWS_WL_20130606.htm#Editor_talk,最后浏览日期:2013/6/9。
[13] 参见台视新闻:《和美化工下游两厂查获8吨毒淀粉"像肉粽一大串"毒淀粉案滚雪球上游称教授调配下游业者:以为OK》,http://www.ttv.com.tw/102/05/1020523/102052390737021.htm,最后浏览日期:2013/6/9。
[14] 参见东森新闻:《毒淀粉发明人「王老师」王东清!食药局:他恐不会挨罚》,http://www.ettoday.net/news/20130526/212880.htm#ixzz2ViMeK2gc,最后浏览日期:2013/6/9。

对于指导协奇制造的退休教师王东清,却无法可罚,因为没有证据表示王东清有制造及贩卖与顺丁烯二酸有关的修饰淀粉产品。

这起事件是台湾近年发生最受瞩目,也是影响层面最广的食品卫生安全案件。事件发生后,舆论批评不断,认为政府并没有正视人民饮食安全的问题。这个事件因此促成2013年5月"食品卫生管理法"的修正。这次修法,将"食品卫生管理法"由原本的7个章节,增加至10个章节;条文总数也由原本的40条,增加至60条。最新的"食品卫生管理法",对于侵害食品安全的刑罚,规定在第49条。

"食品卫生管理法"第49条规定,行为人有本法第15条第1项第7款、第10款行为,便构成犯罪,此系抽象危险犯的立法。此外,对于有本法第44条至第48条行为,致危害人体健康者,则构成食品安全犯罪的具体危险犯。如因而致人死亡或致人重伤,"食品卫生管理法"设有加重结果犯的规定。以下,说明违反"食品卫生管理法"的犯罪构成要件。

1. 行为主体与主观要件

传统的欧陆法系,否认法人可以成为犯罪主体,因为法人不能自己作意思决定,没有人格的表现,无法从事犯罪行为。在普通刑法领域里,台湾地区的实务判决或学说意见也都如此认为。但是,在附属"刑法"的罚则中,却有处罚法人的规定,如"公平交易法"或"水污染治制法"等。"食品卫生管理法"也有处罚法人的规定。

"食品卫生管理法"的行为主体,包含自然人与法人。法人的部分,即食品业者。所谓食品业者,依据"食品卫生管理法"第3条第7款的规定,系指"从事食品或食品添加物之制造、加工、调配、包装、运送、贮存、贩卖、输入、输出或从事食品器具、食品容器或包装、食品用洗洁剂之制造、加工、输入、输出或贩卖之业者"。"食品卫生管理法"第49条第5项,有对法人科以罚金的规定:"法人之代表人、法人或自然人之代理人、受雇人或其他从业人员,因执行业务犯第一项至第三项之罪者,除处罚其行为人外,对该法人或自然人科以各该项之罚金。"法人违犯该条第1项之罪,科或并科新台币800万元以下罚金;犯第2项之罪,致危害人体健康者,科或并科新台币1000万元以下罚金;犯第3项之罪,因而致人于死者,得并科新台币2000万元以下罚金,若致重伤者,得并科新台币1500万元以下罚金。附属"刑法"中对法人科以罚金,目的在于借助刑罚来威吓法人的决策者。

有关行为人的主观要件,既处罚故意,也处罚过失。依"食品卫生管理法"第49条第4项:"因过失犯第一项、第二项之罪者,处一年以下有期徒刑、拘役或科新台币六百万元以下罚金。"处罚过失,是为了加强食品业者的注意义务。在食品卫生事件中,虽有部分食品业者为节省成本而故意犯之;大部分食品安全事件,业者并非故意制造或贩卖有害人体或不清洁的食品,而是疏于注意,导致食品出现安全问题。倘若无过失犯的处罚规定,业者将会轻忽食品安全的重要性。

2. 行为态样

"食品卫生管理法"第49条有许多犯罪类型,诸如:掺伪或假冒、添加未经许可添加物(掺未经许可添加物罪)、对于食品、食品添加物以及包装物等安全规范(制造贩卖有毒有害食品罪)、食品广告之限制(虚假食品广告罪)、食品营业登记规范(违反食品登记查验罪)、食品卫生安全之标示(违反食品安全标示罪)以及不履行缺陷食品回收义务(不履行回收义务罪)。针对这些行为,分别详述如下。

首先说明的是,"食品安全管理法"第49条,第1项是抽象危险犯的规定(掺伪或假冒、添加未经许可添加物),其余则属于具体危险犯。其他的行为态样,必须"致生危害人体健康",才构成犯罪。另外,为了有效吓阻业者,增列加重结果犯的规定。依"食品卫生管理法"第49条第3项:"犯前项之罪,因而致人于死者,处无期徒刑或七年以上有期徒刑,得并科新台币二千万元以下罚金;致重伤者,处三年以上十年以下有期徒刑,得并科新台币一千五百万元以下罚金。"

(1) 掺伪或假冒、添加未经许可添加物(掺入未经许可添加物罪)

2013年5月中旬,媒体揭露食品业者为了使淀粉制品(如芋园、珍珠、肉圆、仙草),具有较为弹性的口感,添加顺丁烯二酸的工业用化学成分,本次修法加以回应,增设第49条第1项[15],只要有第15条第1项第7款与第10款行为者,即处以刑罚。亦即,对于食品或食品添加物有掺伪、假冒行为或对于食品或食品添加物添加未经许可之添加物,即得论以第49条之罪。

---

[15] 参见"立法院"议案关系文书关系文书院总第1722号。增列"抽象危险犯",系因应今年发生的"毒淀粉事件",修法缘由指出:"2013年以来,食品添加物违规使用事件层出不穷,2月台北市政府抽验儿童零食,验出禁用色素、防腐剂,中、小学附近店家贩卖的儿童休闲食品,约13%质量不符合规定;5月卫生署抽查市售淀粉类相关产品,发现不肖业者违法使用工业用黏着剂顺丁烯二酸,添加制成粉圆、黑轮等食品,均危害人体健康甚巨。使用非公告许可之食品添加物、有毒或含有害人体健康之物质或异物及掺伪或假冒之行为,系属恶性特别重大之故意行为。且致危害人体健康之结果难以证明,故参酌日本食品卫生法之规定,不待结果发生,径对行为人科以刑事责任,以达吓阻不肖厂商之效果。"

增设抽象危险犯的立法方式,是为了顾及不特定多数人的生命、身体法益,将处罚前置化。行为人对于食品或食品添加物有搀伪、假冒、添加未经许可之添加物者,即推定该行为具有法益侵害的危险性,而得科以刑罚。

在2013年修法前,"食品卫生管理法"第34条仅规定:"有第三十一条至前条行为,致危害人体健康者"构成犯罪,属于具体危险犯。具体危险犯重在评价行为所致之具体危险情状,属于结果犯。不过,危害食品安全这类的行为,若仅以具体危险犯规范,一旦危害发生,恐怕侵害人民权益至大,故有改以抽象危险规范的必要。[16]

抽象危险犯将处罚的时点移至行为时,预防重点在于行为本身。立法者考虑特定行为所具有的一般性、抽象性危险,于是规定,只要该特定行为出现,其危险就在立法上加以拟制,并且不容许反证推翻。[17] 抽象危险犯能避免举证困难,减轻追诉机关的负担,是非常有实用性的构成要件,能周全地保障法益[18],并符合一般预防的功能。

(2)对于食品、食品添加物以及包装物等安全规范(制造贩卖有毒有害食品罪)

本法规定对于食品从业人员,在其作业场所、设施卫生管理及其品保制度必须符合食品之良好卫生规范准则,且若为主管机关公告类别及规模之食品业,应符合食品安全管制系统准则之规定。若有违反而致危害人体健康者,即得论以刑罚。

按照"食品卫生管理法"第15条第1项的规定,食品业者不得对于变质、腐败、未成熟而有害人体健康、有毒或含有害人体健康之物质或异物、染有病原性生物,或经流行病学调查认定属于造成食品中毒之病因、残留农药或动物用药含量超过安全容许量、受原子尘或放射能污染,其含量超过安全容许量以及掺伪或假冒之食品或者食品添加物为制造或贩卖。

又2011年1月发生瘦肉精事件,故本法第15条第4项规定,"肉品及其他相关产制品,除依主管机关根据人民膳食习惯为风险评估所订定安全

---

[16] 针对食品安全的保护,本人于2009年即有专文指出《抽象危险犯:立法的重要性》,参见张丽卿,同注5,第123页。

[17] 抽象危险犯是否得以反证推翻,学说上仍存有争议,有学者以为可以事后举证而为推翻行为危险性来达到阻却构成要件,但台湾地区实务以及学界通说似较倾向于不得反证推翻。参见王皇玉:《论危险犯》,载《月旦法学杂志》2008年8月第159期,第239页。

[18] Hasser, Kennzeichen und Krisen des modernen Strafrechts, ZRP 1992, S. 381; ders., Symbolishes Strafrecht und Rechtsguterschutz, NStZ 1989, S. 558.

容许标准者外,不得检出乙型受体素。"即规定食品业主,不得对曾发生因食用安全容许残留乙型受体素肉品,而造成中毒案例之肉品进岛,如果违反这些规定,且行为人制造或贩卖以及随意进岛,依本法第49条因而危害人体健康者,或因过失而犯之者,均得论以本罪。

其他得论以"食品卫生管理法"第49条的犯罪行为,诸如:对于装用食品之器具或包装、食品洗洁剂,如为有毒者、易生不良化学反应或者危害人之身体健康者,即不得制造、贩卖、输入、输出或使用,且有违反而致人之身体健康有危害者(第16条)。或者禁止其制造、贩卖、输入或输出,而食品业者仍不遵行而致人之身体健康有危害者(第44条第1项第4款)。

(3) 食品广告之限制(虚假食品广告罪)

食品业者违反食品宣传广告之相关规定(第28条),得处以罚款;如再次违反,得废止其营业或工厂登记证照。除了食品业者之外,对于传播业者,也得处以罚款。如果违反上述规定,致危害人体健康,则构成"食品卫生管理法"第49条第1项之规定而得科处刑罚。换言之,"违反本法第28条之行为,有致危害人体健康者",成立本法第49条的犯罪。

"食品卫生管理法"第28条是构成要件之一部分,规定对于食品、食品添加物或食品用洗洁剂所为之标识、宣传或广告,不得有不实、夸张或易生误解之情形。值得注意者,食品不具有医疗疗效,故在广告内容上,食品不得为医疗效能之标示、宣传或广告。另外,对于特殊营养食品、易导致慢性病或不适合儿童及特殊需求者长期食用之食品,得限制其促销或广告;其食品之项目、促销或广告之限制与停止刊播,故若食品业者违反规定,致危害人体健康,得依第49条处罚。

"食品卫生管理法"第29条对传播业者也有相关规制,明定接受委托刊播之传播业者,应自广告之日起6个月,保存委托刊播广告者之姓名或名称、身份证统一编号、公司、商号、法人或团体之设立登记文件号码、住居所或事务所、营业所及电话等数据,且于主管机关要求提供时,不得规避、妨碍或拒绝。如果违反而致危害人体健康,成立第49条之罪。

(4) 食品营业登记规范(违反食品登记查验罪)

食品业者经主管机关公告类别及规模之食品业者,应向"中央"或直辖市、县(市)主管机关申请登录,始得营业,且营业登记后对于主管机关公告类别与规模之食品业者,应依其产业模式,建立产品原材料、半成品与成品供应来源及流向之追溯或追踪系统,以利食品安全问题发生时得以查验;食品业者若违反,导致危害人体健康,得依第49条论处。

另外,对于输入经主管机关公告之食品、食品添加物、食品器具、食品容器或包装及食品用洗洁剂时,应向主管机关申请查验并申报其产品有关信息。食品业者未办理输入产品信息申报,或申报之信息不实,导致危害人体健康,亦是如此论罪。

(5)食品卫生环境规范(违反食品卫生环境罪)

为了保障食品卫生安全管理,特定之食品业者必须设置"卫生管理人员",第11条规定,经主管机关公告类别及规模之食品业者[19],应设置"卫生管理人员"。对于应置"卫生管理人员"的业者要求有一定比率,并由领有专门职业或技术证照之食品、营养、餐饮等专业人员,办理食品卫生安全管理事项(第12)条。卫生署依据本款公告应设置卫生管理人员之食品制造工厂类别,分别为:(1)乳品制造业;(2)罐头食品制造业;(3)冷冻食品制造业;(4)实时餐食业;(5)特殊营养食品制造业;(6)食品添加物制造业。[20] 若违反食品制造工厂卫生管理人员设置之规定,致危害人体健康者,得论以本罪。

此外,在公共饮食场所卫生方面,若违反地方政府依"食品卫生管理法"第14条所定的相关管理办法,造成公共饮食场所不卫生,且致危害人体健康,依据同法第49条,得论以本罪刑罚。

(6)食品业者投保规范(违反食品业者投保罪)

值得一提者,为了更确保食品的安全无虞,更进一步要求"经主管机关公告类别及规模之食品业者,应投保产品责任保险"(第13条)。如果应投保产品责任保险的业者,违反保险规定而致危害人体健康,亦有刑罚制裁。有疑义者,产品责任险的保险事故,是发生在产品导致消费者损失的情形,属于消极保险,因此甚难想象食品业者违反产品保险责任,与人体健康危害之间的关系。

(7)食品卫生安全之标识(违反食品安全标识罪)

关于食品标识的主要规定,在"食品卫生管理法"第21、22、24、25、26、27、28条。行为人对于有容器或包装的食品、食品添加物、食品用洗洁剂,以及经卫生署公告指定的食品器具、食品容器、食品包装,著不为真实之食

---

[19] 主管机关之定义,依据"食品卫生管理法"第9条之规定,系指"行政院""卫生署"。不过,2013年7月起,因应政府组织再造,将公共卫生医疗、社会福利等两大社会事务整合,改成"卫生福利部"。

[20] 2002.01.25卫署食字第0910013743号函释可资参照。

品标示或者对于外来产品等,未为中文之标示,因而危害人体健康者,即得论以本罪。

是否因为违反标识而致危害人体健康,其因果关系甚难想象,也甚难证明,所以目前实务上找不到相关的刑事判决。比较接近的,或许是近期发生的案例,亦即便利商店的便当热量少标达28%[21],可能导致食用者肥胖而影响健康。惟少标热量,与造成肥胖乃至于危害人体健康之间的因果关系,恐怕不易证明,由此也不难想象何以实务上无此类判决之出现。

食品添加物之品名、规格及其使用范围、限量标准,必须符合主管机关之规定,若违反而致危害人体健康,得论以第49条之罪。另外,依本法规定应提供之数据,拒不提供或提供数据不实以及依本法规定命暂停作业或停止贩卖而不遵行,不但有行政罚,若同时有致危害人体健康者,亦得论以本罪。

(8) 缺陷食品回收义务(不履行回收义务罪)

倘若发现在市面上流通的食品存有缺陷,且有害人体健康之虞,行为人应将缺陷食品下架、回收;若不为之,则可能构成"食品卫生管理法"第49条第2项之罪。更具体地说,这些不履行缺陷食品回收义务的行为,有以下几种。

依据"食品卫生管理法"第7条第2项,食品业者于发现产品有危害卫生安全之虞时,应主动停止制造、加工、贩卖及办理回收,并通报直辖市、县(市)主管机关。故食品业者若违反前述规定,导致危害人体健康者,构成不主动积极回收缺陷食品义务罪。

又若食品、食品添加物、食品器具、食品容器或包装及食品用洗洁剂不合法规,却消极不遵行主管机关命其回收、销毁的处分(第44条第1项第3款),且导致危害人体健康者,也是构成本法第49条,消极不遵行回收处分义务罪。

对重大或突发性食品卫生安全事件,"食品卫生管理法"第4条规定,"中央机关"必要时得依风险评估或流行病学调查结果,对特定产品或特定地区之产品,为限制或停止输入查验、制造及加工之方式或条件以及下架、封存、限期回收、限期改制、没入销毁。食品业者若违反此规定,因而危害人

---

[21] 该新闻可以参见雅虎新闻:《散装"没法管"便当热量误差近30%》,http://tw.news.yahoo.com/%E6%95%A3%E8%A3%9D-%E6%B2%92%9130-070045894.html,最后浏览日期:2013/5/2。

体健康,也得依第49条论处,构成消极违反回收管制措施义务罪。

3. 食品劳工减免刑责事由

值得一提的是,如果食品公司劳工曾经参与违反"食品卫生管理法"的犯罪行为,依据"食品卫生管理法"第50条的窝里反条款,得减免其刑责。所谓窝里反条款,系指对于集体性犯罪,为鼓励其共犯成员供出该集团犯罪的方式,以及犯罪成员,不让侥幸之徒逍遥法外,爰设减轻或免除其刑之规定。

申言之,"食品卫生管理法"的窝里反条款,能保障揭弊者的工作权,鼓励共犯成员窝里反,以避免对于不特定多数人的生命及身体造成更大实害。也就是说,劳工曾参与依本法应负刑事责任之行为,而向主管机关或司法机关揭露,因而破获雇主违反本法之行为者,减轻或免除其刑。就保障揭弊者的工作权而言,雇主不得因劳工向主管机关或司法机关揭露违反本法之行为、担任诉讼程序之证人或拒绝参与违反本法之行为而予解雇、调职或其他不利之处分。如为解雇、调职或其他不利之处分为无效。

三、违反食品安全论罪上的疑难

随着科技发展,人类发现有许多化学物质或合成物可以改变食物原本的性质,让食物的口感更加美味。但是,有许多化学物质或合成物对人体健康可能产生伤害,有侵害食品卫生安全的疑虑,进而可能构成违反食品卫生安全犯罪。但在违反食品卫生安全论罪中,存有些许难题,以下分别说明。

(一)证明故意犯罪的难题

食品犯罪的行为人可能出于故意。不过,关于食品卫生安全的刑事责任,要证明故意犯罪是很困难的,因为产品的制作与营销由多人经手,且在很多时候,侵害结果产生于流通市面的产品,但客观上却无法预见。产品于制造或贩卖时是否已存在瑕疵,业者通常会主张不具故意的心态,而仅能论以过失。因此,要认定行为人具有故意,在司法实践上有困难。

由于食品犯罪难以证明故意,为了有效保护食品安全,似可使用重大过失责任的概念。刑法上重大过失的设计,原意即在当作"截堵的构成要件",也就是当无法证明行为人有故意时,至少可以依照"破坏重大的义务"而认定有过失,如此可防堵行为人以其不具故意而规避刑法制裁。

德国法上有重大过失的处罚规定,主要是针对环境犯罪或经济犯罪。《德国刑法典》有一般过失及轻率过失的区分。所谓轻率(Leichtfertigkeit),

即为重大过失。某些特殊的犯罪,由于具有较高的风险性以及损害可能性,行为人必须承担特殊的注意义务。[22] 当行为人忽略损害发生的高度可能性、违反特别重要的注意义务,刑法就必须适时介入,以保护法益的安全。[23] 透过轻率过失的概念,可以防堵行为人借口以不具故意为由而免受处罚。

为了保障食品安全,食品业者对于各种原物料的来源,应有其专业,而可通过查核程序,做基本上的检核。倘若食品业者未为合理的查核程序,已彰显其未尽基本的注意义务,已属轻率过失,应加以制裁。故在刑事程序中,即便无法证明其为故意犯罪,仍可认为具有轻率过失。司法机关比较难以证明食品业者有故意,但至少可以推断有重大过失。所以,重大过失的立法设计,是为了防堵行为人的抗辩,认定其有重大过失,而补足故意处罚的不足。[24]

本文认为,关于食品安全的刑事过失责任,也可考虑除了一般过失外,在立法规范上,考虑特别情状的重大过失处罚。一方面,不要加诸业者太严苛的刑法责任;另一方面,防堵业者以缺乏故意为借口逃避刑法的制裁。这样的概念,在食品卫生安全的过失犯罪上,或许也可以考虑运用。

(二) 成立过失犯罪的检验

是否成立违反食品卫生安全的过失犯罪,关键在于如何认定行为人的过失。一般认为过失犯之所以能够成立,主要在于"注意义务之违反",而注意义务的内涵为何,新旧过失理论的看法有别。旧过失理论着眼在"结果预见之可能性",谴责结果责任。旧过失理论认为,行为人预见结果的发生,即使已尽防止结果发生的义务,结果仍不免发生,亦成立过失。新过失理论则将重心放在"结果回避义务",谴责行为人之行为责任。也就是说,行为人预见结果会发生,应采取适当的措施以回避结果发生。新过失理论主要在谴责行为人预见结果发生,却不为回避行为,所以是一种行为责任。[25]

---

[22] Fischer, StGB., 60Aufl., 2013, § 261, Rn. 43, Rengier, Strafrecht Allgemeiner Teil, 2 Aufl., 2010, S. 479, Rn. 9
[23] 参见林东茂:《刑事医疗过失探微——从一个案例说起》,载《月旦法学杂志》2010年第176期,第272—273页。
[24] Fischer, a. a. O., § 261, Rn. 43; auch ähnliche Meinung vgl. Kühl/Lachner, 27. Aufl., 2011, § 261, Rn. 13.
[25] 参见张丽卿:《刑法总则理论与运用》,台北五南图书出版公司2012年版,第396—398页。

惟鉴于现代公害事件等未知事故的发生,行为人往往无预见的可能性,无论是新旧过失理论都无法妥善解决。是故,有学者提出新过失理论,即"危惧感理论"。[26] 简言之,行为人一旦有畏惧感的存在,即便对具体的危险内容无预见可能性,但行为可能造成某种危害,行为人也会产生不安,行为人即应采取避免危险发生的措施;若行为人未尽避免结果发生的义务,仍须负过失责任。[27] 这个理论,对于一些涉及法益重大,且举证困难的犯罪形态,值得参酌。

更清楚的说,畏惧感理论并不以追究行为人有故意为必要,只要有破坏重大义务,即有过失,这样的看法符合现今社会生活型态。现在食品制造或医疗事故等,均与大型企业或组织有关,依此理论,可直接追究企业或组织高层的责任。回到食品安全的问题上,当一个涉及大众食品安全的行为,行为人违反注意义务,其实都牵涉到构成犯罪事实的可能性,行为人有预见可能性而未预见,已经表示对别人法益的藐视,可以理解为对"重大注意义务的违反。"[28]

日本近年对于过失理论,有更新的看法,即"管理监督过失论""刑事制造物过失论"。管理监督过失论,是为了追究企业高层的过失责任而生,也就是说,企业因过失而对社会产生的危害,是因为企业主对于职员监督不周,且没有妥当管理人员与设备所导致。[29] 刑事制造物过失论,则是追究制造、贩卖或物流业者,此可区分为两个层次:一是如同前述的管理监督过失论;二则是明知该制造物有缺陷,但企业主却不回收的情形,这涉及了不作为犯的保证人地位。关于食品安全犯罪的不作为犯保证人地位问题,详细说明于后。

在讨论过失犯是否成立的要件时,有一个无法忽略的概念,就是食品业者有无主张信赖原则的空间。信赖原则是1930年由德国帝国法院所提出,本来是针对交通事件而发,后来渐渐运用至各种生活领域,尤其针对需要社会分工的领域。[30]

最为典型而且常见的例子是快餐产品。食品业者提供生活上的方便,让快餐产品可以简易的冲泡而使用。快餐产品必然添加适量的防腐剂,对

---

[26] 参见〔日〕山中敬一:《刑法总论》,成文堂2008年版,第391页以下。
[27] 参见张丽卿,同注25,第414页。
[28] 〔日〕山中敬一,同注26,第391页以下。
[29] 同上注。
[30] 参见林东茂,同注9,第1—193页。

于人体健康有一定程度的危险。业者必须信赖消费者是理性的,不会长期地一味使用快餐产品(如泡面)以致损害健康。基于此种信赖,快餐产品才可以放心的推出。因此,如果消费者不理性地使用快餐产品而发生健康上的损害,即不可归责于业者。其他商品的不理性使用而导致健康受损,一样不可归咎业者。

在食品制作的分工上,能否主张信赖,应参酌危险的大小与行为人的查证能力。举例而言,假设 A 是最上游生产面粉的厂商,B 是加工面粉的中游厂商,C 是鸡排店老板。B、C 都向 A 进货低于市价却有毒的面粉,B 加工面粉后依其事业规模可生产 5 万份鸡排面衣,而 C 直接加工面粉可卖出 50 份鸡排。在本例中,B、C 同样都生产有毒之食品并提供于大众,然而是否都可以主张信赖 A 能生产安全无毒的面粉,应该有所区别。

本文认为,B、C 因为事业规模与专业性都不同,B 所负担的社会责任应高于 C,必须尽到更高度的查证义务。C 只是小规模事业,对于原料来源只要仔细检查外观的标签是否合乎规范即可,对于内容物的实际状况,应该可以主张信赖 A 厂商;但就 B 来说,纵然没有将原料送往化验,至少也要督促 A 出示原料合格的证明,若纯粹以原料外观之标示判断,恐怕没有信赖原则之适用。

另外,在"组织内分工"的情况,也会有信赖原则适用的可能。譬如,某食品制成需要有 X、Y、Z 三个部门的原物料,今 X 部门的原物料产生缺陷,而有危害人体的可能时,Y 与 Z 部门应当可以信赖 X 部门而主张信赖原则。不过,大企业的分工更为细致,其中可能还有品管人员,要在大企业的部门之间讨论组织内分工,应当更为谨慎。

最后,关于食品安全的过失犯罪,也可能由"一群人的共同过失"所造成。例如,多个企业经理人对收回有缺陷产品一致的不作为。但是,能否依照"过失共同正犯"处罚,则有刑法论证上的难题。主要原因是,食品制造的所有参与者,共同引发了构成要件的结果(消费者的死亡或伤害),却无法认定个别参与者是否对结果具有因果关系。换言之,食品业者只是抽象的意识到结果发生之可能性,但对结果的发生并无预期与期待。[31]

不过,当食物产品之刑事责任,牵涉集体决议时就有讨论过失共同正犯的可能。[32] 因为有问题产品的贩卖或回收等决定,往往都需经由公司决策

---

[31] Otto, Mittäterschaft beim Fahrlassigkeit fahrlässigkeitsdelikt, Jura 1990, S. 48.
[32] Roxin, a. a. O. , (fn. 6), §25, Rn. 241.

会议以决议方式作成,而这些决策机关的人员,理应对产品所造成的结果负担刑事责任;但是,这类情形似乎又无法确定行为与结果之间的因果关系。是故,过失共同正犯概念的提出,便是处理这种多数人过失对犯罪结果有作用,但因果关系无法确定的情形。若以过失共同正犯来处理,如果将个人的行为当作是共同的犯罪行为,则结果与共同行为间的因果关系可被确定,多数人即须对不法结果负责,此可避免举证上的困难。

是否承认过失共同正犯的概念,有"行为共同说"与"犯罪共同说"的争论。如果共同正犯的本质是以"犯罪共同说"为基础,认为共同正犯的成立,除客观上对于特定犯罪的行为有所共同外,主观上亦需对于共同实行特定的犯罪有意思联络。共同行为人相互间以认识犯罪事实为必要,而过失的行为人则缺乏对犯罪事实完整的认识,并没有意思的联络,因此共同正犯的成立仅限于故意犯。

反之,若以"行为共同说"为基础,则承认过失的共同正犯。认为共同正犯仅以共同行为的认识为要件,不必皆有共同犯罪的认识,数人的共同行为有过失者,无论其为共同过失,或仅一方有过失,皆无害共同正犯关系的成立。所谓共同过失,只需数人认识某行为而有共为的意思,对于该行为构成犯罪的事实因不注意而未认识,故其共同行为均成立过失正犯。[33]

共同行为决议,是共同正犯连带责任的原则,但有德国论者认为,共同行为决意是以故意犯的角度推导出来的标准,而不是从共同正犯本身解释出来的[34],过失犯跟故意犯本质就不同,故似乎不需要以故意犯的标准为根据。因此故意犯是有意识且有意欲地实现构成要件,过失犯则是违反注意义务导致犯罪结果。[35]故过失共同正犯应以共同的注意义务为主观要件,替代所谓的共同行为决议以作为连带责任的基础。不过,目前台湾司法实务[36]与德国学说[37]并不承认过失共同正犯,最主要的持理由是,过失犯没有犯意联络。

(三)因果关系的认定

对于结果犯的认定,加害行为与结果之间的因果关系,通常比较明确,

---

[33] 参见张丽卿,同注25,第409页。
[34] Vgl. Otto, Grundkurs Strafrecht, Allgemeine Strafrechtlehre, 7 Aufl., 2004, § 21, Rn. 116.
[35] Weisser, Gibt es eine fahrlässige Mittäterschaft? JZ 1998, S. 233.
[36] 参见"最高法院"1955年台上字第242号刑事庭判例。
[37] Vgl. Otto, a. a. O., (Fn. 34), § 21, Rn. 115; auch Gropp, Strafrecht Allgemeiner Teil, 3 Aufl., 2005, §10b, Rn. 97b.

但食品安全犯罪的因果关系却不易掌握,因为受害者个别体质不同,食用后对人体的不良反应也有不同,有的可能存在潜伏期;此外,结果的产生也可能是多种因素造成的。因此,对于追查危害的发生,是否由妨害食品安全的行为造成,并不能轻易厘清彼此之间的关系。

因果关系的判断,实务通常采取相当因果关系。所谓相当因果关系[38],系指依经验法则,综合行为当时所存在之一切事实,为客观之事后审查,认为在一般情形下,有此环境、有此行为之同一条件,均可发生同一之结果者,则该条件即为发生结果之相当条件,行为与结果即有相当之因果关系。反之,若在一般情形下,有此同一条件存在,而依客观审查,认为不必皆发生此结果者,则该条件与结果不相当,不过为偶然之事实而已,其行为与结果间,即无相当因果关系("最高法院"1987 年台上字第 192 号判例)。

食品安全犯罪的因果关系认定非常不易。依照一般经验很难对事实因果关系作出判断,特别是食品安全犯罪行为,往往需要相当时间才会引发结果,故当最初条件与最后结果发生之间,出现其他原因时,因果关系就相当难以证明。简单来说,有问题的食品引发消费者健康受损,依照相当因果关系,在相当性的检验上,恐怕存有诸多问题。我们很难证明消费者于有此环境、有此行为之同一条件,就一定会发生相同的结果。

食品卫生安全犯罪与一般的刑事犯罪不同,无法依据社会生活的一般经验加以判断,故需要运用专门的科学知识对因果关系进行证明,故日本学说提出,"疫学因果关系"[39]的概念,恰可解决此一公害事件的因果关系的检验。所谓疫学因果关系主要是指,在医学上无法厘清的事项,使用统计学的方法,通过大量观察而找出其规则性,依此规则性来认定因果关系。然疫学因果关系乃建立在抽象因果关系之存在,与具体个案之实际因果关系未必相同,可以考虑通过疫学因果关系,仅系推定个案因果关系之存在,而容许当事人举反证加以推翻。

例如,发生于 1979 年的台湾米糠油事件,当时有人因为中毒(多氯联苯)而死亡、发生糖尿病而死亡、营养不良死亡、肺炎死亡,等等,但在类此案例中,应如何证明这些死亡都可以归责于制造米糠油的人;又在每一个死

---

[38] 对于相当因果关系认定上,学说发展上亦采有主观说、客观说、折中说。参见陈子平:《刑法总则》,台北元照出版公司,第 167 页以下。

[39] 在日本系发生于 1964 年至 1966 年发生千叶大学伤寒事件、痛痛病事件、废水污染公害事件(通称水俣病)。参见余振华:《刑法总则》,台北三民书局 2011 年版,第 151 页。

亡原因皆不相同之情况下,如何证明行为与结果间的因果关系,都成为判断难题。

对于本案,台中高等法院1988年度重上更(六)字第4号判决,虽未直接表明采用疫学因果关系的内容作为判断依据,但却已经运用疫学统计概念,判决指出:当时多家公司、学校使用有问题的米糠油,留在公司或学校内用餐的员工师生,多有中毒迹象,而未搭伙的员工师生则无一中毒(案发时,某A公司在工厂用餐的员工有117人,有85人中毒;B公司212人在工厂用餐,有85人中毒。两家公司未在工厂用餐的员工,均无人中毒。某盲哑学校,也发生师生用餐后多达165人中毒),基于统计资料,认为多数死亡原因皆出于食用米糠油,行为与结果间具有相当因果关系,而判决被告过失致死罪,已经具有疫学因果关系的概念。[40]

本文以为,食品问题所侵害的范围过广,对于行为与结果间因果关系认定亦属不易,尤其是经验上的因果认定。[41] 对于此类食品公害事件,通过生物、生理、病理学的方法取得统计结果,并基此推定行为与结果之间的经验上因果关系,以避免难以认定的因果关系,造成诉讼的延宕。

(四)保证人地位的来源

食品安全犯罪中,不作为犯的情况是最为常见的。发生食品安全的不作为犯罪,通常有两种可能:一是食品流通后,危害方才发生,行为人有回收义务,却不回收有缺陷的食品;二是行为人在制造生产该食品时,就可能预见到食品有缺陷,却仍放任可能有缺陷的食品进入物流管道,让消费者购食。

先说明第一种可能。如果食品、食品添加物、食品器具、食品容器或包装及食品用洗洁剂不合法规,有危害人体健康的疑虑,却消极不遵行主管机关命其回收、销毁的处分,且因而导致危害人体健康者,构成第49条"消极不遵行回收处分义务罪";此外,针对重大或突发性食品卫生安全事件,主管机关依风险评估或流行病学调查结果,对特定产品或特定地区之产品,为限制或停止输入查验、制造及加工之方式或条件以及下架、封存、限期回收、限期改制、没入销毁。食品业者若违反此规定,因而危害人体健康,也得依第49条论处,构成"消极违反回收管制措施义务罪"。

---

[40] 学者指出本案因果关系的认定就是采用"疫学的因果关系",参见蔡振修:《医事过失犯罪》修订一版,2005年自版,第40页。
[41] 参见张丽卿,同注5,第160页。

其次说明第二种可能。依据"食品卫生管理法"第7条第2项,食品业者于发现产品有危害卫生安全之虞时,应主动停止制造、加工、贩卖及办理回收,并通报直辖市、县(市)主管机关。故食品业者若违反前述规定,导致危害人体健康者,得依第49条论处不主动积极回收缺陷食品义务罪。

发生前述的情况,食品的生产制造者,忽略借由食品安全警示,或回收瑕疵食品,以防止消费者可能因食用而发生生命或身体的伤害,应当就构成故意或过失的不作为犯。在判断食品安全犯罪的不作为犯问题上,首应厘清"保证人地位"的问题。对此,学说上存有争议[42],以下分别说明,并提出本文看法。

第一种说法是"危险前行为(Ingerenz)的保证人地位",即"刑法"第15条第2项,"因自己行为致有发生犯罪结果之危险者"的情况。德国联邦最高法院采取这个看法[43],只要制造生产或贩卖流通可能伤害消费者身体健康的食品于市场上,纵然尚无人食用,但此确实是一个危险前行为,行为人就应当有回收产品,并且有避免侵害发生的义务,而有保证人地位。但是,这个看法普遍遭到否定。[44] 因为这样的看法必须以行为人已经先创造一个不被允许的风险为前提;当行为人未违反注意义务的情况下,便无法解释清楚。

另外一种说法似乎试图修正第一种说法,提出"提高风险前行为"(gesteigert riskantem Vorverhalten)的保证人地位立论;即以行为是否提高风险,作为有无保证人地位的判断依据。[45] 也就是说,虽然是未违反注意义务的情况,但该行为依然提高了缺陷食品发生的风险,便有保证人地位。不过,此看法有待商榷,因为这样的看法破坏了危险前行为的思想,假如行为人在行为时,并未违反义务,何来危险发生;再者,这个看法充满不确定性,

---

[42] 本处主要参考 Roxin, Strafrecht AT II, 2003, § 32IV, Rn. 195ff.

[43] BGHst 31, 706, 115.

[44] Hilgendorf, Strafrechtliche Produzentenhaftung in der "Risikogesellschaft", 1993, 138ff.; Beulke/Bachmann, Die "Lederspray-Entscheidung" BGHSt 37, 106, Jus 1992, 739; Brammsen, Strafrechtliche Rückrufpflichten bei fehlerhaften Produkten?, GA 1993, 102ff.; Freund, Erfolgsdelikt und Unterlassen, 1992, 219; Meier, NJW, 1992, 3196; Otto, Grundsatze der strafrechtlichtlichen Produkthaftung nach dem "Holzschutzmittel"—Urteil, WiB 1995, 933; Schünemann, Die Funktion der Abgrenzung von Unrecht und Schuld, in: Gimbernat/Schünemann/Wolter (Hrsg.) 1995, 66ff, 68f.

[45] Jakobs, AT, 2. Aufl., 29/42; Freund, AT, § 6, Rn. 69; Otto, a.a.O., (Fn. 44), 933; Lackner/Kühl, 24 Aufl., § 13, Rn. 13.

如何才是提高风险,也无法说明清楚,反而在适用上造成困难。[46]

第三种看法是,"基于法律(Gesetz)的保证人地位"。例如"食品卫生管理法"等法规,对于食品业者的义务要求,或由民法上侵权行为导出回收义务,再将回收义务延伸到刑法。不过这样必须要面对一个问题,刑法和民法侵权行为的目的并不相同。刑法的目的在惩罚造成法益侵害的行为人,而因为刑罚的效果严厉、使人感到痛苦,故行为人必须对犯罪的发生得以支配才能非难。但民法仅在填补损害,故拿民法的回收义务来认定行为人在刑法上值不值得被归责,值得商榷。[47]

第四说则是,"基于监督义务(überwachungspflicht)的保证人地位"。也就是说,如果行为人对于在危险源头,具有监督义务并居于支配管理地位,为了不使危险源发生法益侵害结果,危险源的支配者对该危险源应当负有监督义务,而产生保证人地位。[48] 可是,有论者认为,对于已经制造生产的缺陷食品,之后投入市场,进入物流或库藏者之手,原先制造生产者已经无法居于支配管理地位,所以在解释保证人地位的生成上,可能产生盲点,并不是较好的论点。[49]

最后一说则是,"基于接管保护功能(übernahme einer Schutzfunktion)的保证人地位"。[50] 现代社会中,消费者几乎不可能对于所购得的食品进行有无危害人体的检验,他们只能信赖政府或食品业者提供的信息。然而,食品的制造生产者,应当是最了解缺陷食品的信息之人。他们清楚自己的制作过程,也清楚自己的销售管道,并能借由销售管道探知可能的消费者。换言之,当危害发生,制造者比任何人都能够回收产品,所以负有保证人地位。

对于前述各说,本文以为均不无道理,事实上,只要能够说理得当,食品安全犯罪的保证人地位,并不需局限于一端,如此,也更能周延食品安全的保障。不过,最后一种说法,似乎比较周密。因为制造生产者在整个食品产业链中,居于关键地位,最容易消除因缺陷食品所产生的危害及社会不安。

---

[46] Brammsen, Unterlassungstaterschaft in formalen Organisationen, in: Amelung, Individuelle Verantwortung und Beteiligungsverhaltnisse bei Straftaten in bürokratischen Organisationen des Staates, der Wirtschaft und der Gesellschaft, 2000, 116; Otto, Die strafrechtliche Haftung fürdie Auslieferung gefaahrlicher Produkte, H. J. Hirsh-FS 1999, 308.

[47] Roxin, a.a.O., (Fn. 42), §32IV, Rn. 206,207.

[48] Brammsen, a.a.O., (Fn. 44), GA 1993, 97ff, 113; ders, a.a.O., (Fn. 46), 2000,105ff (113ff.)

[49] Roxin, a.a.O., (Fn. 42), §32IV, Rn. 209.

[50] Roxin, a.a.O., (Fn. 42), §32IV, Rn. 210ff.

更具体地说,在制造者无过失的情况下,将缺陷食品投入市场,因其保护地位,应当回收缺陷食品,让缺陷食品所造成的风险尽速消失;制造者最了解销售的途径,可以快速回收,避免危害扩大。此外,制造者如果有过失生产缺陷食品,将缺陷食品投入市场时,则可能有两个保证人地位的来源,其一是"危险前行为的保证人地位",其二是"因保护功能而生的保证人地位",彼此并不冲突[51],生产制造者都应该回收缺陷食品与发布警告信息给消费者,否则都构成"食品卫生管理法"第49条第2项之不履行回收义务罪。

(五) 不法意识的有无

台湾地区食品安全犯罪,主要规定在附属刑法。此种立法方式的最大缺点,在于一般预防威吓的功能不彰,行为人可能不知道刑罚规定而触法,此即学理所称的"禁止错误"。

如何处理禁止错误,规定在台湾"刑法"第16条:除有正当理由而无法避免者外,不得因不知法律而免除刑事责任。但按其情节,得减轻其刑。所谓正当理由,有学者[52]归类如下:(1) 行为人不知法律。(2) 对违法或违宪的法规具有信赖。(3) 对判决的信赖。(4) 对国家机关见解的信赖。(5) 对专家意见的信赖。但错误是否得以避免的判断标准,并非毫无争议。[53]

本文认为[54],是否得以避免,应依行为人本身的社会地位及能力在可期待的范围内,判断其能否意识到行为的违法。当行为人对于自己的行为是否涉及不法有疑虑时,即应努力寻求答案,查询相关数据予以澄清,不能擅加猜测,主张自己的行为属于无法避免,以阻却罪责。[55] 例如,食品业者使用未经许可的添加物,如在面包里添加化学制剂的人工香精,遭人举发,业者却坚称特殊香味是独家秘方,而非人工香精,且保证人工香料与香精都是合法可食用。但卫生局检查发现,面包厂房里有人工香精的许多瓶罐。基本上,食品制造业者都应该富有经验,知道未受许可的添加物有害健康,如果任意添加,将有法律上的后果。只是确切的法律后果,业者未必知道。在食品里,添加其他化学制剂,业者意识到可能因此坐牢,即是具备刑法上

---

[51] Roxin, a. a. O., (fn. 6), § 32 IV, Rn. 216.
[52] 参见甘添贵、谢庭晃:《快捷方式刑法总论》增订二版,瑞兴图书股份有限公司2006年版,第217页。
[53] Vgl. Jescheck/Weigend, Strafrecht, AT, 5. Aufl. ,1996,S. 458
[54] 参见张丽卿,同注5,第73—74页。
[55] Frister, Strafrecht Allgemeiner Teil, Ein Studienbuch, 2009, § 19, Rn. 7

的不法认识。所以食品业者的刑法上的不法认识,不需要确定知道普通刑法或食品卫生管理法的具体内容。

台湾地区实务处理禁止错误相关问题时,基于人民有知法的义务,显少认定为不可避免的禁止错误。依实务标准[56],行为人的禁止错误是否可以避免,应依行为人的社会地位、能力及知识程度等一切因素考虑,判断行为人是否意识到行为违法,且当行为人对自己的行为是否涉及不法有疑虑时,即负有查询之义务,不能恣意以不确定之猜测,擅断主张自己之行为属于无法避免之禁止错误,否则倘若一律可主张欠缺不法意识而免责,无异鼓励轻率,亦未符合社会良性之期待。当然,不法认识的内容,必须限定在法律的范畴里。这一点,实务与学说的意见是一致的。[57]

然而对于大量增加的附属刑法,不要说是一般民众或职业从业者,即使是专门研究刑法的人,也无法尽窥全貌。让不知规范而欠缺不法认识的人,承担故意犯罪的责任,是否过苛?

甚至有学者质疑,发生在普通刑法中的禁止错误,可不可以和发生在附属刑法中的禁止错误,做相同处理?普通刑法所处罚的行为,大多是自然犯,例如财产犯罪与暴力犯罪。这些犯罪类型,一般民众或许得以凭其自然的法感以及报章媒体之报道,得以知其行为不得为之。所以罪责理论用来处理普通刑法中的自然犯的禁止错误,是合理的。但是,罪责理论用来处理附属刑法中的法定犯的禁止错误,所得结果是否合理,也许值得进一步思考。[58]

德国学界对于这个问题,逐渐有越多人认为,对于法定犯的禁止错误,可依故意理论处理。[59] 换言之,普通刑法与附属刑法当中的禁止错误,应该以不同的方式处理。这样的处理结果,对于附属刑法中某些禁止错误的行为,就应当认为欠缺故意,而成立过失;但是过失犯的处罚,又必须有法律特别的规定为限,如果附属刑法中也没有处罚过失,则最后应论以无罪。

不过,食品卫生刑法,大多以食品业者为规范对象。业者依赖食品经济行为为生,对于食品法规应该具有高度的了解能力,并负有查明义务,因此并无特别宽容而例外改采故意理论的必要。违法性的认识,不以可罚性的

---

[56] 参见台北地方法院2011年诉字第335号判决。
[57] 参见黄荣坚:《基础刑法学》(下),中国人民大学出版社2012年版,第653—654页。
[58] 参见林东茂:《危险犯与经济刑法》,台北五南图书出版公司1996年版,第84—87页。
[59] 参见林东茂,同注9,第1—279页。

认识为限。行为人认识到自己的举止可能有民事上或行政法上的后果,即具有不法认识。[60]

对于附属刑法的禁止错误,依照罪责理论,在实务操作下,纵然被认定具有不法意识,但法官仍有裁量减刑的余地,不至于过苛。

四、违反食品安全的刑事判决

粗略掌握食品刑法在论罪上的难题后,以下将呈现台湾地区近年较为重要的妨害食品卫生安全刑事案件,以便相互参照法律与现实。下述案件除了2009年台湾麦当劳炸油事件的因果关系,较难认定而不起诉处分外,均属较为明确的食品事故。

(一)麦当劳炸油事件

近年在台湾地区,发生因果关系举证较困难的食品安全案件,应属"麦当劳炸油事件"。2009年6月22日,台北县政府法制室消保官,检测包含麦当劳等5家快餐业者使用的食用炸油,发现麦当劳、达美乐及肯德基,用油质量不合格。其中会影响身体健康的酸价检验项目,受检餐厅中以麦当劳超出合法标准值12倍为最严重。

主管机关后续发现,检验方式只能量测总含砷量,无法量测所含的砷是有害的无机砷或无害的有机砷。专家指出,酸价越高,代表油品反复加热时间越长,产生的有害物质越多。目前最广为人知的是一种致癌物"多环芳香碳氢"化合物,长期吃这种油炸的食物,很容易伤害肝脏、肾脏。很多小孩自幼就吃麦当劳薯条、鸡块,对健康影响巨大。[61] 媒体指出,台湾地区大肠直肠癌罹患比例在十大癌症中高居第一,和这些不符标准的油品绝对有关。[62]

依旧《食品卫生管理法》第34条,必须证明致生危害身体健康的要件。本案经地检署分案调查[63],因无法分辨所验出的砷是否为有害的无机砷

---

[60] Roxin, Strafrecht AT, Bd. I, 4. Aufl., 2006, § 21, Rd. 12.
[61] 台中荣民总医院的胃肠科主任医师,在一次演讲里提到,他所治疗的一名12岁女童,即因为长期吃麦当劳,罹患乳癌不治。
[62] 参见《中国时报》,中时健康网站,网址:http://health.chinatimes.com/contents.aspx?cid=1,14&id=6802,最后浏览日:2013年5月20日。
[63] 参见《大纪元时报》,网址:http://hk.epochtimes.com/10/3/2/114400.htm,最后浏览日:2013/5/20。

(俗称砒霜),只能以罪证不足结案。

(二) 毒蛮牛事件

2005年5月,有人在名为"蛮牛"的饮料内注入氰化物,并且贴上"我有毒,请勿喝"及骷髅头的贴纸,放置在便利商店的货架上。之后,有民众购买后饮用,相继引发氰酸中毒症状,造成一死四伤。行为人被捕后表示,是模仿日本的千面人犯罪,恐吓生产商,借此获取钱财。对于本案,法院认为被告构成"刑法"第191条之1第2项的毒化饮食物品罪,以及"刑法"第271条的杀人既遂罪及杀人未遂罪。

关于毒化饮食物品罪,被告将事先添加氰化物的毒蛮牛饮料混杂在公开陈列、贩卖的饮料架上,该当"刑法"第191条之1第2项,并无争议。至于杀人罪的部分,行为人究竟有无杀人的故意,则是法庭争执的焦点。最后法院认为[64]:"饮料如经人饮用,有中毒死亡之可能,且该饮料系放置于他人可轻易取得之处所,可能造成使人误饮而死亡之结果,应为被告主观上所能预见,犹不惜任其发生之决意为之,事后果造成他人误饮死亡,为其参考千面人事件,于事前已可预见中毒致死结果,仍容见而确生消费者购入误饮死亡事件,自非其始料未及",所以被告应该有间接故意。"但审酌被告究非基于杀人之直接故意为之,且其犯后坦承大部分犯行,并经媒体报道知悉周乙桂误食蛮牛饮料已发生死亡事件,即未实行恐吓取财",判决无期徒刑定案。

(三) 甲醛菜脯案

行为人以萝卜加工为菜脯并贩卖为业,明知食品含有害人体健康物质,不得贩卖,亦明知甲醛(俗称福尔马林)系属"食品卫生管理法"(旧法)第11条第1项第3款所规定的有害人体健康物质,但为牟取暴利,故意贩卖含有甲醛的菜脯,并流通于市场。2009年5月,云林县卫生局另外查获9 556箱含有甲醛的菜脯。对此,检察官提起公诉,公诉意旨认为,被告有制造、加工含有有害人体健康的食品,而应论以"食品卫生管理法"(旧法)第34条第1项之罪。

法院判决认为[65]:"被告罔顾商业道德,明知含有'甲醛'之菜脯不得贩卖,为图一己私利而贩卖,进而导致消费者食用到含有'甲醛'之菜脯,危害消费者健康",所以被告贩卖含有"甲醛"的菜脯,构成"食品卫生管理法"

---

[64] 参见台湾高等法院台中分院2009年瞩上重更(五)字第36号。
[65] 参见云林地方法院2010年度易字第589号判决。

(旧法)第34条第1项之罪。

被告另外制作加工含有"甲醛"的菜脯,而被查扣9556箱部分,法院则判决无罪。因为依照"食品卫生管理法"(旧法)第34条第1项,应以"致危害人体健康"为要件。被查扣的近万箱含有"甲醛"的菜脯,尚未流通市面,尚未有危害人体健康之虞。上级法院亦采此看法。[66]

值得注意的是,2013年5月修法后的"食品卫生管理法"(新法)第49条第1项,增订抽象危险犯的处罚规定。未来如果发生前述情形,即制造加工的过程中,"添加未经中央主管机关许可之添加物",即已构成犯罪。[67]

(四)便当染菌案

便当店负责人A,应注意厨师及餐厨设备之清洁与消毒工作,防止该店制作贩卖的便当遭受病原菌污染,致生健康危害于消费者。2009年9月,A竟疏于监督该店制作便当的厨师,以及餐厨的抹布清洁与消毒,使便当遭受沙门氏杆菌的病原菌感染,且疏于检验该等便当是否含有病原菌,即行贩卖,造成多人食用后发生食物中毒现象。经卫生局追查,采样验得沙门氏杆菌。

本案经检察官提起公诉,对于便当店的疏失,被告均不争执。判决表示[68]:"查以,被告既系该店实际经营负责人,自应对该店厨师及餐厨设备为必要之管控,是该店于上开期间制作之便当含有沙门氏杆菌,既系源自该店厨师与器具,自堪认为被告有疏于管控该店厨师及餐厨设备之清洁与消毒工作,自有疏于管控之过失;此外,告诉人确系因食用该店便当而食物中毒,亦经上述事实证明属实,是被告之过失行为与告诉人食物中毒之结果间,具有相当因果关系,综上,本案事证明确,被告犯行洵堪认定,应予依法论科。"

"食品卫生管理法"(旧法)第11条第1项第4款规定:"染有病原菌"的食品或食品添加物,不得制造、加工、调配、包装、运送、贮存、贩卖、输入、输出、作为赠品或公开陈列,本案被告因过失而违反前述行为,而造成顾客食用后食物中毒,系过失犯"食品卫生管理法"(旧法)第34条违反食品卫生管理法规定致危害人体健康罪。

---

[66] 参见台湾"高等法院"台南分院2011年度上易字158号判决。

[67] 参见这个抽象危险犯的设计固然可以响应民众对于食品安全的保护需求,但明显缺乏刑法的体系性思考。添加物的使用,对于健康的侵害只是一种可能性,对于可能侵害的处罚,竟然与实际侵害的处罚一样。"刑法"第277条的伤害罪,法定刑最重也是3年的有期徒刑。

[68] 参见板桥地方法院2010年度易字第1402号判决。

这类案件,在台湾地区发生几率颇高,例如2011年四、五月均有发生类似案件。2011年4月发生"烤鸭染菌案",某烤鸭店的负责人未注意店内卫生,造成烤鸭染有沙门氏菌,造成多名顾客食物中毒。判决表示[69]:"本件被告二人因过失而有违反'食品卫生管理法'第11条第1项第4款之行为,致前揭被害人发生发烧、腹泻、腹痛、呕吐、恶心等结果,核被告二人所为,均系犯2000年2月9日修正公布之'食品卫生管理法'第34条第3项,因过失违反同法第31条第1款规定,致危害人体健康罪。"

同年5月则是发生另外一起食物中毒的"油饭染菌案",某油饭摊商制作油饭时,忽略卫生而使得油饭染有金黄色葡萄球菌,造成多人食用后发生呕吐、腹泻、下腹痛之症状,危害多人身体健康。该案被告同样也是违反"食品卫生管理法"(旧法)第11条第1项第4款,且危害人体健康,构成同法(旧法)第34条之罪。

(五)鱼片中毒案

某托儿所负责人P,于2010年1月,向Q购进8斤生旗鱼片,但Q的货车不符冷藏冷冻设备规格。托儿所员工取得该批鱼片后,放在4℃的冷藏柜先行退冰,以利翌日上午烹调。翌日供托儿所师生食用,却发生多名师生疑似食物中毒症状。经卫生局至该托儿所采取鱼片料理检验,发现有害人体健康物质组织胺。尔后,托儿所负责人P被提起公诉。

对此,法院认为P不构成犯罪。法院表示[70],"食品卫生管理法"第34条、第31条及第11条等规定:"立法过程与立法目的,均系规范食品业者,此因食品业者专以从事与食品相关业务以营利牟生,有较高度之专业能力,自应课以较高之法律责任与注意义务。至若非专以食品制造、贩卖、加工之一般人民,其调制、料理食品仅系为其生活附随事务者,例如家庭主妇、煮饭佣人,均应不在该法规范对象之内,故该法应以食品业者为规范对象,自属当然。"

又"食品卫生管理法"(旧法)第7条规定:"本法所称食品业者,系指经营食品或食品添加物之制造、加工、调配、包装、运送、贮存、贩卖、输入、输出或经营食品器具、食品容器、食品包装、食品用洗洁剂之制造、加工、输入、输出或贩卖之业者。"托儿所自然非属食品业者。

(六)塑化剂事件

2011年3月,"行政院卫生署食品药物管理局",于执行"加强取缔伪劣

---

[69] 参见高雄地方法院2012年简字第4212号。
[70] 参见高等法院2011年上易字第672号。

假药项目",查验食品是否违法添加药品时,意外发现有不肖业者于食品中添加塑化剂(起云剂,即邻苯二甲酸二),其涉及面广大,业经卫生主管机关扩大稽查与追查原料流向后,市售运动饮料、果汁、糖浆、酵素、益生菌等产品均被检验出含有塑化剂成分,造成民众对于食品安全的恐慌。塑化剂会伤害人体,特别是刺激眼睛、皮肤及呼吸道,并且损害肝脏、可能有致癌且导致胎儿畸形。经查发现,塑化剂由某 A 公司向 B 公司购买,然后再转售给不知情的食品制造业下游厂商。最后,"最高法院"2012 年台上字 6588 号判决,维持高等法院台中分院的判决,判决 A 公司负责人成立诈欺罪以及违反"食品管理法"第 34 条(旧法)致危害人体健康之罪。

对于违反"食品管理法"第 34 条(旧法)部分,高等法院台中分院 2012 年瞩上易字第 295 号判决清楚表示,被告明知塑化剂并非合法的食品添加物原料,且含有害人体健康的物质,不得制造、贩卖,但却仍制造,并贩卖给不知情的下游食品制造业者,惟"制造有毒且含有害人体健康物质食品添加物之低度行为为其后之贩卖行为所吸收,不另论罪"。"最高法院"于前开判决中也重申,"原判决(按:高等法院台中分院的判决)理由说明审酌某某某长期于制造起云剂时添加非可供食用而有毒、有害人体健康之塑化剂 DNOP、DEHP,供下游厂商调制饮料、食品后,出售予不特定之消费大众,危害消费大众之国民健康,恶性重大",因此认定足以致危害人体健康,且情节重大。构成违反"食品管理法"第 34 条(旧法)之罪。

五、食品安全刑法立法的省思

台湾地区对于食品卫生安全的刑事规范,在架构上,可以发现是普通"刑法"与附属"刑法"并列的样态;因此,立法政策上,存在是否需要回归普通刑法,强化一般预防功能的课题。此外,2013 年"食品卫生管理法"修法后的一些遗漏,以及负责食品卫生安全监督的公务员应否负起更大的责任等疑虑,都值得省思。

(一)立法体例的选择

有关食品卫生安全的刑事规范,除了"刑法"以外,"食品卫生管理法""健康食品管理法"均有规定。在规范的架构上,可以发现是普通刑法与附属刑法并列的样态,在立法政策上,究竟以单独的普通刑法规范食品安全较为适宜,抑或以普通刑法和附属刑法两者并存的规范较为妥当,值得探讨。

以普通刑法规范食品卫生安全,其优点在于,得将所有食品卫生刑法集中于刑法典内,执法者可以清楚了解刑法处罚的范围,有利于食品卫生维护。人民亦得预见自己行为之后果,让构成要件的警示功能充分发挥。

然若以普通刑法规范食品卫生安全犯罪,却是一场浩大的工程。例如,"食品卫生管理法"第49及50条,都有自己独立的条文系统。附属刑法的构成要件,涉及繁复的行政法规内容,将其中规定移列到"刑法"中,将造成刑法典的庞大化。以附属刑法规范食品卫生安全犯罪,其优缺点与前段之普通刑法互异。如何选择,必须审慎。

学者有认为,如果解释刑法的构成要件,涉及繁复的行政法规内容,那不如在刑法以外以附属刑法的方式来规定,否则应该回归基本刑法内部作规定。[71] 故在选择以普通刑法或附属刑法的规范时,原则以保障人民对刑罚的可预见性[72]为出发,唯有涉及复杂的技术性构成要件时,因为立法技术的关系与避免迭床架屋[73],才会保障法规范体系的完备。

"食品卫生管理法"是台湾食品安全的基本法,"健康食品管理法"则是健康食品的基本法,涉及繁复的行政法规定。如果将犯罪构成要件移置到刑法典当中,会发生严重割裂规定的现象,并使普通刑法复杂化与庞大化。本文认为,由于立法技术上的困难,且目前附属刑法体系尚属完备,仍不宜将食品卫生等附属刑法的规定移植于普通刑法中。

(二)修法后的检验

2013年的"食品卫生管理法"第49条的修正,提供台湾食品安全保障一个新风貌。在规范结构密度上,由第49条第1项至第4项,依序已经有抽象危险犯、具体危险犯、加重结果犯与过失犯的规定。[74] 另外,本次修法

---

[71] 参见黄荣坚:《基础刑法学》(上),台北元照出版公司2006年版,第11页。

[72] 参见甘添贵、谢庭晃,同注52,第21页。

[73] 参见张丽卿,同注5,第18、19页。

[74] 2009年,笔者即建议"台湾食品卫生管理法"第34条(旧法)宜增订第4项加重结果犯的规定,其刑度可参酌"药事法"第83条、"刑法"第190、190之1、191之1条与《德国刑法典》第314条,订为:"因犯第一项之罪而致人于死者,处无期徒刑或七年以上有期徒刑,致重伤者,处三年以上十年以下有期徒刑。"《德国刑法典》第314条危害公共安全投毒罪,是与食品卫生及人民健康法益保障的相关规定。该条规范两种不同的犯罪类型,其一为对供人饮用的水井、蓄水池或市面上公开出售或使用的物品投入毒物行为,该行为完成者即可该当本罪,故属针对法益前置保障的抽象危险犯;其二则属与本案件有关的规范类型,亦即行为人隐瞒事实,出售或其他使含有危及人类健康危险饮食物品在市面上流通的行为。另外,对于上述两种类型的犯罪构成要件成立,在其法律效果上,可处一年以上十年以下的有期徒刑;若有发生致人于死的加重结果,则设有加重结果犯之处罚规定,可处"无期徒刑或十年以上有期徒刑"参照 Fisher, StGB Kommentar, 60. Aufl., 2013, §314, Rn 1. Rn 8. Rn. 13.详细可以参见张丽卿,同注5,第143页。

通过之第 50 条窝里反规范,得以有效保障揭弊者工作权以及防止食品卫生安全实害之扩大,更值赞同。

不过,仍有几点值得检讨。

1. 抽象危险犯与具体危险犯的刑度,恐怕过重,有违罪刑均衡。首先,就抽象危险犯的部分,"食品卫生管理法"第 49 条第 1 项"处三年以下有期徒刑、拘役或科或并科新台币八百万元以下罚金";然若与"刑法"第 277 条第 1 项普通伤害罪的刑度"处三年以下有期徒刑、拘役或一千元以下罚金"相比,最高刑度竟然相当。普通伤害罪是实害犯,被害人的身体健康受损已经产生;但"食品卫生管理法"第 49 条第 1 项之罪仅是抽象危险犯,并未生实害,处罚却与伤害罪相当,显然过重。其次,就具体危险犯的部分"食品卫生管理法"第 49 条第 2 项也有相同的问题。该条项的刑度"处七年以下有期徒刑、拘役或科或并科新台币一千万元以下罚金",但此仅是具体危险犯,虽有致产生人体健康危害的疑虑,但仍未实际伤害人体,如此重刑恐怕与所犯失衡。

2. 2013 年"食品卫生管理法"的修法遗漏。可能因为此次修法或许过于仓促,只着重于食品本身之规范,但对于部分食品制造、加工、调配、包装、运送、贮存、贩卖、输入或输出的卫生管理,却遗漏了刑事处罚之规范。例如,原本于"食品卫生管理法"第 13 条(新法第 20 条)有关食品业主对于屠宰场的卫生管理,运出屠宰场的屠体、内脏或分切肉,其制造、加工、调配、包装、运送、贮存、贩卖、输入或输出的卫生管理,若有致危害人体健康者,有刑事责任的规范,但此次新法却遗漏此一条文的刑事制裁规定。

另外,关于食品良好卫生规范,主要规定于旧法第 20 条(新法第 8 条第 1 项),即食品业者制造、加工、调配、包装、运送、贮存、贩卖食品或食品添加物的作业场所、设施及品保制度,应该符合食品良好卫生规范。假如业者违反食品良好卫生规范,致危害人体健康者,得论以本罪。然而,此类可能危害人体健康之规范,此次修法也遗漏了此一规范。

(三)公务员责任规范的不足

台湾地区发生几次缺陷食品的重大案件,均未见食品安全监督的执法公务员遭受刑事制裁,顶多只是要求惩戒或背负政治责任,促其下台而已。[75]但是,维护全民饮食健康,负责食品安全监督的公务员具有权能,责无旁贷。若食品安全监督的公务员能恪尽职守,应该可以避免许多黑心食品的事件发生。如何适当追究失职公务员的刑责,应当是立法者必须思索的问题。

依"刑法"第130条的废弛职务酿成灾害罪,官员玩忽职守,有可能成立废弛职务酿成灾害罪。不过,本罪的公务员是否限于对于灾害有防止义务的公务员,学者看法不一。有认为,凡具公务员身份者,即有可能成为本罪的行为主体,不以对灾害负有防止义务的公务员为限。[76]亦有论者认为,酿成灾害既与其废弛职务有关,解释上自须负有此种职务的公务员始能构成本罪。[77]

公务员是否废弛职务,应就其法定职务内容对照其实际所为的职务行为及职务目的判断,例如,防水闸门管理员于水灾之际,却未将防水门关闭;检疫人员不严格检疫,乃致病疫流行,死亡率增加等。[78]另外,灾害损害的轻重以及受灾人数的多寡,虽然于法无明文,但在解释上应指损害重大法益的灾害。[79]不过,若公务员已竭尽职责,但是灾害依旧发生,或者虽有废弛职务的行为,但是灾害是由其他原因导致者,就不成立本罪。又公务员未尽其职务所应尽的义务,故本罪为纯正不作为犯。[80]

---

[75] 参见《食安屡出包、蓝促赖清德市长下台》。国民党团书记长林燕祝议员抨击,台南市在卫生署通令各县市2013年6月1日起全面针对市售淀粉类产品贩卖业者,是否张贴安全具结证明进行全面稽查,但台南市长赖清德率先唱反调,认为做白工,不愿配合,结果外县市纷纷查获台南市制造毒淀粉,市长应该下台负责。http://tw.news.yahoo.com/-170121614.html(最后浏览日期:2013/08/23)另外,2011年时,台湾发生"塑化剂事件",据台北市议员简余晏指出"卫生署早就知道饮品粉未加入塑化剂,却迟未通知地方卫生局,导致无法全面清查,引起全民恐慌,甚至可能引发国际事件,但署长邱文达至今仍未出面向国人说明,卫生署还要业者自行送验以自清,有渎职之嫌,请监察院依职权展开调查"最后也是不了了之。参见http://www.yuyen.tw/2011/05/blog-post_27.html,最后浏览日期:2013/08/23。

[76] 参见林山田,同注7,第121页。

[77] 参见甘添贵:《刑法各论》(上),台北五南图书出版公司1987年版,第85页。

[78] 参见卢映洁,同注10,第66页。

[79] 参见林山田,同注7,第122页。

[80] 参见黄荣坚,同注71,第73页以下;卢映洁,同注10,第65页。不过,亦有学者认为,本罪不以绝对消极性之不作为为限,即虽曾作为而未竭尽其职责之半作为状态,亦包括之,详请参见王振兴:《刑法分则实用》,三民书局1994年版,第355页。

以曾喧腾一时发生在大陆的三鹿毒奶粉案为例[81]，由该事件的发展过程观之，若政府官员及早发布消息，并禁止三鹿奶粉继续发售，则灾情应可减至最低，但官员却知情不报，此一废弛职务的不作为（在主观要件上有容认灾情扩大的心态），终于酿成多人死亡或健康受到影响的大祸，整个不幸灾情的结果，应该可以归责到废弛职务的原因[82]。总而言之，相关地方官员的废弛职务不作为是在制造法律所不容许的风险，此一废弛职务的不作为导致灾害发生且酿成灾害，是废弛职务构成要件的效力范围，因此该等人员，应该当"刑法"第130条的废弛职务致酿成灾害罪。

不过，妨害食品卫生安全案件的多样性，单以废弛职务酿成灾害罪概括所有公务员刑事责任，不够精确；相较之下，大陆鉴于多起食品卫生重大案件的发生，为有效确保食品卫生安全，在2011年于《刑法修正案（八）》第49条新增刑法第408条之一"食品监管渎职罪"："负有食品安全监督管理职责的国家机关工作人员，滥用职权或者玩忽职守，导致发生重大食品安全事故或者造成其他严重后果的，处五年以下有期徒刑或者拘役；造成特别严重后果的，处五年以上十年以下有期徒刑。徇私舞弊犯前款罪的，从重处罚。"其态样有二，即滥用职权及玩忽职守；该新增条文意义有二：一方面加重了对食品安全监管渎职犯罪的处罚；另一方面有助于形成对食品安全监管部门和人员的强大威慑。

通过修法，得以有效解决食品安全的渎职犯罪问题。学者指出，将食品安全监管渎职罪从渎职犯罪中独立出来，主要是希望通过严厉惩罚，对有害食品进入流通前，能提早发现及解决问题，因单位不同而承担不同刑事责任的法律问题；并对同负食品安全监管职责的公务人员发生渎职罪，导致重大食品安全事故或其他严重后果者，统一以该条文处罚，达到定罪和量刑的统一[83]，值得台湾地区立法者参考。

---

[81] 有关该事件始末，可参照张丽卿，同注5，第163—165页。
[82] 关于废弛职务与灾害发生间的因果关系问题，可参照张丽卿，同注5，第175—176页。
[83] 参见廖彬、张业军：《食品安全法律制度研究》，中国政法大学出版社2013年版，第255—257页。

六、结　　语

在民生日益富足的年代,人民要求的已经不单是"有得吃",而是要"吃得安心"。台湾地区虽素有美食天堂之称,但经过塑化剂及毒淀粉事件之后,民众不禁对各种美食的安全产生疑虑,吃米饭怕有重金属污染、吃肉怕有瘦肉精、抗生素,吃蔬菜水果怕有农药残留,喝饮料果汁恐有塑化剂,喝奶粉担心会有三聚氰胺。足见台湾地区当前的食品卫生安全,暴露在相当程度的风险下。其可能是工业污染,或不肖业者的违法行为,也可能是罪犯毒化食品的犯罪。是故,必须建构完整的食品卫生安全法制,从民事、行政到刑事规范,目的在于全面保障人民的食品卫生安全,毕竟这是生活维持的最低限度需求。

本文针对食品卫生安全法制,如"刑法"第191条、第191条之1,以及附属刑法中的"食品卫生管理法"第49条进行剖析。同时,对于涉及食品卫生安全的刑法上论罪可能遭遇的难题,如故意、过失的认定,因果关系的判断,以及公务员责任的归属等。另外,在立法政策上,也有值得深究的部分,特别是食品卫生安全附属刑法有无回归普通刑法的必要,又因附属刑法所可能产生的禁止错误问题,以及立法上,加重结果犯、抽象结果犯应该如何运用。在掌握食品卫生安全相关的刑事制裁规范,及提出法政策上的问题后,提出法制上值得检讨与改进的内容。

[单元评议]

冯 军
中国人民大学法学院教授

刑事产品责任理论述评

根据梁根林教授的安排,我荣幸地担任库伦教授和曲新久教授所作报告的评论人。下面,我先介绍两位教授报告的结构特点,然后阐述两位教授的基本主张,最后对两位教授的报告发表一点儿粗浅的评论。

一、结构特点

库伦教授报告的题目是《公司产品生产中的注意义务违反责任》。全文由"主题界定""刑事产品责任的犯罪构成要件以及主要判决""作为法政策上存在争议的'现代刑法'的组成部分的刑事产品责任""结合公司的考察方式""生产者的义务"和"公司内部的义务分配"等六部分组成。

在结构上,库伦教授的报告呈现出以下三大特点:

(一)主题鲜明,层层递进

库伦教授将其报告的主题限定为,在公司中违反了哪些注意义务时将导致公司成员承担刑事产品责任,即在公司的义务违反性与公司成员的刑事可罚性之间具有怎样的关联,这是必须事前予以回答的问题,而不是像因果关系以及客观归责一样需要在事后予以回答的问题,因此,库伦教授的报告并不探讨政府监管部门及其成员对产品造成的法益侵害所应承担的刑事产品责任,也不探讨公司本身所应承担的刑事产品责任。

在进行了上述鲜明的主题限定之后,库伦教授就义务违反性的问题作了多层次的探讨。首先,库伦教授探讨了义务违反性的考察方式。库伦教授指出,关于刑事产品责任,新近的司法实践放弃了传统的归责方式,使用了所谓"结合公司的考察方式",即改变了传统的自下而上的考察方式,而转为自上而下的考察方式,这就是说,首先考察作为生产者的公司是否违反了注意义务,然后考察公司中的个人是否违反了其所承担的义务。库伦教授认为,先考虑作为组织的公司本身的错误行为,然后推导出组织成员的负责性,是合乎实际的做法。其次,库伦教授探讨了作为生产者的公司所承担的义务;最后,库伦教授探讨了作为刑事责任承担者的公司成员所承担的义务。这样,库伦教授就对其设定的主题,从形式到内容,进行了多层次的深入探讨。

(二) 总结实务,锤炼理论

在研究方法上,库伦教授采用的主要是判例归纳法,即细致分析德国法院关于产品责任所作出的判决,多角度地总结判决中体现的规则,并进行抽象的表述,最后形成理论。例如,库伦教授指出,刑法上对将产品带入流通的行为给产品使用者的身体与生命所造成的危险,已经作为抽象危险犯进行着规制,甚至将给产品使用者造成财产损失的行为作为诈骗罪来惩罚,但是,德国法院1971年对康特根案(Contergan-Verfahren)、1990年对皮革喷雾剂案(Ledersprayer-Fall)以及1995年对木材保护剂案(Holzschutzmittel-Fall)所作出的判决表明,刑事产品责任的核心领域则是传统的过失与故意的杀人罪或者身体伤害罪。

关于义务违反性的认定,库伦教授不仅从德国的司法实务中总结出上述"结合公司的考察方式",而且从德国的司法实务中总结出认定公司的义务违反性的实质标准,即利益衡量原理、安全期待法则、疑虑认真对待准则和主管当局的负责领域,并就公司成员义务违反性的认定,总结出参与期待法则。在库伦教授的报告中,我不仅感受了库伦教授高度的概括力和抽象力,而且惊叹于他对德国司法实务的关注热情和熟知高度。

(三) 条分缕析,内容丰富

在表达方式上,库伦教授根据需要表达的内容的重要程度,逐一展开,从原则到例外,进行了详细说明,展现出丰富的内容。例如,在"生产者的义务"部分,库伦教授指出,生产者义务的基础往往是对各方利益的准确衡量,如果产品使用者的生命安全与身体健康受到了严重威胁,则生产者的成本考量便应退居其次(利益衡量原理)。但是,生产者并没有义务保障最大的安全,而是可以根据产品的价格区分其产品所能提供的安全等级。同时,产品的危险性首先取决于产品所针对的人群。在特定的消费者群体范围内,可以以该群体的平均能力以及自我负责性为基础。其次,产品的危险性也取决于产品的使用方式,生产者至少必须确保产品在按照用途使用时是安全的,生产者并不需要考虑到极其荒唐的产品滥用情形(安全期待法则)。在产品的危险性并未得到证明但有迹象表明存在危险的疑难案件中,"基于应认真对待的疑虑(ernstzunehmenden Verdacht)"认为产品对于使用者或第三人存在危害性作用时,生产者便有义务采取安全措施(疑虑认真对待准则)。另外,生产者确保自己所生产之产品无安全的疑虑,是生产者自己的任务,这一任务并不取决于主管当局认为什么是生产者必要的。然而,在具体情况下,主管当局所作出的对产品不存在危险的凭证,也可能排除生产者的责任。库伦教授认为,如果主管当局的决定是建立在全面的、实质性的对产品的无危险性检测基础上作出的,产品的生产者和销售者就没有违反其承担的义务(主管当局的负责领域)。面对上述条分缕析的叙说,我从内心对库伦教授的学术耐力生发无尽的感动。我想,也许正是这种条分缕析、内容丰富的研究,使得德国学者的著述反过来对德国的司法实务产生了深刻的影响力吧。

曲新久教授报告的题目是《论缺陷产品过失责任》。全文由"缺陷产品过失责任与伪劣产品故意责任的对应关系""企业主管、领导人员监督过失""政府监管人员的监督过失责任"和"结论"等四部分组成。

曲新久教授的报告在结构上呈现的特点是:

(一)问题明确,界限分明

曲新久教授的报告反映了他很强的分辨力,他能够敏锐地发现问题,并加以区别。例如,在"缺陷产品过失责任与伪劣产品故意责任的对应关系"部分,曲新久教授指出,就中国法律而言,缺陷产品是伪劣产品的核心部分,专指存在危及人身、他人财产安全的不合理危险的产品。对于故意犯罪来说,刑法使用不合格的"伪劣产品"而不是"缺陷产品"概念,而过失责任只能存在于缺陷产品领域。在缺陷产品过失责任与伪劣产品故意责任之间,形成了一种对应关系。

(二)分别剖析,论述深入

在区别了缺陷产品过失责任与伪劣产品故意责任之后,曲新久教授分别剖析了企业主管、领导人员的监督过失和政府监管人员的监督过失责任。关于企业主管、领导人员的监督过失,曲新久教授主要以生产者、销售者的领导人员是否依法"建立、健全内部产品质量管理制度,严格实施岗位质量规范、质量责任以及相应考核办法"为标准,来确定是否存在缺陷产品过失责任。关于政府监管人员的监督过失责任,曲新久教授指出,政府监管人员的监管过失,是处在企业生产、销售活动外部的管理过失,应当依据行政法律、法规、规章进行独立评价,而不能将其抽象地评价为缺陷产品(事故)过失责任的一种。政府监管人员的监督过失责任,不是缺陷产品的过失责任,而是独立的国家机关工作人员的渎职责任。在这里,我又一次感佩曲新久教授通过区别来深入论述的研究能力。

(三)以案说理,互动强烈

在表达方式上,曲新久教授先阐述了自己的研究结论,然后用案例来说明,具有以案说理、理论与实务强烈互动的特点。例如,曲新久教授以"三鹿奶粉案"的判决,说明缺陷产品过失责任与伪劣产品故意责任的对应关系,以"齐二药假药案"的判决,说明缺陷产品过失责任以特殊形式存在于中国刑法之中,以江苏首起"地沟油"监管渎职案等案例,说明政府监管人员的监督过失责任属于独立的渎职责任。

曲新久教授和库伦教授的报告,在写作手法上有不少共同之处,例如,都具有明确的问题意识,都结合司法实务进行针对性的探讨,但是,两位教授的报告又各具特色。给我的显著印象是,曲新久教授的报告集中于进行横向比较,而库伦教授的报告则专注于进行纵向挖掘。在曲新久教授的报告中,横向比较了缺陷产品过失责任与伪劣产品故意责任,在论述缺陷产品过失责任时,又进一步横向比较了企业主管、领导人员的监督过失和政府监管人员的监督过失;而在库伦教授的报告中,则以义务违反性为核心,纵向探讨了作为生产者的企业的义务违反性和作为参与者的企业成员的义务违反性。两位教授的报告所具有的特色,似乎与各自的传统文化背景有关。在中国的传统文化中,是习惯于横向建构的,而在德国的传统文化中,则习惯于纵向建构。形象地说,曲新久教授的报告就像传统中国人所喜爱的佛教寺院,在寺院里仅仅树立了少量较高的佛塔,却建造了大量高度约同的佛殿,其中分别敬奉着不同的佛像,而库伦教授的报告就像传统德国人所喜爱的教堂,它高耸云间,从各个角度表达、突显着同一个信仰。

二、基本主张

库伦教授在报告中,首先对"产品责任"作了界定。库伦教授指出,所谓"产品责任",是指对于将产品带入流通领域而导致的损害与危险所承担的责任,并不包括在产品制造过程中所产生的责任。在刑法上,产品生产者除了在产品设计和制造过程中负有注意义务之外,还负有对产品使用的说明义务和产品监测义务。

然后,库伦教授指出,刑事产品责任中所存在的行为性质的判断、义务违反性的确定、因果关系以及客观归责等特殊教义学问题,使刑事产品责任具有"现代刑法"的特征。尽管在法政策上对刑事产品责任理论存在争议,但是,刑事产品责任试图将与现代产品生产相联系的危险降低到社会所能够容忍的限度内的努力是值得赞许的。另一方面,刑事产品责任中包含了极具现代性的新问题,尤其是特别严重的结果不法(多人严重的身体伤害)与较为轻微的行为不法同时并存。因此,为了避免不公正的结果责任,就需要刑法教义学正确界定生产者的注意义务,并进而正确判断生产者及其成员的注意义务违反性。

在对"产品责任"作了上述界定和说明之后,库伦教授就以"义务违反性"为核心,集中考察了"义务违反性"的考察方式和"义务违反性"的具体判断。在库伦教授看来,无论是对结果犯、实害犯而言,还是对单纯的行为犯和危险犯而言,义务违反性都是共同的刑事可罚性条件。

根据"结合公司的考察方式",库伦教授指出,在具体判断是否存在义务违反性时,首先要判定作为生产者和决策主体的公司的义务,其次要判定作为参与者的公司成员的义务。关于公司的义务违反性的判定,库伦教授从德国的判例中总结出上述利益衡量原理、安全期待法则、疑虑认真对待准则和主管当局的负责领域等刑法教义学原理。

关于公司成员的义务违反性的判定,库伦教授指出,对判断刑法上的义务违反性而言,重要的是公司成员个人有无违反其个人所承担的义务,而进行这种刑法判断的关键在于:根据公司成员个人在公司内部组织中的地位来确定公司内部的义务分配。在存在纵向分工时,公司管理者通常可以将一定的任务以及与之相关的义务授权给下级的职员,但是,公司的管理者总是负有谨慎地选择与监督其下级职员的义务。在生产商品的企业中,管理者还负有对产品进行监督控制的义务;在存在横向分工时,各领域的管理者通常只应该对其主管领域出现的问题负责,但是,在"紧急或例外情况下",每个管理者都要"充分地使用他所拥有的参与权,做他可能且可期待的事情"。在存在《德国刑法》第138条关于知情不举罪或者第323条c关于不实施救助罪的义务规定时,公司的每个成员都可能因为违反该义务而成立纯正的不作为犯罪。

曲新久教授的报告以中国法律的相关规定为基础,结合司法实践,对缺陷产品的过失责任问题进行了探讨。曲新久教授首先指出,在中国法律中,缺陷产品与伪劣产品是两个不同的概念,在缺陷产品过失责任与伪劣产品故意责任之间存在一种对应关系。然后,曲新久教授详细分析了企业主管、领导人员的监督过失责任和政府监管人员的监督过失责任。

关于企业主管、领导人员的监督过失责任,曲新久教授指出,在中国刑法中并没有关于缺陷产品过失责任的专门规定,中国的司法实务是以重大责任事故罪追究缺陷产品过失责任的,包括缺陷产品过失与监督过失。但是,以重大责任事故罪追究缺陷产品过失责任者的刑事责任,并不妥当。实际上,缺陷产品过失责任是责任者在生产、销售过程中违反产品质量法律、法规、国家或者行业强制性标准而在产品中违法、违规"植入"不合理之危险,而不是在生产、销售过程中违反安全规范,所以,更为适当的罪名是过失致人死亡罪,而不是重大责任事故罪。当然,仅有重伤结果的,以过失致人重伤罪论处;既有重伤又有死亡结果的,以过失致人死亡罪(重罪)论处即可。

关于政府监管人员的监督过失责任,曲新久教授指出,追究政府监管部门工作人员的渎职罪的刑事责任是困难的,以"过失以危险方法危害公共安全罪"追究政府监管人员监管过失责任,也是不合理的。发生缺陷产品重大责任事故案件后,需要依据有关法律、法规和政府监管部门工作人员的具体职责,审查有关监管部门的监管人员是否正确、勤勉地履行了职责,对于滥用职权、玩忽职守的,可以以玩忽职守罪、滥用职权罪追究刑事责任。但是,这种过责任,不是缺陷产品过失责任,而是独立的国家机关工作人员渎职责任。即使政府监管机关工作人员的监管职责直接深入到生产、销售领域,包含着生产、销售的直接监督措施时,甚至于成为生产、销售活动的一个重要环节,政府监管工作人员的监管过失责任类似于企业内部的缺陷产品监督过失,也应该与生产者、销售者相区别而单独评价。对于政府监管人员的监管过失,应当从企业生产、销售活动的外部,依据行政法律、法规、规章进行独立评价,而不能抽象地评价为缺陷产品(事故)过失责任的一种。当政府监管人员没有尽到具体的监管职责,而该职责的规范目的是为了阻止缺陷产品的生产、销售甚至于使用时,则构成渎职责任。

三、粗浅的评论

在阅读了两位教授的报告之后,我个人感到颇有收获。

库伦教授的报告令我茅塞顿开,领悟到刑事产品责任问题的核心。在大约 20 年之前,我在撰写博士学位论文《刑事责任论》时,就认识到刑事义务违反性是刑事责任的重要条件。一个人只有在违反了自己客观上负有的刑事义务之后,才发生对其主观的可谴责性问题,并进而产生刑事责任问题。但是,当时我并没有找到确定是否具有刑事义务的标准。库伦教授在报告中指出,就刑事产品责任而言,确定作为生产者和决策主体的公司的义务违反性时,要根据利益衡量原理、安全期待法则、疑虑认真对待准则和主管当局的负责领域等原理,在确定作为参与者的公司成员的义务违反性时,要根据公司成员个人在公司内部组织中的地位。这些观点本身是正确的,并且对我启发很大,以致我产生了一种愿望,想在库伦教授思想的基础上,再对刑事义务的一般原理进行一番探讨。

如果原谅我对库伦教授的报告提出一些苛刻要求的话,我想表达两点期待:一是期待库伦教授在报告中能够对其援引的判例所涉及的案情进行更详细的介绍。在库伦教授的报告中,援引了不少的判例,但是,库伦教授并没有详细介绍案情,仅仅介绍了法院的判决结论。尽管法院的判决结论是能够接受的,但是,如果能够获知较为详细的案情,中国读者或许能够更好地理解法院作出判决的理由。二是期待库伦教授能够对与产品责任相关的因果关系和客观归属问题作较为细致的说明。我个人特别想了解,如果在德国发生了曲新久教授报告中所介绍的"任尚太、杨柏、黄磊食品监管渎职案""江苏首起'地沟油'监管渎职案"和"广东省首起食品监管不依法行政处罚渎职案"等有关政府监管人员的监管过失的案件时,德国法院又会如何判决呢?当然,这些案件很可能根本不会在德国发生。但是,这些案件的解决是否与因果关系和客观归属相关呢?它们是否有助于因果关系和客观归属在刑法教义学上的发展?囿于篇幅和时间的限制,库伦教授不可能在一次报告中完全满足我们的要求,我衷心地期待库伦教授能够在这个问题上与中国学者展开更全面、深入的合作研究。

曲新久教授的报告对缺陷产品过失责任问题进行了多视角的有益探讨,但是,在我看来,曲新久教授的报告具有的重大贡献之一,是提供了不少有待更深入研究的课题。

（一）在刑法上应当如何评价缺陷产品的直接生产者和原料提供者的行为危害性？在曲新久教授的报告所提到的第一个案例"三鹿奶粉案"中，三鹿公司的董事长、总经理田文华被以生产、销售伪劣产品罪判处无期徒刑，三鹿公司的高管王玉良、杭志奇、吴聚生被分别以生产、销售伪劣产品罪判处15年、8年、5年有期徒刑。而向三鹿公司提供含有三聚氰胺的原料的张玉军、耿金平等则被以"以危险方法危害公共安全罪"判处死刑立即执行。全国众多婴幼儿因食用含有三聚氰胺的三鹿婴幼儿奶粉而引发泌尿系统疾患，多人死亡，但是，含有三聚氰胺的三鹿婴幼儿奶粉的直接生产者是田文华、王玉良、杭志奇、吴聚生等人，他们故意生产和销售了含有三聚氰胺的三鹿婴幼儿奶粉，而张玉军则在明知三聚氰胺是化工产品、不能供人食用后，却以三聚氰胺和麦芽糊精为原料，配制出专供往原奶中添加、以提高原奶蛋白检测含量的混合物（俗称"蛋白粉"），然后销售给奶站经营者耿金平等人，耿金平等奶站经营者将张玉军配制的"蛋白粉"添加到原奶中之后，又将被提高了原奶蛋白检测含量的奶液销售给三鹿公司生产出奶粉。能否认为田文华、王玉良、杭志奇、吴聚生等人是缺陷产品（含有三聚氰胺的三鹿婴幼儿奶粉）的直接生产者，而张玉军、耿金平仅仅是缺陷产品的原料提供者呢？针对全国众多婴幼儿因食用含有三聚氰胺的三鹿婴幼儿奶粉而引发的泌尿系统疾患，多人死亡，是田文华、王玉良、杭志奇、吴聚生等人应当承担更重的刑罚？还是张玉军、耿金平等人应当承担更重的刑罚？这是我想向德国刑法教授们请教的问题。

（二）在刑法上应当如何评价没有专业能力却自愿从事专业工作的人的行为性质？在曲新久教授的报告所提到的第二个案例"齐二药假药案"中，"化验员于海艳，她只有初中学历，什么资质都没有，实际知识就是初中课本里的一点化学知识，根本不具备从事该岗位的任何资格和能力。检验室主任陈桂芬令她出具合格检验证明，她就为下一道工序出具检验合格证明，并没有检验、化验药品辅料是否合格。原材料化验员岗位是保障产品质量的一个重要岗位，但是重要性较采购员的岗位略低；重要的是，检验室主任陈桂芬、齐二药厂总经理尹家德分担了她的责任，所以公诉机关没有起诉她"。像于海艳这种人，在目前的中国为数不少，他们尽管没有专业能力，却被安排在专业岗位，自愿从事相应的专业工作，结果造成了重大伤亡事故。是否因为有责任更大的人分担他们的责任，就可以不追究他们的刑事责任呢？我特别想听听德国刑法教授们关于这个问题的看法。

（三）在政府监管人员故意或者过失不对缺陷产品的生产、销售或者使用进行监管，致使缺陷产品的使用导致重大人身伤亡等严重后果的发生时，是否可以根据义务犯的理论，追究政府监管人员对所造成的严重后果的直接正犯的刑事责任？如果曲新久教授的报告所提到的第四个案例"任尚太、杨柏、黄磊食品监管渎职案"、第五个案例"江苏首起'地沟油'监管渎职案"和第六个案例"广东省首起食品监管不依法行政处罚渎职案"发生在德国,德国法院又会作出怎样的判决呢？这是我再一次特别想向德国刑法教授们请教的问题。

〔德〕弗兰克·舒斯特

德国维尔茨堡大学法学院教授

瑕疵产品情形中由过失违反注意义务而生的刑事责任

——对于中方主报告之德方评论

一、引 言

我的评论将着重针对中方报告人曲教授关于刑法中产品责任的报告,同时涉及张女士所作的有关台湾食品刑法的精彩报告,并从整体上指出中、德两国法律上的一些异同。相异之处不仅包括刑法及其适用,还有相关的案件,事实上也是如此:在德国,所有(包含众多受害者的)重大事件和指导性裁判在二三十年之前就已经出现,而中国直到近期,即 2008 年,才出现令人震惊的三鹿奶粉事件。混入三聚氰胺的奶粉在当时导致至少 6 名婴儿死亡,30 万名婴儿患上肾结石。可以理解,该事件及其法律处理仍然影响着当前的讨论。

二、决定性构成要件和保护的法益

1. 在德国,刑法中产品责任的范畴主要是指因瑕疵产品造成身体和生命损害而生的责任,即对过失伤害和过失杀人(《德国刑法》第 222 条、229

条)的谴责,正如库伦(Kuhlen)教授借助沙利度胺(Contergan)案的程序[1]、多方面值得关注的皮革喷雾剂案判决[2]以及木材防护剂案判决[3]形象地为我们展示的一样。相反,在现实法律生活中,对(间接)故意行为的谴责仅仅在例外情况下具有重要性[4],例如转售已经认识到有害健康的产品。[5] 此时则适用一般的伤害犯罪,尤其是《德国刑法》第223条、第224条第1款第5项和第227条。这些构成要件均属于结果犯,其以可归责地造成事实上出现的损害结果为前提。因此,在产品责任的情形中,通常存在着证明因果关系的问题[6],而德国经济刑法中的一系列其他犯罪均被设置成抽象危险犯。

通常来说,刑法上的财产保护并不会直接和"产品责任"的概念相联系。在这一点上,我看到和中国方面的理解是不同的,即便如此,对于欺诈型的财产损害,显然适用《德国刑法》第263条之一般性的诈骗罪构成要件

---

[1] LG Aachen JZ 1971, 507. 过失将安眠药沙利度胺带入流通领域,从而导致大约2 500名婴儿在子宫中出现了严重发育畸形。法院原则上根据《德国刑法》第229条(过失伤害)确定该行为的可罚性。但是按照当前的通说,对胎儿的刑法保护是通过《德国刑法》第218条及以下几条(中止妊娠),这几条规定专门针对未经授权的故意杀害(*Krey/Hellmann/Heinrich*, Strafrecht BT 1, Rn. 183 ff.)。当时,在生产者和国家成立沙利度胺基金会并且承担巨额赔偿金之后,根据《刑事诉讼法》第153条(轻微案件不必追究)诉讼程序被停止。

[2] BGHSt 37, 106. G1—G4等被告人是一家生产皮革喷雾剂的有限公司的经理,该产品分装于喷气罐中。该产品在使用过程中严重损害了身体健康,甚至造成了危及生命的肺水肿。所有的调查都无法查明,喷雾剂所含的何种物质通过何种作用机理导致了该结果。除了喷雾剂之外,所有其他损害健康的原因都被排除,因此被告人被判处金钱刑和付以考验的自由刑(除了一个被宣告无罪的案件之外)。

[3] BGHSt 41, 206. 据推测,29个人在使用了由被告人带入流通领域的木材防护剂之后,身体受到了损害。但是,联邦法院以欠缺因果关系为由,撤销了法兰克福地方法院的判决。后来,根据《德国刑事诉讼法》第153条a(停止程序并履行义务和命令),针对被追诉人的刑事诉讼程序被停止。

[4] *Sternberg-Lieben/Schuster* in Schönke/Schröder, 29. Aufl., § 15 StGB, Rn. 216.

[5] 有关皮革喷雾剂案的判决,参见脚注[23]。

[6] 参见 *Kuhlen* in Achenbach/Ransiek, Handbuch Wirtschaftsstrafrecht, 3. Aufl. 2012, 2. Teil, 1. Kap., Rn. 48 ff.; *Hilgendorf*, Strafrechtliche Produzentenhaftung in der "Risikogesellschaft", S. 114 ff. 此外,对于故意犯罪当然要考虑未遂的可罚性。

(在附属刑法中也有一些相关的特别规定[7])。在中德两国,具有实务重要性的造成财产损失的案件仅仅具有民法上的意义,特别是过失毁坏财物的行为在两国都不可罚。[8]

2. 在德国,人们主要诉诸于一般的犯罪构成要件,而中国刑法典正如曲教授所阐释的那样,包含生产、销售伪劣商品罪这个独特章节——其详细规定了9个特别构成要件。这些构成要件又属于"破坏社会主义市场经济秩序罪"这个上位概念。就此而言,德国刑法比中国刑法更为强烈地立基于一般性和抽象性的构成要件[9],即使德国核心刑法和附属刑法中的立法技术存在些许差异。[10]

《中国刑法》第140—148条规定的犯罪均以故意为前提。在中国刑法中,过失责任也属于例外情形:在这一点上,《中国刑法》第15条第2款和《德国刑法》第15条旨趣相同。然而由于《中国刑法》中这几个构成要件的基本犯被设计为危险犯,故意的内容不像《德国刑法》第223条及以下几条的规定那样,必然指向损害结果的出现,因此适用领域存在着重大差异。在德国,类似的抽象危险犯只存在于有关的特定物品或者特别敏感的产品类型中:例如《德国刑法》第314条第1款第2项(危害公共安全的投毒)、《德国食品和饲料法》第58—59条以及《德国药品法》第95—96条。[11]

3. 与之相反,《中国刑法》第140条包括了所有可能的商品类型,并处罚生产、销售伪劣产品的行为。据此规定,也应该进行财产保护。产品瑕疵造成或可能造成失望的消费者所预料之外的损害,这肯定不是必要的。可罚性在很早的阶段就已经能够形成(可能在生产阶段),即在消费者接触产品之前。《中国刑法》第141—148条涉及特定的商品类型,即药品、食品、化学品和化妆品。这些规定首先旨在保护健康。

---

[7] 其他保护消费者财产和处分自由的重要手段可见于《德国反不正当竞争法》第16条第1款(可罚的广告行为)。对食品刑法具有重要性的是《德国食品和饲料法》第11条、第12条、第19条和第59条。例如,在处理2013年的欧洲马肉事件时,这些规定得以适用。该事件是将未经纳税申报的马肉(而非更昂贵的牛肉)制成冷冻产品。德国和欧洲只有极少地区有吃马肉的传统,大多数消费者拒绝马肉(饮食禁忌)。

[8] 参见《德国刑法》第303条,一个例外情况是《德国刑法》第306条d第1款之失火罪。

[9] 参见 Schuster in Hilgendorf [Hrsg.], Das Gesetzlichkeitsprinzip im Strafrecht, S. 89.

[10] Perron in Hilgendorf [Hrsg.], Das Gesetzlichkeitsprinzip im Strafrecht, S. 215 f.

[11] 仅仅在广义上,例如《德国刑法》第312条(生产有缺陷的核技术设备)或第319条(建筑危险)的构成要件才与产品责任相关联。这两条构成要件被设计为具体危险犯。

三、产品的缺陷性和注意义务的范围

一个重要的问题是,产品在何时才应被视为劣质。对此,曲教授援引了中国《产品质量法》,其规定了特定的要求。然而,该法律仅仅将民法上的损害赔偿请求权(就此而言是无过错原则)和刑法干预门槛之下的制裁措施作为其特定法律后果,特别是罚款、类似偿还的措施(没收产品和违法所得)、停止生产以及吊销营业执照(中国《产品质量法》第49—72条)。[12]

在德国,民法原则也在刑法中具有重要的导向作用[13],其中具有关键影响的并非德国的产品责任法,而是被禁行为的一般构成要件。[14] 当涉及设计[15]、生产[16]、指示[17]、产品监督和召回[18]等情形中注意义务的范围时,针

---

[12] 对于和刑法相对应的制裁性秩序体系的一般论述,参见 *Zhao/Richter*, in Sieber/Cornils (Hrsg.), Nationales Strafrecht in rechtsvergleichender Darstellung, Teilband 1, S. 36 ff. 可能德国的违反秩序法中具有类似情形,不过伴以非常轻微的法律后果。在德国的违反秩序法中,违法行为的非价内容通常被视为是相对轻微的,因此作为并非有损名誉的义务警告(Pflichtenmahnung)的单纯罚金就已经足够。

[13] *Sternberg-Lieben/Schuster* in Schönke/Schröder, 29. Aufl., § 15 StGB, Rn. 216 m. w. N.

[14] 1985年7月25日,欧盟通过了第85/374/EWG号关于成员国调整有关缺陷产品责任的法律法规之指令,而《德国产品责任法》即表明了德国对该指令的转化。就此应该制定欧洲最低标准,在原则上(不过应包含许多免责事由)根据无过错原则来设置损害赔偿义务。然而根据《德国产品责任法》第15条第2款,其他规定中的责任形式不受影响。此外,根据《德国民法典》第823条,侵权法中的过错责任在实务中更为重要的请求权基础,因为一方面经由法官的法律续造(Rechtsfortbildung),举证责任的问题按照有利于消费者的方式得以解决(参见"鸡瘟案"判决,BGHZ 51, 91, 105),另一方面《德国产品责任法》第11条规定,消费者在特定案件中自担损失(参见 *Wagner* in Münchener Kommentar zum BGB, 6. Aufl. 2013, § 11 ProdHaftG, Rn. 2;同样参见 *Schuster*, Stellenbosch LR, Vol. 20, Iss. 3 [2009], 426, 443)。

[15] 例如 BGHZ 104, 323, 326 f.; BGH(Z) NJW 1992, 2016, 2018; BGH(Z) NJW 1990, 908, 909; BGH(Z) NJW 1990, 906,也可参见 *Hager* in Staudinger, Neubearbeitung 2009, § 823 BGB, Rn. F 12 f. m. w. N.

[16] 例如 BGHZ 129, 353, 357 ("Mineralwasser"); BGHZ 105, 346, 350 ("Fischfutter"); BGH(Z) NJW 1982, 699; BGH(Z) VersR 1956, 410;也可参见 *Hager* in Staudinger, § 823 BGB, Rn. F 17 f. m. w. N.

[17] 例如 BGHZ 105, 346, 351 ("Fischfutter"); BGH(Z) JR 2000, 328 ("Reißwolf"); BGH(Z) NJW 1994, 932 ("MilupaⅡ II");也可参见 *Hager* in Staudinger, § 823 BGB, Rn. F 14 ff. m. w. N.

[18] 例如 BGH(Z) NJW 1981, 1606;也可参见 *Hager* in Staudinger, § 823 BGB, Rn. F 20 ff. m. w. N.

对《德国民法》第823条所作的司法判决[19],完全对刑事判决具有决定性作用。尽管如此,人们不能忽视的是,民法和刑法相比还负有其他目标,特别是补偿财产损失。另外,人们如果从损失风险的可保险性出发[20],就可能会在民法中确立比刑法中的合理标准更高一些的注意标准。最后,刑法是对自由权利的最强烈的干预,作为"国之利器",在适用时应保持谦抑。曲教授在结论中也强调了中国的责任类型之间的一些差异。

四、行为的内在特征和堵截性构成要件(Auffangtatbestände)

当有害商品被投入流通领域时,还涉及的问题是,行为人是否也在主观方面对此负有责任。

在德国——除了转售已经认识到有害健康的产品这种特殊情形——实务界通常无法证明存在侵害故意,因此上文提到的过失犯罪(第二部分第1点)得以适用。[21] 不同于危险故意在中国刑法中的重要地位,德国刑法通常更少地要求危险故意。尽管间接形式的危险故意和侵害故意具有完全一致的认识因素,但是它们在意志因素上有差异。[22]

在中国,有时对故意的认定也存在问题。例如在三鹿奶粉案中,争议之处是它要涉及哪些个别的特征。此外在时间方面也不同:当企业领导意识到所使用的原奶含有被禁的三聚氰胺,但仍然决定继续销售三聚氰胺含量约为10 mg/kg的奶粉时,就可以最终肯定故意的成立。就此而言,这类似于德国联邦法院所作的皮革喷雾剂案的判决,其中总经理对最初出现的损害事件承担过失责任,对于企业领导层特别会议之后所发生的损害事件承

---

[19] 内容概要,参见 Hager in Staudinger, Neubearbeitung 2009, § 823 BGB, Rn. F 11 ff.,英文版也可参见 Schuster, Stellenbosch LR, Vol. 20, Iss. 3 [2009], 426, 431 ff.
[20] Kuhlen, Fragen einer strafrechtlichen Produkthaftung, S. 91 f., 150; ders. in Achenbach/Ransiek, Handbuch Wirtschaftsstrafrecht, 3. Aufl. 2012, 2. Teil, 1. Kap., Rn. 31.
[21] 在确定本人的行为客观上违反了注意义务之后,很少会欠缺因侵害义务而生的个人可谴责性,即过失责任。
[22] 这至少是德国的通说(参见 BGHSt 22, 67, 73; BGHSt 26, 176, 182; Sternberg-Lieben/Schuster in Schönke/Schröder, § 15 StGB, Rn. 98a m. w. N.)。不过德国文献中的一种少数派观点认为,如果存在危险故意,也总会存在(间接的)侵害故意(参见 Zieschang in Münchener Kommentar, 2. Aufl. 2013, § 315 StGB, Rn. 47 m. w. N.)。

担故意责任。[23]

如果故意无法被证明的话,在中国则将适用《刑法》第 134 条(重大责任事故罪)以作为堵截性构成要件。曲教授想将该条的适用限制在生产过程中,肯定过失致人死亡罪或过失致人重伤罪(《中国刑法》第 233 条、第 235 条)的构成要件,这从德国法秩序的视角来看具有说服力,因为它符合我们的解决方式。此外,当前实务界将过失毁坏财物入罪化的做法就显得过度了,这在中国刑法中也是例外。

五、法律后果及最终评价

在曲教授所描述的案例中,例如三鹿奶粉案、丙二醇案和刺五加案,都出现了重大伤亡事故。近来德国没有发生著名的类似事件。所提及的刑法个别规定的严苛化(例如,《中国刑法》第 143 条和第 144 条在其构成要件要素中排除了具体侵害结果)当然源于这些事件。尽管如此,德国刑法学者批判甚至排斥重刑以及事实上可施加的终身自由刑和死刑。[24] 我认为,在中国,人们高估了由不断扩张和严苛化的刑法所带来的一般预防效果。在德国,针对有责人员的相应刑事诉讼程序,一般都不会导致严重后果。[25] 程序到最后常常"只是"强制实行全面的损害补偿行为的手段。[26] 经由媒体否定性地报道处于刑事程序中的案件,刑法的一般预防和稳定规范的效果就能得以实现。[27]

至于由曲教授所述的关于企业领导层因监督过失而生的可罚性和国家监管人员的责任等专门问题,我只有时间作出一般性的提示。行为人也依然只对自己的过错负责。和英美国家的刑法规定不同,我们没有严格责任(strict liability)和替代责任(vicarious liability)。[28] 同样的,在德国自我

---

[23] BGHSt 37, 106, 132. 该特别会议决定不召回产品,但是表决同意在喷气罐上增强警告提示,并通过外部实验室展开深入调查。
[24] 死刑已经被 1949 年的基本法废止了(《德国基本法》第 102 条)。
[25] 参见脚注[1]—[3]。
[26] Kühne NJW 1997, 1951. 考虑到国家取证更为有效,因此刑事诉讼程序对受害者而言也是有利的(参见 Vogel GA 1990, 241, 256 f.)。在《德国民事诉讼法》中,双方当事人都没有义务为对方提供证据。相反,只有国家才能运用强制手段。后来刑事诉讼法第 406 条 e 允许被害人查阅卷宗。
[27] Vogel GA 1990, 241, 255, 264.
[28] 《中华人民共和国刑法》第 16 条和第 5 条,《德国刑法》第 15 条和第 29 条。

答责的行为是施加刑罚的前提,因为刑罚依其定义彰显出社会伦理的非价判断。这一定导致刑法中的证明困境。[29] 但是,责任原则得到宪法的保障,并且以保障人的尊严为基础。[30] 应该坚持和捍卫责任原则——在刑法中的产品责任领域也是如此。

---

[29] 关于德国民法的状况参见脚注[14]。
[30] 参见《德国基本法》第1条第1款,其处于《德国基本法》第79条第3款这一永久条款的保障之下。也可参见 BVerfGE 57, 250, 275; BVerfGE 80, 367, 378; BVerfGE 90, 145, 173; BVerfGE 123, 267, 413.

李 波
北京大学法学院刑法学专业博士研究生

中德刑法学者的对话
——第二届中德刑法学术论坛侧记

  2013年9月的北京,早已是暑退九霄外、碧空万里晴。金秋时节,由中德刑法学者联合会举办的第二届学术研讨会在北京大学法学院隆重举行。在为期两天的研讨会中,来自中德两国的刑法学者们围绕"刑法体系""客观归责"与"缺陷产品的过失责任"三个主题展开了广泛深入的研讨和不乏火力的交锋,将中德刑法学的学术交流推向了一个新的高潮。与会的中方学者有北京大学的陈兴良教授、梁根林教授、车浩副教授、江溯副教授,清华大学的张明楷教授、周光权教授、黎宏教授、劳东燕副教授,中国人民大学的刘明祥教授、冯军教授、谢望原教授、付立庆副教授、李立众副教授、王莹副教授、陈璇博士,中国政法大学的曲新久教授、方鹏副教授,中国青年政治学院的林维教授,中国社会科学院的樊文研究员,北京师范大学的赵书鸿博士以及我国台湾地区高雄大学的张丽卿教授。德方学者有维尔茨堡大学的埃里克·希尔根多夫教授、弗兰克·舒斯特教授,曼海姆大学的洛塔尔·库伦教授,法兰克福大学的扬·C.约尔登教授,科隆大学的托马斯·魏根特教授,拜罗伊特大学的布莱恩·瓦利留斯教授。王莹副教授、陈璇博士与维尔茨堡大学博士研究生黄笑岩、林信铭一同承担了本次会议的翻译任务。北大法学院及兄弟院校法学院的部分研究生也参加了此次会议。

  会议伊始,会议首先由中德刑法学者联合会中方召集人、北京大学法学院梁根林教授致欢迎词,介绍与会的中方学者,然后,中德刑法学者联合会德方召集人、德国维尔茨堡大学希尔根多夫教授介绍德方学者,代表德方学者对中方的盛情款待表示感谢,并从德国带来罗克辛教授的美好祝愿。

梁根林教授　　　　　　　　刘明祥教授

会议第一单元以"刑法体系"为主题,由刘明祥教授主持。希尔根多夫教授和梁根林教授先后作了高屋建瓴又深入浅出的主题报告,随后,约尔登教授和陈兴良教授对主题报告进行了精辟独到的评论。

希尔根多夫教授首先从法学体系论的一些基础问题展开,论证了体系对于今天刑法的重要意义。通过梳理古典时代以来德国刑法体系的发展历史,再现了体系思维的整体脉络。希尔根多夫教授强调,刑法体系具有制度功能、综合功能、科学构造功能、启发功能、讲授功能、法律适用指导功能、法治国透明化功能、体系批判功能。在对比德国、美国与苏联刑法体系模式基础上,他认为,德国刑法体系具有独特的优势,它不仅具有政治中立性,而且为复杂疑难案件的解决预备了及时、高效的方法和途径。

梁根林教授以"站在桥上看风景"的中立姿态对中国犯罪论体系的建构进行了深入细致的叙述和评论。他从 21 世纪初德、日刑法知识的引入谈起,深刻剖析了传统四要件犯罪构成理论所面临的挑战。他强调,虽然围绕犯罪论体系的建构,"推倒重构论""改良改造论"与"维持完善论"等学说之间的论战此起彼伏,但阶层犯罪论体系已成为中国刑法学大势所趋。只不过,阶层犯罪论体系在引入过程中仍然面临参考模型失焦等问题,阶层犯罪论体系的支持者需要认真检讨和反思在引进德、日刑法体系的知识与方法,建构中国阶层犯罪论体系过程中的种种问题与不足,以利于阶层犯罪论体系在中国真正生根发芽和发展壮大。

约尔登教授从犯罪行为构造的角度进行了评论。他认为,刑法中区分禁止行为与允许行为的合理、妥当和可行的标准包括两方面的内容,即归责规则和评价规则。归责规则涉及的是行为人的行为自由,评价规则涉及行为人的评价自由。约尔登教授认为,只有从这两方面入手,才能实现对行为人科处刑罚的法律效果。

希尔根多夫教授

约尔登教授

陈兴良教授认为,希尔根多夫教授的报告与梁根林教授的报告在以下三个方面形成了鲜明的对比:前者具有思辨性、普世性和逻辑性,后者则具有更强烈的叙述性、本土性和实践性。陈教授强调,希尔根多夫教授的报告不但深入介绍了德国刑法体系的教义结构,而且比较了德国刑法体系与美国及苏联的刑法体系,对我国犯罪论体系的建构提供了重要的借鉴;梁教授的报告则全面客观地描述了中国刑法学在犯罪论体系上的流变过程,对于理解我国犯罪论体系的现状具有重要的参考价值。

会议还讨论了中、德犯罪论体系比较的意义等问题。梁根林教授从四要件犯罪构成理论在概念体系建构方面的不足、阶层犯罪论体系对法律教育中逻辑思维的培养及其对法官处理个案的保障功能三方面,论证了引入阶层体系的必要性。陈兴良教授则强调,随着阶层犯罪论体系在理论上主导地位的确立,阶层思维对司法实践的影响会越来越大。中国法治建设的发展对案件处理精确性要求的提高,也会增加在司法实践中运用阶层体系的迫切性。

会议第二单元以"客观归责"为主题,由谢望原教授主持。魏根特教授和周光权教授先后作了主题发言,而后瓦利留斯教授和张明楷教授也发表了点评意见。

魏根特教授从客观归责理论在德国"既受到狂热的追捧,又遭到断然的拒绝"这一奇特的现象出发,鲜明地提出客观归责"是否具有某种内涵,若有的话,内涵是什么"的问题。他认为,评价一个行为是否值得刑罚处罚,常常取决于行为人是否也对结果的出现负责。对于这个问题的解决,目前客观归责理论只是用两个未知数来代替一个未知数的方程式,它不但无

陈兴良教授

谢望原教授

法为刑法教义学提供有效的和确定的规范标准,也不可能为它名义下所讨论的各种疑难案件提供答案。客观归责理论在体系化的同时,需要注意解决问题的效能。

周光权教授在对比必然因果关系说、偶然因果关系说、相当因果关系说等学说基础上,认为诸多有效的下位规则及其对规范判断和价值判断的特别提示,彰显了客观归责独特的理论魅力。他强调,虽然客观归责理论在目前中国刑法学理论和司法实践中还处于相对边缘的地位,但其方法论并没有被司法所完全忽略,对于少数案件,立足于归责原理的规范判断开始在案件处理中使用。在梳理司法实践中因果关系问题处理方式的基础上,周教授强调,审慎处理规范判断与事实判断之间的关系,不能追求过分脱离事实判断的客观归责理论。

魏根特教授

周光权教授

瓦利留斯教授

张明楷教授

瓦利留斯教授评论说,在对相关概念和案例的探讨方面,中德之间具有一致性;但在规范评价的教义定位方面,中、德之间存在差异。虽然德国判决迄今为止没有明确肯定或否定客观归责理论,建立在事实性的因果关系基础上的规范判断仍然受到广泛重视。他认为,规范判断需要具体化,更多有效的下位规则可以降低规范判断的难度。

张明楷教授认为,客观归责理论中某些合理成分是值得借鉴的,但是客观归责理论有"过度使自身体系化"之嫌,原因有三:(1)人们自觉不自觉地将客观归责视为承担刑法上责任的全部条件;(2)由于犯罪是主观和客观的统一体,导致客观归责将主观理论纳入其中;(3)为了优先排除犯罪的成立,将各种排除犯罪成立的情形尽可能地纳入客观归责理论。他断言,客观归责理论在德国会逐渐衰退,在中国也难以成为通说。

在本单元的讨论阶段,学者们围绕客观归责理论的意义及发展前景问题展开了激烈的辩论。颇为有趣的是,来自客观归责理论故乡的德国学者们对客观归责理论提出了诸多质疑,中国学者们则纷纷为客观归责理论展开辩护。约尔登教授认为:客观归责理论的适用范围非常有限,希尔根多夫教授则批评客观归责理论没有提出一个明确的标准。魏根特教授在批评客观归责理论的同时,肯定其将传统分散在犯罪论体系各个角落的问题点纳入一个标题之下的积极意义。与德国学者们的批评态度形成鲜明反差的是,中国学者们对客观归责理论报以极大的热情。陈兴良教授认为,对于中国刑法学来说,客观归责理论不只是一个标签,而是许多具体规则组成的集合,这些具体规则为我们解决司法实务中复杂疑难的因果关系问题提供了一种新的思路。借鉴陈兴良教授关于"墙内开花墙外香"的比喻,张丽卿教

车浩副教授

黎宏教授

授指出,在台湾地区,客观归责理论不管在理论界还是实务界都已经遍地开花。因为与相当因果关系说相比,客观归责理论不但具有方法论优势,在逻辑论证上也比较清楚。劳东燕副教授认为,应当在刑法体系由以概念为导向的体系向以目的理性为导向的体系转变背景下理解和评价客观归责理论。车浩副教授表示,客观归责概念在承认并且把规范化的判断条理和类型化的同时,又把规范化和价值判断的对象集中在客观方面,体现了对自然实证主义和罪刑法定理想的追求。最后,张明楷教授提醒与会者注意客观归责理论的多义性,并认为在对因果关系进行规范评价意义上的客观归责理论值得肯定。

会议第三单元以"缺陷产品的过失责任"为主题,由黎宏教授主持。库伦教授、曲新久教授和张丽卿教授先后作了主题发言,舒斯特教授和冯军教授对主题报告进行了点评。

库伦教授以现代化生产与分配加剧了不公正的结果责任这一背景为切入点,指出教义学上应对这种风险最重要的手段就是正确界定生产者的注意义务,正确判断生产者及其成员的注意义务违反性。为此,他提出了"结合公司的考察方式",即首先判断行为是否违反义务以及义务违反行为是否导致损害结果发生,其次基于公司成员个人在公司内的地位而将特定的结果归属于他。为了充实这一新型考察方式,库伦教授又从德国司法实务中总结出认定公司的义务违反性的实质标准,即利益衡量原理、安全期待法则、疑虑认真对待准则和主管当局的负责领域,并就公司成员义务违反性的认定总结出参与期待原则。

库伦教授

曲新久教授

曲新久教授结合近年来中国发生的一些有广泛影响的案件,探讨了缺陷产品与伪劣产品之间的关系,缺陷产品过失责任的规范特征,以及缺陷产品监督过失责任可否推及政府行政案件监管人员的渎职行为等问题。对于前两个问题,曲教授认为刑法上的缺陷产品是不合格产品——伪劣产品的核心部分,其首要判断标准是国家、行业强制性标准,在没有国家、行业强制性标准的情况下则采取主观的一般标准,即以消费者通常可以预见的正常使用条件下,产品具有不合理的危险。对于第三个问题,他认为在发生缺陷产品重大责任事故案件后,认定政府监管人员存在监督过失存在规范上与事实上的双重困难。

张丽卿教授从刑事立法和司法实践两方面对台湾地区缺陷产品刑事责任问题进行了详细的探讨。她首先介绍了台湾地区食品卫生安全方面的立法状况,其次又结合相关案例探讨了违反食品安全论罪上的疑难,例如犯罪故意和因果关系的证明难题等,最后从立法体例的选择等三个方面对缺陷产品的刑事立法规制进行了反思。

舒斯特教授在评论中认为,相比中国刑法典用9个具体的构成要件规制制造或销售伪造或劣质产品的行为,《德国刑法典》更注重一般与抽象之构成要件的观察。当然,中德之间在这个问题上也有立法技术的差异,即中国将上述瑕疵产品过失责任规定在刑法典中,而德国则多规定在辅助刑法中。其次,舒斯特教授比较了中德在瑕疵产品刑事责任在主观方面的差异,即中国《刑法》第140—148条以故意为前提,而在《德国刑法典》相关规定中,故意仅在例外情况中具有重要性。最后,就企业高层因监督过失之刑事可罚性与国家负责监督人员之责任的关系问题,舒斯特教授强调了罪责原则在宪政与刑法上的重要性。

张丽卿教授

舒斯特教授

冯军教授高度评价了库伦教授和曲新久教授的报告,他认为库伦教授就公司产品生产中的注意义务违反责任提出了诸多颇具想象力的具体规则,曲新久教授的报告也提出了不少值得进一步深入研究的新问题。不过,冯教授仍然期待库伦教授能够就报告中的案例以及与产品责任相关的因果关系和客观归责问题进行更详细的说明。

在讨论阶段,中、德学者还围绕企业或公司的刑事可罚性问题展开了讨论。库伦教授指出,《德国刑法典》没有规定企业的可罚性问题,公司高层违反监督义务可能被课以秩序罚,却不会被课以刑事责任。因为从刑法教义学来看,企业或公司本身不具有人格,不能实施一种行为,因此也不能承担一种罪责。张丽卿教授就企业或公司犯罪问题介绍了台湾地区相关立法和司法实践经验。她指出,虽然台湾地区核心"刑法"不承认企业或公司可以犯罪,但附属"刑法"却承认法人可以成为犯罪主体,也可以处罚罚金。

会议第四单元是集中讨论阶段,与会者就"刑法体系""客观归责"和"缺陷产品的过失责任"相关的刑法问题展开讨论。本单元由林维教授主持。

首先,与会者围绕社会危害性理论展开了激烈的讨论。陈兴良教授指出,社会危害性理论导致实质判断先于形式判断,与罪刑法定原则相悖。梁根林教授则认为,社会危害性理论和罪刑法定原则二者原本并不冲突,但是排除社会危害性行为应该存在于犯罪构成之中而不应游荡于犯罪构成之外。张明楷教授批评社会危害性理论不区分违法与责任。樊文研究员则从哲学背景和被害人同意、罪数、紧急避险等具体刑法问题的处理两个方面比较了社会危害性与法益概念,并认为社会危害性理论存在逻辑上的矛盾之

冯军教授

林维教授

处。希尔根多夫教授则表示,可以将社会危害性概念具体化,从而实现与法益概念的融合。魏根特教授认为,社会危害性概念不应该是在犯罪之外再去添加一个要素或标准,相反,它本身就是犯罪的一个内容。

其次,对于刑法体系构造与目的理性背景之间的关系,与会学者也进行了充分的探讨。劳东燕副教授质疑,德国的犯罪论体系自20世纪以后逐渐从本体论向目的论方向发展,这种在预防目的指导下的体系与罗克辛教授的目的理性刑法体系有何区别?如果刑事政策只能影响刑罚论而不影响犯罪论,耶塞克教授关于刑事政策与刑法教义学分立的观点,在目的论背景下就很难理解。希尔根多夫教授认为,目的理性刑法体系已经成为德国刑法学中的有力学说,但不能据此断言德国的刑法体系已经完全由本体论转向目的论。魏根特教授认为,衡量体系优劣的重要标准是其能否合理地提出和解决问题。

最后,中、德学者还探讨了刑罚的正当根据以及积极一般预防的具体应用问题。约尔登教授认为,报应理论和预防理论各有利弊,应该对二者进行折中。总体来说,法益侵害论比较接近于报应,社会危害性理论则更倾向于一般预防,二者各有其合理之处,但都不能极端化。张明楷教授则对积极一般预防的具体应用表示质疑,认为其很难得到法官的认可。库伦教授认为,积极一般预防与消极一般预防相对应,二者都具有预防犯罪的功效,只是达到这种功效的途径不同。积极一般预防通过确认公民对待规范的忠诚态度来预防犯罪,消极一般预防通过刑罚威吓来预防犯罪。德国联邦宪法法院认可了积极一般预防的思想,将其作为证立或将刑罚合法化的一个因素,不过积极一般预防主要在量刑时发挥作用。

樊文研究员

劳东燕副教授

会议在激烈的思想交锋和浓郁的学术气氛中落下帷幕,中、德学者都有一种意犹未尽的感觉。此次会议的成功举行,不但有利于中国刑法体系的转型和刑法学水平的提升,也有利于德国学者了解中国刑事司法现状和立法特色,双方的坦诚交流和有效沟通最终加深了彼此之间的友谊。陈兴良教授与希尔根多夫教授分别代表中、德双方与会学者对本次会议的上述成果进行了总结,双方约定,第三次中德刑法学者学术研讨会将于两年后即2015年9月在德国举行。另外,本次研讨会的成果将与第一次研讨会的成果一样,以中、德两种文字的版本分别在中国与德国同时出版,以飨学界同仁。

中、德刑法学者联合会学术研讨会每两年举办一次,分别于中国和德国举行。2011年9月16日成立于德国维尔茨堡大学的中、德刑法学者联合会,是中、德两国刑法学者学术对话的重要平台。当时,在中、德众多刑法学者的参与下,双方以"中德刑法解释语境下的罪刑法定原则"为题进行了双向、平等、开放和自由的交流。